行政诉讼法视野下的
行政管理研究

张显伟 著

XINGZHENGSUSONGFA
SHIYEXIA DE
XINGZHENGGUANLI YANJIU

中国言实出版社

图书在版编目（CIP）数据

行政诉讼法视野下的行政管理研究 / 张显伟著 . --
北京：中国言实出版社 , 2021.6
ISBN 978-7-5171-3356-8

Ⅰ . ①行… Ⅱ . ①张… Ⅲ . ①国家行政机关—行政管
理—研究—中国 Ⅳ . ① D630.1

中国版本图书馆 CIP 数据核字（2021）第 096197 号

责任编辑 罗 慧
责任校对 王建玲

出版发行 **中国言实出版社**
      地 址：北京市朝阳区北苑路 180 号加利大厦 5 号楼 105 室
      邮 编：100101
      编辑部：北京市海淀区花园路 6 号院 B 座 6 层
      邮 编：100088
      电 话：64924853（总编室） 64924716（发行部）
      网 址：www.zgyscbs.cn
      E-mail: zgyscbs@263.net
经 销 新华书店
印 刷 天津盛奥传媒印务有限公司
版 次 2021 年 7 月第 1 版 2021 年 7 月第 1 次印刷
规 格 710 毫米 ×1000 毫米 1/16 18 印张
字 数 253 千字
定 价 58.00 元 ISBN 978-7-5171-3356-8

目　录

一、问题缘起与研究现状

（一）问题缘起

从国家建构之日起，国家机关间的关系①就成为政治生活史中一个亘古不变的政治现象，如何理顺各国家机关间的关系尤其是国家行政机关间的关系，以使之适应经济和社会发展的需求，成为当代国家治理所面临的一个十分重要的现实问题。②

———————

① 行政机关间的关系是国家机关间关系的重要组成因子。

② 行政机关作为为国家和社会提供公共管理和公共服务的一类国家机关，其与社会民众的联系更直接、更密切、更明显，所以行政机关间关系的和谐就显得尤为重要。毋庸置疑，任何国家机关间关系的通畅和谐都是重要的。

孟德斯鸠曾指出:"一个共和国,如果小的话,则亡于外力;如果大的话,则亡于内部的不完善。"①笔者认为,哲人孟德斯鸠的这一精辟论断恰如其分地说明了国家机关间关系包括国家行政机关间关系的和谐与完善对任何一个国家生存及其发展的重大意义。行政机关间的关系从其具体内容视角看是十分复杂的,但毋庸置疑,行政机关间的行政权力关系是其关系内容的最重要方面。各个不同国家行政机关的行政权力完美匹配,形成整体合力,既可确保需要国家行政权力干预的各个管理领域均有相应的国家行政管理机关从事特定的公益管理和服务活动,又可以使得各级各类国家行政机关齐心协力共同为国家与社会的发展进步共谋共为。相反,如果有的行政机关间其行政权力互相交叉、职能重叠,必将导致相关行政机关间关系不畅、不和谐,进而极可能内耗相关行政机关的机关效能,使得相关行政机关为国家及社会所提供的公共管理和公共服务质量下降,甚至会侵害到公民、法人和其他组织的合法权益,损及政府在人民心目中的良好形象,危及政府存在的正当性。行政机关间的行政交叉或行政空白是行政机关间关系的非正常现象,它致使行政机关间扯皮推诿或争权夺利,进而损害社会公共利益或公民的合法权益。因此,笔者认为,现代法治国家均须从制度视角努力处理行政机关间的行政交叉或行政空白。

制度视角对行政机关间行政交叉或行政空白问题的处理,其通常做法大致有两种:其一,着力防范行政机关间行政交叉或行政空白的发生。具体做法是明确界定各不同国家行政机关的职责权限,——厘定各个不同国家行政机关的管辖权,清晰界分各不同行政机关间行政权限的边界。行政机关间行政权限关系的明晰须仰仗立法,尤其是科学而完善的行政机关组织法。有法可依是达至法治的前提和基础,为从源头上防范和减少行政机关间行政交叉或行政空白的发生,行政组织法体系的科学且理性建构当然十分必要,也是十分迫切的。行政组织法律体系的完善,为保证行政组织

---

① [法]孟德斯鸠:《论法的精神》(上),张雁深译,商务印书馆1987年版,第130页.

的正常运行和保障公民的合法权益，进而为法治的实现创造条件。其二，缘于法律语言的模糊与抽象，缘于立法所固有的滞后性，再加上行政权力所天然持有的扩张性、社会公众在市场经济体制下对政府期待的逐日提高、市场经济体制下政府职能的强化以及政府管理及服务触角的延伸等因素，可以预见，不论一个国家的行政机关组织法如何完善又多么具有理性，行政机关间行政交叉或行政空白的出现仍是无法避免的。因此，这就需要另一个必不可缺的方面，即在借行政机关组织法力争对各级各类国家行政机关职责权限明晰的基础上，还需要刻意建构一套科学理性的行政机关间行政交叉或行政空白解决机制，为行政机关间行政交叉或行政空白的通畅解决提供妥当的方式、方法和程序，以确保一旦发生行政机关间行政交叉或行政空白现象之后能够及时、公正地定纷止争，迅即恢复因公权力纷争而被破坏的公法秩序。毋庸讳言，当下中国行政机关间行政交叉或行政空白现象也客观存在，从我国已出现的形形色色行政机关间行政交叉或行政空白案件的结果看，行政机关间行政交叉或行政空白，不仅影响了行政机关行政效能的整体提高，危及了政府在普通民众心目中的良好形象，更为严重的是行政机关间行政交叉或行政空白还确确实实损害了行政相对人的合法权益，引发了普通民众对行政机关的不满与怨气。实践中，我国既有的解决该类案件的方式、方法、措施，对行政机关间权责的厘定，对政府行政法治水准的提升虽起到一定的作用，但各解决方式的弊端却是十分明显。只有清醒认识、理性剖析现行政机关间行政交叉或行政空白解决方式的优劣，才可以扬各种解决方式之长，同时又可以避各种处理方式之短，也才可以着手建构完备的中国行政机关间行政交叉或行政空白解决的法律制度。笔者不揣鄙陋，以自己的博士论文改为本书，权作引玉之砖，以期激起学理界和实务界对"行政机关间行政交叉或行政空白解决法律制度建构"重大课题的研究旨趣。

（二）研究现状

1. 国内研究现状综述

国内学界针对"行政机关间行政交叉或行政空白解决方式"课题的专门研究成果并不多，专门的论著目前仅有北京行政学院金国坤教授所著的《行政权限冲突解决机制研究——部门协调的法制化路径探寻》（北京大学出版社 2010 年 1 月版）一书。2021 年 2 月 9 日，笔者以"行政权限争议解决""府际权限争议解决"等为关键词、主体、篇名在中国知网全文数据库分别检索，收集到的相关论文统计显示：期刊论文计有 29 篇、博士学位论文计有 4 篇、硕士学位论文计有 13 篇。纵观国内对相关课题的研究，学者们对行政机关间行政交叉或行政空白的内涵进行了一定刻画、对行政机关间行政交叉或行政空白做了初步分类研究、对行政机关间行政交叉或行政空白现行解决方式的弊端或缺陷予以了初步反思、建构了学者心目中理想的中国行政机关间行政交叉或行政空白解决方式。笔者认为，既有的研究成果从数量角度论尚无所谓丰厚，从成果的表现形式上论也谈不上多样；另外，既有的理论研究极不系统、不深入，多为现象的描绘或实践做法的归纳介绍，其间低层次的重复研究还较常见。

国内学界针对"行政机关间行政交叉或行政空白解决方式"课题的专门研究成果虽不多，但学者们在对政府关系理论进行研究时多触及"行政机关间行政交叉或行政空白的解决"这一理论课题。行政机关间的关系，学术界又称为府际关系、政府间关系。在国内，府际关系的研究在近 30 年才得到应有的重视，学术界围绕着府际关系的内涵与外延、背景与趋势、历史与现状、模式与动力等问题进行了富有成效的研究，相关的研究成果日渐丰富，经初步归纳主要有府际关系的内涵和理论体系、中央与地方的关系、地方政府间关系、"省管县"与"市管县"体制等四个方面。虽然这些理论研究成果在推动中国政府制度建设方面发挥了积极的作用，也将为"行政机关间行政交叉或行政空白解决方式"课题的研究奠定资料基础，但是我国当下府际关系理论的研究在笔者看来仍存在许多不足,至少有三点表现:其一,从府际关系理论研究所涉足的学科看,主要是管理学、行政学和政治学,基于法学角度进行专门理论研究的研究学者相对不多,研究成果也相对较少、较浅显;其二,从法学角度对府际关系理论的研究,学者们多从行政组织法角度展开分析,力图从立法上、从源头上厘定府际权限关系的边界,理论上意图做到各不同国家行政机关的权力划分不存在交叉且所有国家行政机关权力总和绝对等同于需要国家行政权力干预的全部事项和所有领域,当下学界对府际行政交叉或行政空白产生之行政组织法外的原因关注不够,研究不足;其三,极少有府际行政交叉或行政空白解决的理论研究成果,多局限于正式制度、现行机制框架范围内,没能契合时代潮流,无法做到机制创新和理论研究突破。

2. 国外研究现状简介

国外学界针对"行政机关间行政交叉或行政空白解决方式"课题的研究和国内情形相似。只是在府际关系理论的研究上起步较早、成果较丰厚。20 世纪 60 年代随着政府管理实践的发展,西方学者逐渐意识到政府间管理问题的重要性,美国学者罗德森首次提出"府际关系"这一概念,不过他是从政府公职人员之间的人际关系和人的行为的角度来看待府际关系的。20 世纪 80 年代之前,西方学术界对府际关系的研究主要关注的是中央与地方的关系;20 世纪 80 年代之后,西方国家府际关系的实践出现了许多新情况,这大大拓展了理论研究的视野,府际关系的研究趋于系统化,研究的范式出现了一种新的动向,即从关注宪政规范转而关注动态运作。正如加拿大著名政治学教授戴维·卡梅伦所言:"现代生活的性质已经使府际关系变得越来越重要。那种管辖范围应泾渭分明,部门之间水泼不进的理论在 19 世纪或许还有些意义,如今显而易见过时了。"[①]西方政府治理的理论研究成果,尤其是其国家行政机关间行政交叉或行政空白解决的实践运

[①] 张劲松:《政府关系》,广东人民出版社 2008 年版,第 5 页.

作经验和制度设置能否甄别借鉴到中国？如何基于中国的政治体制及政治、经济、文化发展的新态势、新诉求加以本土化改造？行政机关间行政交叉或行政空白解决机制的建构会引发哪些行政法问题？这些问题又如何妥适解决？等等，都亟待法学理论界进行研究。笔者在本书中试图在此方面做些努力和尝试。

二、研究价值与研究架构

（一）研究价值

以行政机关间行政交叉或行政空白解决方式建构为课题展开认真深入细致研究，具有重大的理论和实际应用价值。随着我国改革开放的深入推进，现行行政机关间行政交叉或行政空白解决方式不适应新形势、新任务要求的状况也越来越明显。为加强政府自身建设，提升政府公共治理能力，从多学科尤其是从法学学科方面加强对此问题的研究，既具有很强的理论价值，又具有丰富的实际应用价值。

具体来说，本书研究的理论价值在于：从法学和法治的角度界定行政机关间行政交叉或行政空白的内涵与特征，探讨行政机关间行政交叉或行政空白产生的法制原因，设计行政机关间行政交叉或行政空白解决机制的法治化路径和运作程序，推动制度创新，增强行政机关间行政交叉或行政空白解决的科学性与可预期性，解决法治政府的体制环境问题，推动行政法治的发展。本书的研究，可对现行的行政组织和行政主体理论、行政行为理论及行政救济理论产生一定影响，会引出新的行政法问题，会丰富目前行政法学理论研究的内容，拓展行政法学研究的视阈，也将会为我国行政法学理论体系的进一步完善做出学理贡献。

本书研究的实际应用价值在于：行政机关间行政交叉或行政空白影响了行政机关整体效能的提高，破坏了政府在人们心中的良好形象，有损于政府的权威，严重侵害了公民的合法权益，不利于国家、社会的稳定与发展。为解决机构重叠、政出多门等问题，近年来，我国在加大机构整合力度、探索实行职能有力统一的大部门体制、健全部门间协调配合机制方面不断下大功夫。各地方各部门多年来为解决行政机关间的行政交叉或行政空白问题也做了孜孜不倦的尝试，探索了许多措施，取得了一定的成效。2015 年，中共中央、国务院印发《法治政府建设实施纲要（2015—2020年）》明确指出："要理顺部门职责关系，建立健全权责统一、权威高效的行政执法体制，要完善行政执法权限协调机制，及时解决执法机关之间的权限争议。"其后，我国不少省、地市通过地方性立法确立了行政机关间行政交叉或行政空白协调解决机制，一定程度上保障了政令畅通，提高了行政执法效能。

但纵观解决行政机关间行政交叉或行政空白的实践经验，我们可以看到，目前的探索和措施多是从机构设置、职能划分上下功夫，寄希望于领导协调和各部门间相互协作，对行政机关间行政交叉或行政空白解决机制的系统化、法治化建构关注不够，研究不足。行政机关间行政交叉或行政空白解决的低效益高耗费、解决结果的正当性欠缺、可接受性不高，又反过来严重阻碍了行政机关整体行政效能的良性发挥，造成了国家行政机关相互之间的不和谐甚至出现矛盾抵触，从而影响到整个社会的稳定发展。本书通过对本课题的认真调研，透彻论证，理性分析，试图建立一套科学理性的行政机关间行政交叉或行政空白解决机制，服务于行政机关间行政交叉或行政空白解决实践诉求，着力为行政机关间关系的和谐和社会的稳定发展提供智力支持。

（二）研究架构

"科学、理性"是所有纠纷解决机制建构的精髓所在，"公正、效率"是任何纠纷解决机制运行的价值追求。行政机关间行政交叉或行政空白解决方式建构的目的，不是为了标新立异，迎合西方民主的潮流，也绝不是应一时之需，而是要依照纠纷解决制度自身的原理，基于中国行政机关间关系的现实状况与基本特质，致力于将行政机关间行政交叉或行政空白的解决置于中国行政体制改革和法治政府、服务型政府塑造的大环境下，以法治为导向，以人本性、民主性、公正性、效率性作为建构中国行政机关间行政交叉或行政空白解决机制的基本价值取向，探索中国行政机关间行政交叉或行政空白解决的理念、原则及制度，设计与具体制度相匹配的针对性妥适性运行机制，并通过上述研究，丰富行政法治理论，拓展行政法学的研究视野，完善行政法学的研究体系，增强行政法学与改革发展的回应性，实现行政法理论与行政法实践的有机统一。为达至此研究目标，本书全文共分为七章。

第一章研究行政机关间行政交叉或行政空白的基本理论。本章从逻辑上可以界分为两部分：其一，对行政机关间行政交叉或行政空白术语的含义、性质、特征、产生原因及其社会危害性等基础理论问题进行明晰界定。笔者认为，一方面行政机关间行政交叉或行政空白的性质、特征及其产生原因均从一定视角影响或制约着行政机关间行政交叉或行政空白解决机制的建构，而行政机关间行政交叉或行政空白的社会危害性，决定了当今情势下将行政机关间行政交叉或行政空白的解决纳入法制轨道，施以制度化安排与处理是十分必要的；另一方面，对行政机关间行政交叉或行政空白含义、特征、性质等的理论描绘，将使笔者所研究的对象清晰明确，以免产生不必要的歧义，这是对行政机关间行政交叉或行政空白解决机制建构的逻辑起点。其二，行政机关间行政交叉或行政空白的解决不能就事论事，被动应对现实中发生的各种行政交叉或行政空白，而应从战略上考察，在具体设计行政机关间行政交叉或行政空白解决机制之前，有必要对行政交叉或行政空白解决机制建构的价值意义、理论基础、基本原则、路径选择等有清晰认识。只有在这些宏观性问题思考成熟之后，才能着手相对微观的行政机关间行政交叉或行政空白解决机制的具体建构，只有在宏观原则、理论、路径的指引下，行政机关间行政交叉或行政空白机制的建构行为才不至于迷乱方向，也只有如此，所建构的解决机制才可能是一套匹配完美的系统，共同合力服务于行政机关间行政交叉或行政空白的公正高效解决。缘于此思考，笔者在本章第二部分对行政机关间行政交叉或行政空白解决机制建构的价值意义、理论基础、基本原则、路径选择等基本而重要的理论问题，结合纠纷解决理论的前沿性研究成果做了认真思考。

第二章研究行政机关间行政交叉或行政空白现行解决方式。在现行体制框架内，我国国务院和地方各级人民政府采取各种行政手段，实践了不少措施、做法，着力解决行政机关间存在的行政交叉、重叠以及行政空白等现象，政府的一些职能部门相互间也在不断地积极主动地寻求沟通和协调的途径和方法以消解其间的行政交叉或行政空白，这些举措均取得了一定现实功效，也无一例外地都带有着种种缺陷弊端。理论上研究这些手段、措施、做法的成败及得失，分析其实践运行中遭遇的现实困境和存在的制度障碍，为建立科学理性的行政机关间行政交叉或行政空白解决新机制寻求实践经验和教训。

第三章研究行政机关间行政交叉或行政空白解决的域外经验及启示。对一些具有典型意义的国家和地区，如日本、德国、法国、英国、美国、西班牙等国家行政机关间行政交叉或行政空白解决机制的立法设计和实践运作进行介绍和分析，并在前述介绍的基础上归纳总结这些不同国家在行政机关间行政交叉或行政空白解决方式上显现的共通之处，探究这些共通之处所内蕴的规律，以期为我国行政机关间行政交叉或行政空白解决方式的选择及其具体建构提供域外经验的借鉴。

第四章研究行政机关间行政交叉或行政空白解决机制证成。本章承上启下，在行政机关间行政交叉或行政空白解决基本理论的指导下，进一步为未来理论上建构的行政机关间行政交叉或行政空白解决方式及其运行机制提供根据或论据。对纠纷解决机制、纠纷解决方式、影响或决定某类纠纷解决机制建构及其纠纷解决方式选择的因素等问题做一理论追问，以尝试着证成行政机关间行政交叉或行政空白这一特殊的纠纷要想科学、理性、高效解决，需要何种纠纷解决机制、应该有哪些纠纷解决方式。为行政机关间行政交叉或行政空白解决方式的选择和运行机制的建构寻求更广泛、更充实的理论支撑和坚强依托。

第五章研究行政机关间行政交叉或行政空白之权力机关解决机制建构。行政机关间行政交叉或行政空白解决之权力机关解决机制，在我国是有一定法律根据的。但要使权力机关解决机制成为我国行政机关间行政交叉或行政空白的解决机制，并且至关重要的是真正发挥其对于特定种类行政交叉或行政空白案件的高效、理性解决功效，尚需要从行政交叉或行政空白的解决主体、提请主体、受案范围、解决程序、解决效力等诸多方面对该机制进行理论建构。从着力避免或克服权力机关解决机制可能出现的弊端或劣势而充分发挥该解决机制的优势这一目的出发，构建我国的行政机关间权限争议之权力机关解决机制。

第六章研究行政机关间行政交叉或行政空白之行政机关解决机制建构。行政机关解决行政交叉或行政空白机制固然有制度缺陷，但该解决机制的弊端完全可以在民主、公开、公正理念的指导下，通过科学、理性、规范化程序的重新构建等举措来最大限度地克服。行政机关解决机制不仅是目前中国，而且也是世界他国最经常最普遍适用的解决行政机关间行政交叉或行政空白的首选机制，有充足的理论根据和十分现实的决定因素。行政机关解决机制不仅不可以废弃，而且在实际解决行政机关间行政交叉或行政空白的实践中，还应该注重更加充分地发挥其优势，将该机制作为解决绝大多数行政交叉或行政空白案件的先行机制。本章还对行政机关解决行政交叉或行政空白机制缺陷的克服、行政裁决及其与行政机关间行政交叉或行政空白解决的勾连、行政机关间行政交叉或行政空白解决之行政裁决机制的具体建构等问题展开详细论述。

第七章研究行政机关间行政交叉或行政空白之诉讼解决机制的建构。法治社会下，司法最终被奉行为法治国家应遵循的基本原则之一。诉讼机制被公认为是最权威、最正式的解决社会纠纷的渠道。本章对三个方面的问题展开讨论：第一，法治与司法、诉讼，通过对法治和司法及诉讼间的逻辑联系进行描绘，意图阐明将行政机关间的行政交叉或行政空白纳入诉讼机制解决的必要性；第二，诉讼机制缺陷的克服，针对诉讼机制解决行政机关间行政交叉或行政空白可能出现的弊端及缺陷，逐一分析这些缺陷是完全可以通过行政诉讼机制的创新改革予以一一克服，旨在论证将行政机关间行政交叉或行政空白纳入行政诉讼解决是具有现实可行性的；第三，行政机关间行政交叉或行政空白解决诉讼机制的具体建构，从当事人制度、管辖制度及运作程序等方面对现行的行政诉讼机制加以创新改造，建构科学、理性、高效的行政机关间行政交叉或行政空白之诉讼解决机制。

三、研究思路与研究方法

（一）研究思路

以"创新体制机制，强化法治保障，实现科学发展"为基本思路，本书从权力与权力、权力与权利的和谐互动、良性运行的视角研究行政机关间行政交叉或行政空白解决方式的建构问题。基本思路是：通过对行政机关间行政交叉或行政空白解决的实践进行实证调研，对他人的调查资料、文献资料进行分析，找出制约行政机关间行政交叉或行政空白理性解决的法律制度障碍及现实困境，进而探求具体的应对举措，理性建构关系和谐、结构优化、机能高效的现代化行政机关间行政交叉或行政空白解决新机制，为我国行政组织法和行政救济法的立法完善，为我国经济发展、政治民主、社会和谐提供智力支持。

（二）研究方法

综合运用哲学、法学、管理学、公共行政学、新制度经济学的理论，注重研究方法上的多样性，将历史考察、理论联系实际、规范分析、实证分析、比较借鉴、系统分析等多种方法予以综合协调使用，努力做到逻辑与历史相统一、理论与实践相统一、宏观研究与微观研究相统一，实现研究方法的创新，以求研究成果在理论上具有说服力，并能切合中国的实际，解决中国现实问题。具体的研究方法主要有以下几种：

（1）案例分析和田野调查方法。对现实中发生的典型行政机关间行政交叉或行政空白案例加以剖析，同时采用以实地调查为主的研究方法，注重非参与性观察与参与性体验，通过与受访人员交换意见，探寻受访人员对现行处理方式规定的评介和完善的建议。

（2）比较分析法。比较分析可以培养和提高我们对多样性和相异性的敏锐意识，为生存和超越奠定思想基础。比较英国和美国等英美法系国家、法国和德国等大陆法系国家关于行政机关间行政交叉或行政空白解决的立法经验和实践运作，在此基础上结合我国国情，提出我国行政机关间行政交叉或行政空白解决方式建构的具体思路和制度设计。

（3）法解释学方法。力图对现行规定进行比较清晰的阐释和分析，以期对现行规定的可取之处及其缺陷不足有个清晰的认识，为行政机关间行政交叉或行政空白新型解决方式的构建奠定必要性支撑。

（4）哲学和制度分析方法。用哲学和新制度经济学的制度分析方法来描述特定法律现象，着重分析公共行政背景下一般性的制度困境或制度失败，分析"实然"模式及其可能改进的方向，以及相应的制度创新。

（5）历史分析和文化背景分析方法。本着既非因循守旧，又避免急于求成原则，充分论证实然制度和应然制度的关系，在对具体制度的态度上，也会做这样的区分。

第一章 行政机关间行政交叉或行政空白解决基本理论

　　行政机关是根据国家权力机关的决定和授权，按照宪法、组织法和有关法律的规定而设立的，依法对国家、社会行政事务及相应的其他社会公共事务行使组织、管理、指挥、监督和服务等行政权能的一类国家机关。根据《宪法》规定，国家行政机关、人民法院、人民检察院都是执行权力机关颁行法律的国家机关，三者是平行关系。但是，行政机关、人民法院、人民检察院三者不仅拥有不同的职权，更为明显的区别是行政机关行使权力的方式异于人民法院和人民检察院。一般来说，人民法院和人民检察院执行法律行使国家司法权具有一定程度的被动性，只有在发生纠纷或者有违法犯罪案件发生的时候，人民法院和人民检察院才能启用司法程序，按照法律既定的处理方式、处理程序对既成的纠纷或已经发生的违法犯罪事实进行裁断、处理和制裁。尤其是人民法院的审判活动具有明显的被动性，奉行"不告不理"的原则，秉承被动不积极理念，只有在适格的当事人积极且明确起诉至有管辖权的法院之后，人民法院的审判程序才开始启动。而国家行政机关的行政执法活动则大量地表现为主动、积极的行政行为，从相对简便、追求时效的角度出发，使用较司法程序更为偏好效益的行政程序，在法律规定的范围内行使相对较宽泛的行政自由裁量的权力，能动地、创造性地从事着领导、组织、管理、指挥和监督、协调等行政事务以及其他相应的社会公共事务，以维护社会公共利益、公共秩序，保护公民、法人或其他组织的合法权益。

作为行使对公共事务组织、管理、指挥、监督、协调和服务职能的国家行政机关有一个庞杂的组织体系，构成一个有纵向和横向之分、纵横交错、关系复杂却罗列有致的完整系统。中央行政机关和地方行政机关共同构成国家行政体制的基础系统。从国务院到省（自治区、直辖市）和自治州、县、乡（镇），除具有上下级隶属关系的各级人民政府及其职能部门外，还有许多处于平行关系的机关、机构等。不同的国家行政机关行使着权力强度不等、职责内容有别、权力运行方式不尽相同的国家行政权力，行政权力固定在某个具体的国家行政机关主体身上，就体现为相应该国家行政机关的行政职权。行政职权意指特定国家行政机关的职责权力，是行政权在实然领域的具体表现形式。基于任何具体国家行政机关行政权的有限性，行政职权显然也是有限度的，亦即任何国家行政机关的行政职权都是有边界的。行政职权的限度也被称为行政权限，行政权限是法律规定的某个具体的国家行政机关行使其行政职权时不可逾越的范围或界限，相应该国家行政机关行使其职权、履行其职责时逾越了该范围或界限，便构成了行政越权，越权情形下所实施的行政行为显然侵害了其他国家行政机关的法定权力，或者侵害了法律关于公权力划分的规定，也必将使得有关的行政相对人合法权益受到不利的影响，因此该行政行为是无效的行政行为。

在法治国家原则要求下，行政权限最起码的要求就是法定性，职权法定被视为依法行政的基本诉求和基础保障，行政机关的权限法定也就意味着行政机关的行政权限依法而设，没有法律的明确授权，任何国家行政机关包括其他国家机关、社会组织和个体民众不得任意改变，行政机关自身也绝不可自行扩张其权能内容，恣意其权力行使的方式、方法、步骤等程序性要求，不得滥用其行政权力。

只有各级各类国家行政机关均能够合法、充分、有效地行使自己的行政职权，亦即合法、充分、有效地履行自身的行政职责，那么所有国家行政机关行政职权（行政职责）的总和才能构成整体合一而完美匹配的国家行政权，对需要国家干预的所有国家、社会公共事务恰当而全面地组织、管理、指挥、监督、协调和服务工作。上述情态，是国家行政权运行的良性状态和理性模式。

一、行政机关间行政交叉或行政空白的含义及特征

对研究对象含义及其特征的刻画，是对其展开进一步研究的逻辑起点，因为只有研究对象的清晰无歧义，才可以避免不必要的争执。

（一）行政机关间行政交叉或行政空白的含义

行政机关间行政交叉或行政空白也可被称为行政权限争议、行政权限冲突或行政权力冲突。何为行政机关间行政交叉或行政空白，学者们从不同角度对它进行了内涵不尽相同、外延分类有别的界定。我国台湾学者吴庚在其大作《行政法之理论与实用》一书中对此做了界定，他认为："如两个或两个以上之行政机关，对于同一事件均认为有管辖权（积极冲突），或均认为无权限而不行使管辖权（消极冲突）时，即出现管辖争议或权限冲

突。"①该定义主要是从行政机关间行政交叉或行政空白的表现形式视角对其做明晰界定。我国大陆学者胡建淼教授认为行政机关间行政交叉或行政空白即"行政机关之间由于行政权限所发生的争议，是行政机关在行使职权的过程中，由于立法的缺陷或者其它复杂原因，而与另一行政机关的行政职权冲突重叠而产生的法律争议"。②该定义主要是从行政机关间行政交叉或行政空白产生的原因视角对其做出刻画。还有学者将行政机关间行政交叉或行政空白称为行政冲突，认为："行政冲突（公共管理冲突）是按行政机关之间围绕行政职能、行政权力、行政决策等领域，针对特定目标所发生的摩擦，对抗和博弈的方式与过程。"③该定义重在从行政机关间行政交叉或行政空白的内容方面明确其内涵。从不同视角对行政机关间行政交叉或行政空白进行不同界定，有助于对行政机关间行政交叉或行政空白内涵的全面及深度的把握。笔者认为完整、全面地刻画行政机关间行政交叉或行政空白的内涵，必须涵盖以下几个方面：

第一，从主体上看。行政机关间行政交叉或行政空白既包括具有隶属关系的上、下级行政机关之间的行政交叉或行政空白，也包括不具有行政隶属关系的不同行政机关之间的行政交叉或行政空白，行政机关间行政交叉或行政空白不涉及行政机关和行政相对人之间的任何争议，也不牵涉行政机关和并不是国家行政机关但却拥有法律、法规、规章授予而拥有行政职权的授权组织之间的行政交叉或行政空白。虽然从实质意义上论行政机关与法律、法规、规章授予行使一定行政职权的授权组织之间也必定会发生行政交叉或行政空白，其行政交叉或行政空白从产生的原因、表现的形式乃至从其解决方式、方法上论，与行政机关相互之间所发生的行政交叉或行政空白并无二致，但作为术语的"行政机关间行政交叉或行政空白"从主体角度上看应该仅指不同行政机关之间发生的行政交叉或行政空白。

---

① 吴庚：《行政法之理论与实用》，中国人民大学出版社 2005 年版，第 133 页．
② 胡建淼：《行政行为基本范畴》，中国法制出版社 1997 年版，第 63 页．
③ 宋衍涛：《行政冲突的价值分析—公共管理新模式探索》，载《公共管理学报》2005 年第 2 期．

另外行政机关间行政交叉或行政空白的主体也不包括行政机关与国家权力机关，或行政机关与国家司法机关相互间发生的行政交叉或行政空白。传统的行政权仅限于国防、外交、税收、治安管理、财政预算决算等相对狭窄的范围，与国家的立法权和司法权有着泾渭分明的界限，同时，行政权与立法权、司法权在权力行使的方式或权力运行的模式上也区别明显。但20世纪初以降，随着社会事务的复杂化，随着行政权力的不断扩张，行政权与其他类型国家公权力产生交叉乃至争议的可能性增加，但此种行政交叉或行政空白是不同性质的国家权力之间的争议，不属于行政机关间行政交叉或行政空白，对不同性质的国家机关间行政交叉或行政空白解决机制如何理性建构问题，不在本书探讨的范围内。

　　第二，从内容上看。行政机关间行政交叉或行政空白应该包括行政机关间的行政立法、行政司法和行政执法之中的行政交叉或行政空白。学者们依据行政权作用的不同表现方式和实施行政行为时所形成的法律关系不同，把行政行为分为三类：行政立法行为、行政司法行为和行政执法行为。[1] 行政机关的行政立法行为，是指特定国家行政机关依法定的职权、遵循法定的程序，制定具有普遍约束力的规范性文件的一类行政行为，但囿于法律法规规定得较为原则、概括，在具体的行政机关行使行政立法权的实践中，行政机关的行政立法权发生行政交叉或行政空白也并不鲜见。行政机关的行政司法行为，是指行政机关作为争议双方之外的第三者，按照准司法程序（特别的行政程序）审理、处理特定的民事争议和行政争议案件并做出相应裁决或决定的行政行为，它所形成的法律关系是以行政机关为一方，以发生行政交叉或行政空白的双方当事人各为一方的三方法律关系。因行政机关的行政司法权行使而引发的行政机关间行政交叉或行政空白现象时有发生，且往往夹杂着民事、行政两方面的争议，不论在行政相对人启动纠纷解决机制还是任一行政机关启动纠纷解决机制时，均将离不

---

　　[1] 罗豪才、湛中乐：《行政法学》，北京大学出版社2006年版，第124页．

开对另一个不同性质的纠纷的处理。行政机关的行政执法行为是指行政机关依法实施的直接影响相对方权利义务的行政行为，或者对具体的个人、组织的权利义务的行使和履行情况进行监督检查的行政行为，它所形成的法律关系是以行政机关为一方，以被影响的行政相对方为另一方的双方法律关系。实践中，由于行政事务的复杂，行政管理领域的宽广，再加上各级各类国家行政机关均有大小不一内容有别的一定的行政执法权力，因此，任何国家的行政执行主体一定是相对多而纷繁的，所以现实生活中发生行政机关间行政交叉或行政空白现象大多是因行政机关广泛的行政执法行为所引起的。

第三，从产生的原因上看。引发行政机关间行政交叉或行政空白的原因是多方面的。有的是因为立法方面原因产生的，有的是因为执法者素质方面的原因所造成的，有的是因为执法者所体现和追求的部门利益或区域利益差异所造成的。从主客观两方面归总，行政机关间行政交叉或行政空白引发的原因，笔者认为既有主观方面原因而导致的行政机关间行政交叉或行政空白，又有客观方面原因所导致的行政机关间行政交叉或行政空白，有些行政机关间行政交叉或行政空白现象的引发是由主观和客观两个方面的原因共同引起的。下文将对行政机关间行政交叉或行政空白引发的原因做具体阐述，在此，不作赘述。

第四，从性质上看。行政机关间行政交叉或行政空白是一种法律争议（法律性质的纠纷）。传统认为，行政机关行政交叉或行政空白包括行政机关间行政交叉或行政空白，只是一个行政组织内部的问题，是行政系统内的自家事情，不涉及行政相对人的权利义务，不是一个法律问题，而长期被排斥在行政法学的研究之外。实际上，行政机关的行政权限针对的是公共管理事务，行政权本质上是一种对公共事务的管理权和服务权，行政权的运行当然会发生社会效果，具有社会性，所以，不可能不牵涉到行政相对人的权利和义务，从现实所发生的行政机关间行政交叉或行政空白来看，行政机关间行政交叉或行政空白往往使得行政相对人的合法权益没法得到及时有效保护或受到侵害。因此，行政机关间行政交叉或行政空白绝非是纯粹行政机关间的内部事情。美国学者博登海默认为："如果一个组织制度将一个机构的职能和权限与其它机构的职能与权限区分开来并且确定它们各自的运行领域，以此防止政府内部的权力冲突和摩擦，那么我们认为，此制度完全属于法律的参照范围框架之中。"①德国行政法学者毛雷尔也认为："以前——根据严格的法律概念——认为，行政组织的内部规则不是法律，国家和其他行政主体的内部领域不受法律拘束，因为法律关系只可能在不同的法律主体之间而不可能在一个行政主体内部产生，但是这种观点在今天已经被彻底否定了。无可置疑的是，内部规则同样具有拘束力，因此必须依法制定。当然内部行政法应当与外部行政法区别开来，因为它们涉及不同的结构和需要不同的规则。"②总之，笔者认为，行政机关间行政交叉或行政空白是法律问题的争议，行政机关间行政交叉或行政空白的解决方式也必须付诸法律规范。行政机关间行政交叉或行政空白通常是两个或两个以上的行政机关在从事社会公共事务的管理或服务联系过程中，都认为自己对某事项有管辖的行政权力或都认为自己没有管理的行政权力，从而产生的一种冲突。其实质是行政权力运行中而发生的争议。行政权力的法律性决定了行政机关间行政交叉或行政空白是一种法律争议。行政权力的法律性是指行政机关行使权力必须以法律为依据，受法律约束。行政机关是国家的执法机关，行政权力具有执行性，行政权力的执行性说明行政机关执行的是国家权力机关（国家立法机关）的意志，也就是法律的规定。尽管具体的行政职权不一定都是法定权力，但是行政权力从总体上来分析还是由法律规定一定的框架或大致的范围的，包括行政的实体规则和程序规则。行政权力的法定性决定了因之运行而引发的纠纷是或应该是法律争议，也决定了行政机关间行政交叉或行政空白的解决最终要依靠法律，

①［美］彼得·E.博登海默：《法理学——法律哲学与法律方法》，邓正来等译，华夏出版社1987年版，第233页．

②［德］哈特穆特·毛雷尔：《行政法学总论》，高家伟译，法律出版社2000年版，第521页．

而不能关起门来任由产生行政交叉或行政空白的行政机关通过讨价还价、权力博弈或者领导偏好等方式解决。将行政机关间行政交叉或行政空白视作一种法律争议不仅契合行政职权法定之原则理念，有利于法治的塑造，而且还有助于我们从法制角度安排行政机关间行政交叉或行政空白的解决机制，进而利于行政机关间和谐关系的形成和运行。

通过以上对行政机关间行政交叉或行政空白的分析，笔者将本书所研究的行政机关间行政交叉或行政空白定义为：行政机关间行政交叉或行政空白是指不同国家行政机关间因行使行政职权包括行政立法权、行政司法权或行政执法权等的积极行使或消极不行使而出现的法律争议。

（二）行政机关间行政交叉或行政空白的特征

对于行政机关间行政交叉或行政空白特征的描绘，一方面有利于更进一步、更为全面地把握行政机关间行政交叉或行政空白的内涵，另一方面也牵涉到行政机关间行政交叉或行政空白解决方式建构的必要性及其如何建构等问题，所以有论述的必要。从已经发生的形形色色的行政机关间行政交叉或行政空白实际案例看，笔者将当前行政机关间行政交叉或行政空白的基本特征总结为六个具体表现：

第一，争议主体的多元性。行政机关间行政交叉或行政空白的主体亦即发生行政交叉或行政空白的当事方或当事人。一般而言，单一制结构形式的国家，行政机关间的关系包括其权限关系都是十分和谐、彼此之间不会出现争权夺利的现象，特别是上下级行政机关之间出现行政交叉或行政空白的状况更是匪夷所思的。但随着改革开放，随着我国行政体制改革的纵深化推进，随着国家对某些权力放权下移等客观实际，当今中国，行政机关间行政交叉或行政空白的主体表现为多元性特征：既有中央国家行政机关之间的行政交叉或行政空白，也有中央与地方国家行政机关之间的行政交叉或行政空白，还有地方政府各有关部门之间的行政交叉或行政空白，还偶有不同级别的地方政府之间的行政交叉或行政空白，偶有地方政府与其组成部门之间的行政交叉或行政空白，甚至中央政府与地方政府之间的行政交叉或行政空白也时有发生。从可能性上，笔者认为凡是具有独立主体资格的不同行政机关间，均有发生行政交叉或行政空白的可能。

第二，相关事项的宽泛化。现实生活中，国家行政机关的公共管理和公共服务事项涉及多个领域，从整体上看，国家行政机关的行政权力触及国家及社会生活的方方面面，因此，任何国家行政机关都有可能存在与其他职能部门的相互联系问题，职能和交叉衔接问题及引发的行政交叉或行政空白问题是宽泛而普遍的。

第三，争议表现的公开化。一定程度上讲，行政机关间行政交叉或行政空白是行政机关内部相互间的分工协作问题，是行政机关系统内部的事情。但行政机关的行政职权、行政职责均针对一定的管理领域、管理事项，均有其影响或决定的行政相对人。因此，从行政管理实践中显现出来的行政机关行政交叉或行政空白的形态看，这种行政交叉或行政空白往往因直面行政相对人而表现为公开化的争议，既有在行政相对人面前不同行政机关相互指责的，也有对行政相对人的行为各自定性并实施不同处置措施的，还有针对行政相对人的请求当面推托给其他行政机关的，行政机关间行政交叉或行政空白因影响到行政相对人的权益而被公开化，也因之有解决的现实必要性和迫切性。

第四，争议结果的社会危害性。行政机关间行政交叉或行政空白的大量出现，直接导致了一些社会危害结果（后果）：第一，影响政府行政权威的建立，影响法律统一正确的执行，阻碍法治政府建设的进程。第二，影响行政效率，对于统一管理事项，不同国家行政机关交叉行政，重复执法，当然增加了行政成本，扩大了行政耗费，影响了行政效率的提升。另外行政相对人因不同国家行政机关均行使管理权而可能招致一事多罚，而可能不知所措进而加重了相对人负担，甚至使行政相对人苦不堪言。第三，行政相对人权益无法得到及时保护。对于相对人的保护请求，不同国家行政机关均推诿而不行使管理、服务职权，行政相对人投诉无门，其合法权利得不到即时保护。第四，影响和谐社会的构建，行政机关间行政交叉或行政空白，是行政系统内部不和谐的最直接、最明显表现，这种不和谐不仅有损政府的形象，贬低政府的权威，而且由于行政的公共管理与服务职能而具有放大效应，所以行政机关间行政交叉或行政空白所出现的后果直接影响到政府与普遍民众和谐关系的构建和整个社会和谐的构建。

第五，争议原因的利益化。正如上文所论，行政机关间行政交叉或行政空白发生的原因十分复杂，既有客观方面的原因，也有主观方面的原因，还有些行政交叉或行政空白现象是由主、客观两方面原因复合引发的。下文将对行政机关间行政交叉或行政空白的原因进行具体的条分缕析，在此不做赘述。但行政机关间行政交叉或行政空白产生最直接的原因是不同行政机关的利益之争，有利的事项争着管，无利的事项都不管，法律法规对不同行政机关间行政交叉或行政空白职责划分不清或者行政机构设置不合理，往往只是一种借口，行政机关间行政交叉或行政空白的背后往往是部门利益或地方利益驱使的。

第六，争议内容的法律性。行政机关间行政交叉或行政空白，可以通过多种方式表现出来，最直接的表现形式有两种：一种是积极的行政交叉或行政空白，即多个行政机关相互争权，主张对同一事项都有行政的权力而行政交叉；另一种是消极的权限争议，即多个行政机关均主张自己对某事项无行政的权力而出现行政空白。具有讽刺意味的是，不管是积极的权限争议，还是消极的权限争议，争议所涉的不同行政机关往往都振振有词，都认为自己在依法行政，他们争的都是自己在法定职权范围内对此事项的管辖权。因此行政机关间行政交叉或行政空白在现实社会生活中通常为法律之争、文件之争，争议机关借以争议的理由、依据或凭据是法律规定自己应是有权的机关，或自己不行使管辖权是有法律依据的。

二、行政机关间行政交叉或行政空白产生的原因及社会危害

对行政机关间行政交叉或行政空白产生原因及其社会危害性的揭示也是必要的，探究产生原因，无疑可以服务于解决机制的建构，而社会危害性的描绘，无疑彰显了行政机关间行政交叉或行政空白现象的解决是必需而迫切的。

（一）行政机关间行政交叉或行政空白产生的原因

行政机关间行政交叉或行政空白课题研究最终也最根本的目的是要找到解决行政机关间行政交叉或行政空白解决的方式、方法与途径，但要找到该方式、方法与途径，离不开对行政机关间行政交叉或行政空白产生原因的分析与探究。对行政机关间行政交叉或行政空白产生的原因，学者们已进行过较深入探讨，但以往的理论一般从机构设置、职能配置等立法方面原因考虑。一般认为，行政机关间行政交叉或行政空白的根本原因是现行立法对行政机关间的职责权限划分不清，行政机关设置不科学，只要能够做到在法律、法规上合理地划分各级各类国家行政机关的职能和权限，科学地设置政府机构，行政机关间权限争议将最终根除。有学者认为："行政机关间权限争议产生的原因是多方面的，但最主要的有两个：一个是法律方面的，一个是执法者素质方面的。"[①]针对法律方面的原因和上面的研究无实质差别，针对执法方面的原因，该学者认为："从执法人员的素质方面看，执法水平不一定都很高，职业道德不一定都很强。在业务上，执法人员的业务水平直接关系到法律的和具体争议。发生任何理解、认识和判断上的歧视、偏差或者错误，都可能引起管辖权争议。就职业道德而言，全心全意为人民服务是各级行政机关和公务员尽力而为的。但是，也难免

———————

① 宋玉波：《论行政执法管辖的划分及争议的解决》，载《西南政法大学学报》1999 年第 2 期．

某些行政机关，某些执法人员在特定情况下，在具体的利害关系上'趋利避害'，在有名有利的事情上争着、抢着管，对无利可图或费力不讨好的事情则推诿搪塞。此外，人情、关系、领导者法律观念淡薄，随意干扰执法等，也会引起执法官上的争议。"①据笔者所掌握的研究成果看，当下学者多从主观因素方面探究行政机关间行政交叉或行政空白产生的原因。笔者认为主观方面的原因是行政机关间行政交叉或行政空白产生的原因之一，执法者素质方面的原因、执法者部门利益、地方利益的驱动一定程度上均可视为引起行政机关间行政交叉或行政空白产生的主观方面的原因，但仅仅从主观方面探究行政机关间行政交叉或行政空白产生的原因，笔者认为绝不利于构建理性的解决行政机关间行政交叉或行政空白机制，因为上述主观方面原因的克服，是从源头上破除行政机关间行政交叉或行政空白产生的因素。问题是，即使解决了上述主观方面的原因，行政机关间行政交叉或行政空白仍有发生的可能。实际上，行政机关间行政交叉或行政空白的发生，有其客观方面的原因。对客观方面原因的认识，才会使制度设计者意识到从制度视角设计行政机关间行政交叉或行政空白解决机制是必要的、必需的。笔者认为在执法者素质不同、利益追求有别等主观方面着手探究行政机关间行政交叉或行政空白产生的原因，进而致力于主观方面原因的破解，此乃是从源头上力避行政交叉或行政空白的发生，是防患于未然。而从客观上思考建构行政机关间行政交叉或行政空白解决机制，可以确保一旦发生行政机关间行政交叉或行政空白现象，能够有处理方式、方法与途径，使行政交叉或行政空白的解决走上正常的法治化轨道，可以尽快地解决争议，和谐行政机关间的关系，保护行政相对人的合法权益。另外不可否认的是，行政机关间行政交叉或行政空白的引发还有来自其他方面比如现行制度方面的原因。笔者在此将我国当下行政机关间行政交叉或行政空白产生的原因概括为三个方面。

---

① 宋玉波：《论行政执法管辖的划分及争议的解决》，载《西南政法大学学报》1999 年第 2 期.

其一，行政机关间行政交叉或行政空白产生主观原因。行政机关间行政交叉或行政空白产生的主观原因，大体上有以下几种：

1. 部门利益、地方利益。"理论上说，行政机关作为执法机关，其所代表的利益与广大人民的公共利益是完全一致的。但是行政机构是由单个有利益欲望组成的单位，单位类似于小社会，它的利益倾向也是有内部成员倾向合力组成。追求利益是人类最一般、最基础的行为特征和行为规律，是一切创造性活动的源泉和动力。"[1] 因此，行政机关都有其不同于别的行政机关的部门利益。另外，不同的行政机关行使着不同地域的执法权限，行政机关长官及其他公务员人员的升降任难免与地方经济的增长、福利的提高发生正相关联系，所以不同地域的行政机关往往是各自地方利益的保护者或推动者。部门利益、地方利益的驱动，导致了行政机关对有利的事情争着管，对不利的事情推出去不管，因此而发生了行政机关间行政交叉或行政空白。

2. 执法者素质、执法水平。行政事务是由行政机关的公务人员通过执法活动来具体完成的，因此执法人员的业务素质、道德素质及其执法技巧、水平直接关系到执法的社会效果与法律效果。而执法本身绝非是仅仅按照法律规定的字面含义实施法律，法律是实际实现的执法活动，由执法者对法律原则、精神、理念的把握，再加上法律规范里居多是相对确定的法律规范，因此执法者在执行具体法律规范规定时拥有较宽泛的自由裁量权力。同时执法人员在进行具体的执法时，还需要查清相关的事实，其间免不了要对相应的证据进行审查判断，对证据材料的真伪进行甄别，在事实清楚、定性正确的基础上，再以精确理解的妥当法律条文完成执法行为，做出行政处理决定。如果行政执法人员的素质不高，执法水平待提高，对所执的法理解就可能出现偏差、对相关执法实施和查清欠缺基本能力，就极有可能与别的行政机关发生执法打架情形，而引发行政交叉或行政空白。

---

[1] 张树义：《中国社会结构变迁的法学透视》，中国政法大学出版社 2002 年版，第 243 页.

其二，行政机关间行政交叉或行政空白产生的制度（体制）原因。一定程度上讲，行政机关间行政交叉或行政空白的产生和我国现行的体制有着不可否认的关系：

1. 行政体制。中国是一个幅员辽阔、人口众多的单一制国家。古往今来，中国一直实行着层级管理的行政体制。自改革开放以来，我国已历经了八次行政体制改革。一定程度上说，行政体制改革取得了不少成果：政府机构和人员得以一定程度的精简、政府职能发生了较大的变化、政府的运作方式发生了很大的变化、政府的权力开始逐步下放等。

行政体制中的矛盾和相应制度建设的不完善是导致我国行政机关间行政交叉或行政空白发生的重要原因之一。

2. 立法体制。行政机关间行政交叉或行政空白在我国多表现为文件之争，即不同国家行政机关持不同的授予各自行使职权的法律文件，而争权夺利，均主张根据现行有效法律文件，自己对争执事项拥有或不拥有管理权。此情形下的行政交叉或行政空白往往与我国现行的立法体制有关。我国目前的立法体制是立法主体多元化的格局："既有中央立法，又有地方立法；既有权力机关的立法又有行政机关的立法；既有政府分立法，又有政府部门的立法；并且还有多种多样的行政解释。"① 在这种格局之下，各种授权性的行政规范产生矛盾现象时有发生，并直接引发行政机关在行使行政管理职权时因执法依据而产生行政交叉或行政空白现象。我国目前相关授权行政机关行政职权的法律文件，散见于各单行法律文件之中，其表现形式有宪法、法律、行政法规、地方性法规、部门规章、地方性规章甚至"法"之下其他规范性文件等，没有一部统一的法律文件规范行政权的权能内容和具体边界，同时源于不同部门间部门利益和不同地方间地方利益的驱动，其在行政立法时将直接导致地方行政职权或部门行政职权的交叉、重叠、混合，二者不可避免地将引发同一地区不同职能部门之间或不同地

---

① 叶必丰：《行政法学》，武汉大学出版社 2003 年版，第 70 页.

区同类职能部门之间的行政交叉或行政空白。①

其三，行政机关间行政交叉或行政空白产生的客观原因。行政机关间行政交叉或行政空白产生有主观方面的原因，也有来自制度方面的原因，但我们也无法否认行政机关间行政交叉或行政空白的产生是必然的。换句话说即便在主观方面与制度方面消除或根除了产生行政交叉或行政空白的原因，行政机关间的行政交叉或行政空白仍不可避免地会发生。产生行政机关间行政交叉或行政空白现象的客观原因来自权力分工与分化的现实与经济社会事务的复杂性及联系性。

1. 行政权力的分工和分化。法治原则要求国家权力必须分离，绝对权力导致绝对腐败，要防止滥用权力，就必须以权力制约权力。同样，笔者认为，在整体行政权力下，对之做必要的分离，使不同性质、不同功能与目的的行政职权相互分工、互相配合、互相制约是行政法治实现不可或缺的技术性装置和策略安排。因此，当今世界各国在行政领域均实行一定程度的部门行政，部门行政既是行政法之实现的技术性策略，又是行政专业化分工的必然产物，分工原则决定了不同社会经济管理事务由不同的行政部门按专业分工实施分别的管理。部门行政最基本的做法就是，在横向上把行政权力分配给各个职能部门，在部门职责范围内，决策与执行高度合一，自我封闭。部门行政的结果是，由于分工而必须划分成不同的部门和机构，每个单位在组织设计之初就已经确定了其目标，各个单位目标集合成组织的总目标。但在具体的执行过程中，各部门和机构的行为大都是以本单位的利益为目的，忽视组织的总目标和其他单位的目标，从而引发冲突。②此外，行政权力机关越来越倾向于将自己视为要实现的目的，不认为自己应该为公众服务。③在美国，人们不得不承认"部门行政实现的是自己

---

① 胡肖华、徐靖：《论行政权限争议的宪法解决》，载《行政法学研究》2006年第4期.

② 竺乾威：《公共行政学》，复旦大学出版社2008年版，第50页.

③ ［法］古斯塔夫·佩泽尔：《法国行政法》，廖坤明、周洁译，国家行政学院出版社2002年版，第114页.

的计划而不是总统的安排"①。由于部门力量的强大，尽管我们制定了许多综合性的法律法规，但在实际执行中我们感受到的只是一些行业性、部门性法律法规。在部门行政状况下，各部门"自扫门前雪"，因此，不同行政机关之间的行政交叉或行政空白在所难免。

2. 经济社会事务的复杂性和联系性。皮纯协教授在比较研究各国的行政程序法律制度时，将行政交叉或行政空白的原因归结为两点：一是法的原因，二是社会关系的复杂化。②叶必丰教授在其《行政法学》一书中也认为："因客观现象本身的原因，往往会发生行政管理权争议问题。"③

行政权是对国家、社会公共事务进行管理和服务的一种公权力，在理想的状态下，职务的划分应该和问题的划分相一致，绝对不应该有若干个彼此独立的部门来掌管构成同一自然整体的各个部分，"如果要达到的是单一的目的，委派去照管这一目的的政府部门应该是单一的，为一项目提供的全部手段都应该是由同一部门控制和负责。如果这些手段分散在各独立的部门之间，就每个部门来说手段就变成了目的，除了政府首脑以外，照管真正的目的就不关任何人的事了"④。但这是一个美好的设想，现实生活中不可能完全做到。在职权法定和职能分工制的行政管理原则之下，现行法律、法规、规章规定了这一行政事务由这一行政部门管辖，那一行政事务由那一行政部门管辖，法律、法规、规章只是人为地将客观对象加以分割，而客观对象本身并不以人们的主观意志而转移，一个事物往往可以从不同的方面加以认识，他们相互之间又是交织在一起的。经常地，"出于客观上关联性理由，属于同一类国家权力的任务不可能绝对的赋予该种国家

---

①［英］罗德·黑格、马丁·哈罗普：《比较政府与政治导读》，张小劲等译，中国人民大学出版社 2007 年版，第 383 页．

②皮纯协：《行政程序法比较研究》，中国人民公安大学出版社 2006 年版，第 441 页．

③叶必丰：《行政法学》，武汉大学出版社 2006 年版，第 147 页．

④［英］密尔：《代议制政府》，汪瑄译，商务印书馆，1982 年，第 190 页．

权力的行使机构，职能的交叉和人事方面的重合实际上并不少见"①。

　　另外，需要行政机关管理和服务的社会经济事务纷繁复杂，从摇篮到坟墓几乎都涉及行政权力的行使及干预。对行政权力的分化或配置，人们只能在可预知的范围内做划分，规定这一行政事务由这一行政部门去主管，另一个行政主管部门去管辖。但某一项行政管理事务由于其自身的复杂性和联系性，可能会涉及多个行政主管部门的职责、权限，这就需要所涉各行政主管部门之间相互协调、齐抓共管，才能将该事务管理清楚，处理得当，否则就极容易导致行政交叉或行政空白。同时，行政管理事务又是复杂多变的，即使是再聪明的立法者也难以预见到所有的情况，不可能所有需要行政干预的事物全部施以立法安排相应的行政主管部门去管理。行政管理的社会事务的复杂性、联系性、多变性，再加上人们可预知范围的差异性和特定性决定了行政交叉或行政空白的发生具有不可避免性。

（二）行政机关间行政交叉或行政空白的社会危害

　　客观地说，行政机关间行政交叉或行政空白有一定的积极效应：它有利于激发并张扬各行政机关的主体意识、自我意识、自主意识，从而促使各行政机关能够清醒地认识到自己的行政职责与使命，而担负起自己的应尽职责；转型背景下的行政机关间行政交叉或行政空白，刺激了相关行政机关的改革意识，促使相关行政机关积极营造发展平台，努力改善管理与服务质量，投入各种政策改革及创新之中，从而推动了改革的不断深入；行政机关间行政交叉或行政空白可以成为推进行政职能整合的有效途径，同时也可以推进新的公共管理规则的形成与发展。不可否认的是，行政机关间行政交叉或行政空白也有其巨大的负面后果。从我国已经发生的行政机关间行政交叉或行政空白的现实来看，行政机关间行政交叉或行政空白

---

　　①［德］汉斯·丁·沃尔夫、夏托·巴霍夫等：《行政法》（第一卷），高家伟译，商务印书馆2002年版，第163页.

的社会危害性确是巨大的，对其社会危害性的全面认识，可以促使人们力避行政机关间行政交叉或行政空白的危害性，因而设计迅速解决行政机关间行政交叉或行政空白的法律制度。行政机关间行政交叉或行政空白的社会危害性主要有以下几方面的突出表现：

1. 影响行政权威的建立，损减社会民众对行政机关的信任度。本质上，国家权力是一种政治统治权力，一种社会管理权力。行政机关作为国家权力的执行机关，代表国家行使着这种权力，是国家权力的具体实行者、体现者。它以整个社会公共生活为自己的控制对象，拥有凌驾于整个社会之上的权威，运用各种手段来维持社会的统治秩序、经济秩序和文化秩序。其所管理的对象，包括社会的各种团体和全体公民，都有义务而且必须服从行政机关的一切合法的规定、命令，服从行政机关的指挥、领导和管理。在宪法和法律的范围，在行政机关的权责范围内，不允许其他任何组织、团体和个人与之抗衡。对于不服从者，要用法律和严纪进行制裁和惩戒。行政机关具有足够的权威性，是其完全行使职责，履行对社会、经济、文化公共事务功能所必需的条件或前提。而行政机关相互间争权夺利，甚至在相对人面前大打出手，不成体统，无意间破坏了行政机关在人们心目中的神圣形象，影响了行政权威的建立。同时，行政机关间行政交叉或行政空白也让普通民众无法相信各行政机关都是在为着一个共同的目标即增进人们的福利而从事着各自的管理与服务行为，从而损减了社会民众对行政机关的信任度。

2. 破坏了行政组织的系统性，不利于行政整体目标的实现。行政组织的系统性特征，系指行政组织是依法设置的，由若干要素按照一定的目标结构、层次结构、部门结构、权力结构所组成的职责分明、协调有序的有机整体，其组织系统遍布全国各地。从纵向看，它包括中央政府、各级地方政府和各类基层行政组织单位，形成了一个金字塔型的层级结构，主要以分层管的方式开展工作。从横向看，各层级和行政组织内部都有横向职能部门划分，这些部门分工领导和管理各有关的事务。这样，行政组织就构成了一个囊括社会各个地区、各个领域的庞大的行政管理系统，使国家行政管理活动协调、有序地进行，使各行政层级、部门和单位在系统的封闭中各司其职、各得其所，充分发挥个体效应、系统的相关效应和行政组织的整体效应。行政组织的系统性确保了各行政机关为整体行政目标的实现共同合力，齐肩奋斗。行政机关间行政交叉或行政空白也就意味着行政组织系统内部出现了不和谐音符，相关行政机关间存在行政职权的交叉、重叠或抵触，因此必将对行政整体目标的实现产生负面影响。

3. 加大了行政成本，影响了行政效率。节约行政成本，提高行政效率是行政权运行应追求的价值目标之一。为达至此目标，良好的行政权运行机制是不可或缺的基础和前提。行政权运行机制是保障行政权力运行的制度和程序，是保证行政机制动态运作、发挥功效的制度体系，它引导、规范和约束着行政权力运作的基本轨迹。① 因此，行政权运行机制是保证行政系统高效、灵活运转的重要条件，行政权运行机制主要包括行政协调机制、激励机制、约束机制和适应机制。② 其中，协调机制是行政组织各部门之间相互配合、沟通、合作、共同保证政务推行的高效、有序和顺畅。行政机关间行政交叉或行政空白现象的出现意味着相关行政机关出现了职能交叉、多头管理、相互扯皮、协调不力的情况，这既影响了行政效率，也加大了行政成本。

4. 损害了行政相对人的合法权益。行政相对人是指行政机关行政行为所指向的或所影响的公民、法人或其他组织，也可以称为被行政机关所管理或服务的主体，在过去的行政法学理论上也被称为被管理者。当然对行政相对人内涵及外延的讨论并非本书旨趣，在此不做展开。从暂时或长远来看，从直接或间接来论，笔者认为行政机关间行政交叉或行政空白案件不仅仅有损行政机关的形象，同时会损害行政相对人的合法权益，不会存在任何例外。

---

① 马怀德：《法制现代化与法治政府》，知识产权出版社 2010 年版，第 98 页．
② 陈泰峰：《WTO 与新一轮行政体制改革》，人民出版社 2006 年版，第 5–7 页．

5. 损害社会整体利益。行政机关作为组织，其所追求的目的不同于企业组织、事业组织、群团组织追求的目的。企业组织的目的是为社会提供物质财富和营利，故以经济效益为目的；事业组织的目的是向社会提供精神财富，随着商品经济的发展，这种精神财富的提供越来越是有偿进行的，因而它既追求社会效益，又追求经济效益，在社会效益中偏向精神文明程度的提高；群团组织在不损害社会公共利益的前提下，以追求群团组织所联系群众的利益为目的；行政组织的目的是促进整个社会秩序和整个社会事业的全面发展，它包括经济的、政治的、文化的、教育的、科技的、卫生的、体育的等各项事业的发展。因此，它追求的是全面的社会效益和经济效益，是社会共同利益公共利益。行政机关间行政交叉或行政空白的产生或大量出现，意味着本应相互合作的行政组织系统内部"内耗"连连，势必妨害整体统一行政目的的达成，最后损害的必定是全社会的公共利益、人们的福祉。

三、行政机关间行政交叉或行政空白解决的价值意义

在国家行政系统内部必须存在职能分工的现实前提下，各职责有别的行政机关间存在行政交叉或行政空白是不可避免的。行政机关间行政交叉或行政空白的存在虽具有一定的积极意义，但其间的消极影响却是十分巨大的，两害相权取其轻，笔者认为，当今社会国家必须力避行政机关间行政交叉或行政空白案件的发生，使行政机关间行政交叉或行政空白案件发生的可能性最大限度地降低。客观地说，任何国家地区想绝对避免行政机关间行政交叉或行政空白案件的发生也是无法做到的[①]，因此，行政机关间行政交叉或行政空白的理性解决就显得尤为必须而富有价值意义。行政机关间行政交叉或行政空白案件的理性解决对促进行政机关的依法行政水准，

---

① 因为每个行政机关也是一个独立的主体，均有自己独立的人格，而不是别的其他国家行政机关包括其上级国家行政机关的附庸.

提升政府的法治水平和程度，对行政机关行政效能的提高，确保行政机关为社会提供更高效、更低廉、更优质的公共服务，对行政机关内部的完整统一和整个社会的和谐幸福，等等，均具有不可否认的积极价值。下面展开论述：

（一）行政交叉或行政空白的解决与依法行政

1997年党的十五大提出要"进一步扩大社会主义民主，健全社会主义法制，依法治国，建设社会主义法治国家"，把依法治国作为党领导人民治理国家的基本方略。1999年3月，九届全国人大二次会议通过的宪法修正案，将"依法治国，建设社会主义法治国家"载入宪法，使之上升为一项宪法原则，标志着党在治国理政方式上实现了由过去主要依靠政策、依靠行政手段，转向主要依靠法律手段的根本转变；标志着我国正式走上了依法治国的道路。党的十七大在此基础上又强调"全面落实依法治国基本方略，加快建设社会主义法治国家"。十八届四中全会是新中国成立以来党第一次专门召开的研究法治工作的会议。在十八大作出全面推进依法治国部署，十八届三中全会作出全面深化改革决定之后，十八届四中全会通过了《关于全面推进依法治国若干重大问题的决定》（下称《决定》），《决定》在肯定改革开放以来法治建设取得的成就后指出，法治建设还存在许多不适应、不符合的问题，主要表现之一就是：执法体制权责脱节、多头执法、选择性执法现象仍然存在，执法司法不规范、不严格、不透明、不文明现象较为突出，群众对执法司法不公和腐败问题反映强烈。《决定》指出，这些问题违背社会主义法治原则，损害人民群众利益，妨碍党和国家事业发展，必须下大气力加以解决。据此，《决定》提出了全面推进依法治国的总目标是"建设中国特色社会主义法治体系，建设社会主义法治国家"。十八届四中全会制定了建设法治中国的完整施工图，标志着中国进入了建设社会主义法治体系的新阶段。

现代社会，行政机关在市场经济中扮演着十分重要的角色，历史经验早已证明，政府的适度干预是市场经济健康发展和市场正常运转的重要保障。在我国社会主义市场经济确立、发展和完善的过程中，我国行政机关的作用尤为重要，因为我国市场经济的四大体系包括市场主体体系、市场运行体系、宏观调控体系和社会保障体系的建立和完善，哪一个体系都离不开行政机关的作用，比如在市场主体体系中，公司是公认的市场经济最基本的市场主体，但公司的成立、登记离不开相关行政机关的确认、监督、审核，否则将会出现皮包公司而扰乱市场经济秩序；再比如，市场经济的发展动力是竞争，有竞争就一定有失败者，因此对市场竞争中失业人员的社会保障是必不可少的，而这一社会保障体系的建立及完善绝对离不开政府的作用。但是，在市场经济条件下，行政机关的作用必须是间接的和可预见的。所谓间接的，亦即意味着政府不得直接经营企业、管理企业，只能通过一定的介质来对企业发生作用和影响，这种介质就是法律。从这个意义上讲，在市场经济条件下，政府必须依法行政。所谓可预见性就是要求政府的行为及其行为的结果具有一定的规律性，使市场主体能够预测到政府在什么情况下会做出什么样的反应，这样企业才能有效地从事市场经济活动。如果政府反复无常，缺乏可预见性，企业就很难适应它，就会缺乏安全感，企业就将会无所适从，从这个角度来说，在市场经济条件下，政府应该依法行政。

依法行政既是党的要求又是市场经济发展完善的需要，所以依法行政一定是行政机关行使行政权力、进行公共管理和社会服务行为的最起码行为准则。依法行政首先要求各级各类国家行政机关必须基于法律的授权而行使自己的行政职权，职权法定是依法行政的前提与基础，当某个国家行政机关并不明确自己职权的权能内容、权限边界和权力行使方式等问题时，显然是无法依法而行使自己的行政权力的。行政机关间行政交叉或行政空白，亦即意味着，某一公共管理事项，在现实境况下，基于种种原因，没有了确定的无可置疑的行政机关施以管理。行政机关间行政交叉或行政空白的解决也就是对该公共管理事项和管理权限的具体落实，解决行政机关间行政交叉或行政空白的过程也就是确定某一公共管理事项和管理权限的具体的行政主管机关是谁的过程，所以行政机关间行政交叉或行政空白的解决无疑将有助于职权法定原则的落实，进而有利于依法行政原则的贯彻与实现。

（二）行政交叉或行政空白的解决与行政高效

行政机关以能发挥效率、成效及效能为其目标，特别是在现代市场经济体制下更是这样。故"行政机关之设置、调整、改组、废止等均应符合行政效率原则，否则行政机关必趋于腐化、僵化而无存在之必要，此乃现代行政组织之立法趋势"①。在现代社会，行政事务整体上涉及社会生活的方方面面，公共事务的纷繁复杂，就必定要求设置多种多个行政机关，行政组织的系统愈加庞大，因而效率问题就变得尤为突出。"二战"以后在西方国家以及我国进行的多次行政改革，其目标之一就是提高行政效率，为社会民众提供更高效更优质的服务。现代行政，行政机关担负着对国家、社会及个人的责任，其职能至少涵盖了安全保障职能、经济发展职能、文化建设职能和社会保障职能。为充分履行这些职能保障行政目标的实现，行政高效应作为行政的组织原则之一。

行政机关间行政交叉或行政空白，或者是多个国家行政机关争抢对同一行政管理事项行使管理权，多头执法，重复处理，无疑会使行政效率大打折扣，另外，针对此多头执法情形，极有可能引发行政相对人或法律上的利害关系人付诸行政复议、提起行政诉讼，行政行为的效力因行政救济行为的启动而必将产生影响，同时行政机关还要派人出庭应诉，如此一来，行政效率更会锐减；行政机关间行政交叉或行政空白，或者是多个国家行政机关对某一行政管理事项来回推诿、无休止地推来推去，而仍没有管辖的行政机关，站在行政效率角度评判，行政效率为零。由于行政行为与行

---

① 管欧：《地方自治》，三民书局 1995 年版，第 48 页．

政相对人的生计、与社会生活息息相关，行政效率的低下，或行政效率根本谈不上，既影响了公民、法人和其他组织的合法权益的保护与促进，又影响了公众的生命安全和公共利益。行政机关间行政交叉或行政空白的解决过程也就是迅速落实某一行政管理事项的主管机关的过程，所以它有助于具有权限的行政机关尽快行使行政权力对主管事项进行行政管理或从事具体服务有利于行政效率的提高。

（三）行政交叉或行政空白的解决与社会和谐

和谐社会是人类社会几千年来孜孜以求的理想社会模式和精神家园，也是中国共产党为代表的马克思主义者为之奋斗的社会理想和目标。

随着我国改革的深化和经济的迅速发展，原有经济体制中存在的种种弊端被逐步打破，该过程也必定是社会转轨、经济转型的过程，亦是相关既有的利益格局消解和新的利益集体逐步形成的过程。随着相关利益关系的破解与形成，形成多元化的经济成分和利益主体，不可避免在社会当中形成各种矛盾和争议，比如劳动者与用人单位的劳动纠纷、消费者与经营者之间的消费者权益纠纷、患者与医院之间的医疗纠纷等。当然在这些矛盾与纠纷之中也绝对含有不同行政机关间的行政交叉或行政空白。纠纷的产生或出现是社会的常态，也是社会赖以存在之规则产生与运作的起点。[①]面对社会中出现的各种矛盾和纠纷，我们不应该回避，而应该努力去寻找和建立解决这些矛盾或纠纷的制度，只有如此，才能够保障和谐局面的长久维系。

不同国家行政机关之间和谐共处，齐心协力，共同为国家社会公共管理努力，国家社会的发展才能得以长久进行，人民群众合法权益的保障才有了依仗。相反行政机关间为行政权限问题大打出手，无疑行政机关系统内部是不和谐的，行政系统就无法形成合力，而是互相拆台，消除对方的

---

① 湛中乐：《行政调解和解制度研究》，法律出版社 2009 年版，第 1 页.

行政效果。如此一来，不仅行政系统内部不和谐，同时也因为行政效果的甚微，乃至根本没有任何社会正面意义，而引发行政相对人的不满，再由于行政管理所固有的折射及放大效应，而会招致整个社会普通民众对行政机关的不满和普通民众之间的互相抱怨。总之，行政机关间行政交叉或行政空白所可能引发的不和谐远不会局限于行政系统内部，所以行政机关间行政交叉或行政空白的理性解决对于整个社会和谐的长期维护具有重大价值意义。

（四）行政交叉或行政空白的解决与行政组织法完善

行政组织是担当行政事务，行使行政权的各级人民政府及下属行政机关的综合体。既包括国务院及其所属行政机关，也包括各级地方人民政府及其所属行政机关。

何谓行政组织法，目前学术界并没有一致的认识。日本学者田中二郎认为："行政组织法是指关于国家、地方公共团体及其他公共团体等行政主体的组织及构成行政主体的一切人的要素（公务员）和物的要素（公物）的法的总称。"[1] 我国台湾学者认为，行政组织法为行政法之主要部分，不仅涉及政府机关的组织、职权、体制与相互关系，且涉及行政作用与行政救济之功能，更与人民权益有关。薛刚凌教授在其《行政诉权研究》一书中对行政组织法进行了界定，她认为："行政组织法可以界定为规范行政的组织过程和控制行政组织的法。"[2]

不论学者对行政组织法如何界定，但作为法律的行政组织法最基本的或应有的功能是制定并限定行政机关的职权。从基本内容的角度上看，行政组织法是合理设定行政权的法，合理地设定行政权具体表现在三个内容，其一就是合理地创设行政权力，一方面，行政组织法可以对行政组织的权

---

① 杨建顺：《日本行政法通论》，中国法制出版社 1998 年版，第 213 页．

② 薛刚凌：《行政诉权研究》，华文出版社 2009 年版，第 131 页．

限做出统一明确的规定；另一方面，行政组织法可以根据社会的发展，创设新的行政权力或对宪法的规定做出新的阐释。其二，合理分配行政权力。这里面的权力分配既包括纵向的中央和地方权力的分配，也包括横向的行政机关之间的权力分配。其三，合理调整行政权力。行政组织法可以根据社会发展的需要，政府职能的转变，适时对行政组织的权力进行调整。这里包括赋予行政组织新的权力，以使新的需要国家公权力干预的领域有相应的管理主体，提高政府对社会治理的幅度；也包括取消原有的权力，行政机关适时从不该政府管理或者政府无管理权的领域退让出来，还权于社会，还权于民众，以做好应该自己管理的事项，还包括对行政权力重新进行分配以更好地吻合对特定社会事项的管理要求。行政机关间行政交叉或行政空白也表现为在行政权的创设、行政权的分配或行政权的调整方面出现了问题，因而才会出现行政交叉或行政空白，对行政机关间行政交叉或行政空白的解决过程，也就是对上述三个方面的理性认识与准确厘定过程，因此，行政机关间权限争议的解决无疑有助于我国行政组织法的完善。

（五）行政交叉或行政空白的解决与相对人合法权益保护

自从国家产生以来，行政权就一直是各公共权力中最直接作用于社会成员和社会组织的权力。国家对社会、对社会成员个人的统治，最常用的手段，只有在一般的行政手段失效时，往往才使用其他控制手段，比如司法手段等。随着国家对社会事务的全面涉及，行政权也渗透到了社会的每一个角落，甚至在一些不受国家权力控制的领域，也存在着某种形式行政权（至少是类似于行政权的权力）。行政权针对的是行政相对人，所以行政权的依法及高效形式，对相对人合法权益的保护有着密切关系，对相对人合法权益的保护可以被视为行政权运行的结果。随着社会的进步，行政机关的职能也在转变为服务行政，即行政权行使的宗旨和立足点是为社会服务，为公民、法人和其他组织服务，具体在某个具体行政行为上，就是强调保护行政相对人的合法权益。保护行政相对人的合法权益是每个国家行政机关每次具体行政行为的目的。行政机关间发生了行政交叉或行政空白，则意味着对该特定或不特定的相对人合法权益的保护，没有了具体的行政机关这一保护的主体而无法落实。行政机关间行政交叉或行政空白的解决过程，也就是对某个具体行政事项明确其主管机关的过程，或者也可以说是为了该行政管理事项牵涉到的行政相对人合法权益寻找保护者的过程。显然，行政机关间行政交叉或行政空白的解决是保护行政相对人合法权益的内在要求。从我国已经发生的行政机关间行政交叉或行政空白现实看，行政机关间行政交叉或行政空白往往使行政相对人苦不堪言，合法权益大受损减，而行政机关间行政交叉或行政空白的解决，的确使行政相对人合法权益的保障得以落实。

（六）行政交叉或行政空白的解决与社会福祉进步

20 世纪中后期，市场的自由竞争和自由市场的发展给社会带来了许多问题，而这些问题又无法依靠市场自发来解决。伴随着工业化而来的人口剧增与城市化进程的加速，而加速了公众生活需求的扩张，各种复杂的基础性设施、道路的修建、污水的处理、城市的布局规划、教育的投资、环境污染的防治等与公众生存有着利害关系的事务不可能由哪一个单个的市场主体来完成，这就需要行政机关出面来协助或亲自解决；市场的自由竞争导致了社会不同阶层在经济上和政治地位上的悬殊，弱势群体的保护问题摆在了社会面前，而这也需仰仗政府解决，市场是无法作用到这点的，可以说是社会的共同需求和阶层的不平等这些因素导致了将政府直接推到了解决社会急需、协调利益冲突的第一线。20 世纪中后期，政府行政权力的扩张实践清晰地证明了，政府行政权力的扩张是以增进社会上的多数受益为前提的。行政权运行的目的是推动社会福祉的进步，行政权与公民权利与公共利益从长远的角度看是良性互动的。行政权的高效合理合规运行，有助于社会公共利益的提升，有助于公民权利的发展。特别是在政府政治功用相对减弱，社会功用逐步扩大的今天，行政权的充分高效依法行使意义更为深远，只有各级各类国家行政机关同心同德，合力一起，才可以极大地促进社会福祉的长远进步与高度提升。行政机关间的权限争议，消解了行政权的功效，阻碍了社会福祉的提升，只有迅即理性地解决行政机关间所出现的行政交叉或行政空白，才可以为社会福祉的进步扫除障碍。

四、行政机关间行政交叉或行政空白解决的指导理论和基本原则

（一）行政机关间行政交叉或行政空白解决的指导理论

理论是解决任何现实问题的指导或先导，离开了切实可行理论的指导，行政机关间行政交叉或行政空白解决机制的建构是根本无法着手的。行政机关间行政交叉或行政空白的解决是一项复杂的系统性工程，因此影响或决定行政机关间行政交叉或行政空白解决机制建构的指导思想也绝不仅是单一的。笔者认为，至少有以下几方面的理论应该成为行政机关间行政交叉或行政空白解决机制建构的指导理论：行政组织方面的理论和冲突、冲突解决、冲突解决机制方面的理论。

其一，行政组织方面的理论。行政组织方面的理论是关于行政组织的构成、建立、运行和发展规律的知识体系。随着人类社会的发展进步，以行政组织为研究对象的行政组织思想、行政组织理论也经历了一个漫长的发展过程。在西方，行政组织理论经历了传统组织理论、20世纪30年代兴起的行为科学组织理论、20世纪60年代以来的现代组织理论的演变过程。虽然行政组织理论在其发展的三个历史时期理论内容不尽相同，但其中一个共同的理论思想观点就是，它们均认为行政组织是一个协作系统，强调行政组织内部的沟通与协调。美国第二十八届总统威尔逊被公认为是西方行政学的创始人，1887年威尔逊在美国《政治学季刊》上发表《行政学研究》一文，从此开始建立独立的行政科学，使行政学从政治学中正式

分离开来。在该文中威尔逊阐述了自己关于行政组织方面的主要思想，他强调行政组织应为公众信赖的组织系统，认为要实现此目标就必须调整行政组织职能，明确政府应该做什么、不该做什么，确定好行政组织体制，确保行政组织内部的沟通协调，改进行政方法，通过改革建立有效的行政机关。另外，传统行政组织理论的代表人物如美国的泰罗、法国的法约尔和德国的马克思·韦伯等也均提出类似的理论观点。传统行政组织理论的研究者们所追求的理想组织是一个目标明确、专业分工、指挥统一、层级节制、幅度适中、权责对称、协调一致、法规完备、高效合理的组织体系。他们的理论思想，奠定了行政组织理论进一步发展的基石。

20世纪30年代，行为科学兴起。把行为科学的思想方法引入公共行政组织研究中，就产生了行为科学的行政组织理论。行为科学组织理论的代表人物有美国学者梅奥、切斯特·巴纳德、赫伯特·西蒙等。行为科学的行政组织理论特别注重对组织中的人进行研究，认为人的行为是影响行政组织效率的决定性的因素，提出行政组织者应当以人为中心的观点，从而，使对行政组织的研究从传统行政组织理论的静态研究转入行为科学时代的动态研究。他们提出了一系列不同于传统行政组织理论的新的行政组织管理原则，如人格尊重原则、相互利益原则、人性激发原则、人人参与原则等。他们也赞成传统行政组织理论中的协调统一原则。如美国公共行政和组织管理方面的著名学者切斯特·巴纳德指出："所谓组织，是有意识调整了的两个人或更多人的行为或各种力量的系统。"[①]切斯特·巴纳德认为"这个定义适用于各种形式的组织，包括政府的、军事的、宗教的、学术的、工商业的以及其他组织"，他还认为"行政组织是一个协作系统，组织成员间的沟通、协调、信息传递才能确保组织成员行为的合理性、合目的性和协作性"。[②]决策理论学派的创始人美国著名的行政学家赫伯特·西蒙在其代表作《管理行为》（也有人译作《行政行为》）一书中也认为，行

---

① 转引自朱国云：《组织理论：历史与流派》，南京大学出版社1997年版，第191页．
② 转引自朱国云：《组织理论：历史与流派》，南京大学出版社1997年版，第192页．

政组织是由人组成的集体平衡系统，组织成员之间存在着互依互动的关系，一方面，组织要根据个人的贡献提供诱因，即物质的和精神的报酬；另一方面，组织之所以能提供诱因，又来自成员个人对组织的贡献。从组织的决策角度看，集权和分权各有利弊，要适当分权和集权而不应绝对分权和集权，因为组织活动是集体活动，要顺利实现组织目标，就必须有一定的集中协调机制。

20世纪60年代以后发展起来的系统方法为组织理论与管理知识的会合、为各种组织理论流派的统一创造了机会，从而使行政组织理论的研究进入了第三个阶段，即现代行政组织理论或系统权变理论阶段。最早将一般系统论运用于行政组织研究的学者是美国的社会学家塔尔科特·柏森斯，继柏森斯之后，美国学者卡斯特、罗森兹韦克、高斯、雷格斯、费雷特里克森、戴维奥斯本、泰德盖布勒、彼得斯、登哈特等发展了柏森斯的思想。现代行政组织理论注重对行政组织的系统性、生态型、权变性的研究，将行政组织看作是由若干个相互依赖与相互影响的部分所构成的一个系统，并且是与内外环境密不可分的一个开放系统，强调行政组织的功能与结构应与组织的外部和内部环境相适应，并随着内外环境的变动而不断地进行修正与调整。比如美国新公共行政学代表人物费雷特里克森提出公共行政组织存在着分配、整合、边际交换和社会感情等四种基本运作过程。其中的整合过程是指通过权威层级来协调组织中成员的工作过程。费雷特里克森认为行政官员可看成是在层级中所扮演的角色，其各自的任务通过权威层级联系在一起，目的在于建构一个有凝聚力的能有效实现组织目标的整体。行政官员必须理解和正确把握权威层级内的正式与非正式的关系，努力使行政组织的运行机制更有利于各种行政工作的研究和开发。他特别主张采用一定的沟通协调机制与技术，消除行政组织内部的不和谐，以增强行政组织的凝聚力。

行政组织方面理论告诉我们，作为各行政机关全体而构成的行政组织体是一个综合性、开放性、有机性的系统，行政组织系统内部的协调、沟通是维系行政组织系统性、提高行政组织应变能力、增大行政组织效率的不可或缺的权利性机制构架中的必备机制。行政机关间出现了行政交叉或行政空白现象，也就说明了行政系统内部出现了不和谐情况，对此不和谐情况的处理本是行政组织系统沟通协调机制应尽的职责和应发挥的功能，所以行政机关间行政交叉或行政空白由行政系统内部施以解决的机制存在是契合行政组织方面理论的。

其二，冲突、冲突解决和冲突解决机制方面的理论。行政机关间行政交叉或行政空白是冲突的一种特色表现形式，相关冲突、冲突解决、冲突解决机制方面的理论无疑对行政机关间行政交叉或行政空白解决方式的择取、解决机制的构建具有理论上的指导意义。

1. 冲突方面的理论。"冲突又称为纠纷、争议、争端，是特定的主体基于利益冲突而产生的一种双边（或多边）的对抗行为。冲突不仅是个人之间的行为，也是一种社会现象。冲突是与秩序相对应的范畴，冲突的发生意味着一定范围内的协调均衡状态或秩序被打破。"[①] 冲突的产生有主体的个性因素，"主体的先天生物特征和后天习惯经验是诱发冲突的根本动因"[②]，在社会达尔文主义者眼里，人的生物抗争倾向使得整个社会生物化，也出现弱肉强食、适者生存现象，而出现冲突。21 世纪英国著名学者波特兰·罗素认为："人类一切活动都出现于两个来源：冲突和愿望"，而"冲突比有意识的目标在形成人的生活方面有更大的影响"，冲动是人们生活和行动的基础，它的范围大大超过愿望。罗素认为："一切哲学，一切伦理评价的体系都是这样产生的，它们都体现了一种屈从于冲动的思想，其目的在于冲动的放纵有一个似乎合理的根据。唯一真实的思想，产生于好奇的、理智的冲动，这种冲动使人有求知和求理解的愿望。使大多数人自负的思想，实际上是由非理性的冲动所引起，只是一种说服自己的手段，以

---

① 范愉：《纠纷解决的理论与实践》，清华大学出版社 2007 年版，第 70 页.
② 顾培东：《社会冲突与诉讼机制》，四川人民出版社 1991 年版，第 7-8 页.

为放纵了这种冲动，就不会使我们失望或受到侵害。"①罗素认为，正是这种冲动，造成了各种社会冲突。冲突的产生除有个性根源的同时，也有其产生的社会根源。美国当代著名政治学家罗伯特·A.达尔在《现代政治分析》一书中认为，个人与集团在社会生活中的多方面特征都与冲突相联系。这些特征"不仅包括社会地位、经济阶级、收入、财富和职业的差别，而且还包括教育、意识形态、宗教、语言、地区和家庭出身的区别"，并且，"这些因素的多重性导致了一个国家与另一个国家之间政治分裂和融合的不同模式"。②冲突产生既有个性方面又有社会方面的根源，告诉我们一个早已为经验所验证了的常识：冲突是无法避免，或者说冲突具有无法消除的产生和存在根源。

2.冲突解决方面的理论。冲突解决是指在冲突产生之后，一定的冲突解决主体依据一定的规则，凭借一定的手段，消除冲突状态，对损害进行救济，恢复秩序的活动。冲突解决既可以是冲突当事人之间的活动（例如协商谈判等），也可以是冲突当事人在中立第三人（冲突解决的机构或主持者）的主持和协助下进行的（裁决和调解等）；既可能通过民间社会力量，也可能需要依靠国家职权。冲突的解决是一种社会活动及过程。冲突各方当事人作为社会成员，通常同属于某个特定的社会集团，其行为处于该集团全体成员的相互行为的网络之中。所以每一个具体冲突的解决过程看似个案解决，实则都不会也不可能是孤立的，而一定是在一个综合的和动态的社会系统中进行的。在这个过程中，社会结构、社会成员的价值准则、社会规范以及作为社会介入之标志的第三方因素，都直接或间接地影响着冲突解决的过程及其结果。因此，冲突及其解决的状况，不仅表明社会自身的协调程度，也是与秩序和规范的一种连接状态。在现代社会，冲突的解决既是反映社会的规范化或法制化程度的表征，也能体现出综合社会治

①［英］罗素：《社会改造原理》，余家菊译，上海人民出版社1959年版，第5页.
②［美］罗伯特·A.达尔：《现代政治分析》，王沪宁、陈峰译，上海译文出版社1987年版，第97—98页.

理模式的功效。而冲突各方所处的社会环境，也直接决定了冲突解决的方式和难易程度。一般而言，影响冲突解决的社会因素至少包括社会结构、冲突产生的原因、社会观念及冲突价值等。

冲突解决机制方面的理论。冲突解决机制，指的是一个社会为解决冲突而建立的由规则、制度、程序和机构（组织）及活动构成的系统。冲突解决机制有广义和狭义两种。狭义的冲突解决机制主要指国家通过相关的法律、法规建构或界定的，由各种正式与非正式制度或程序构成的综合性解决冲突的系统。广义的冲突解决机制，还包括非制度化的临时性、个别性冲突解决活动，以及民间社会自发形成的各种私力或自力性救济方式。一般而论，在人类社会发展的任何阶段，都需要有与之相适应的冲突解决机制，人类社会发展初期，冲突解决机制相对简单，社会越复杂，冲突解决的方式、手段也必定越丰富多样，不同的冲突解决机构、方式或程序共同构成一种多元化的冲突解决机制。事实上，"冲突解决机制的多元化与接近正义具有同质性"①。在不同的社会发展阶段，针对不同的社会需求，根据社会主体的选择，建立适应本国或本地需要的多元化冲突解决机制，是人类社会发展的共同规律。冲突解决机制的状态直接影响人类社会生活的质量和社会秩序的和谐稳定及发展，现代法治社会的社会调整和治理都依赖于一个公正、合理、有效的多元化冲突解决机制。冲突解决机制的多元化既指根据不同性质的冲突设置不同的多元化的冲突解决机制，比如民事冲突的解决机制、刑事冲突的解决机制、行政纠纷的解决机制，也指在每一类冲突的解决机制中应该含有多元化的解决冲突的渠道与方式，比如民事冲突解决机制中有和解、调解、仲裁、民事诉讼等民事纠纷解决机制，还指其中每一种冲突解决方式又可以与不同的机构和规则进行组合，从而产生不同的冲突解决效果。冲突解决机制多元化的合理性与正当性来源于社会控制的客观规律，社会组织结构、社会主体关系的多元化是其存在的

---

① 江伟：《民事诉讼法专论》，中国人民大学出版社 2005 年版，第 10 页．

主体方面的因由，在不同的社会组织结构形态之下，社会主体或当事人的主体身份和相互间的关系等都呈现出一种多元化样态，例如在亲属之间、交易双方之间、团体或企业内部、各种共同体和社区、上下级之间、平级之间等亲疏远近各不相同，由此不同主体之间的冲突呈现出不同特点，冲突解决的重点和方式、方法也必然随之不同，布莱克用"关系距离"来解释人际关系和社会关系及其与冲突解决之间的联系，正是这个道理，一般而言，当事人之间的关系越密切，越不适合用对抗性的诉讼方式。

　　冲突、冲突解决、冲突解决机制方面的理论明确地反映了任何争议包括行政机关间行政交叉或行政空白都具有社会性，其产生的原因具有社会性，其后果或影响具有社会性，同时，其解决也具有社会性，因此，绝不可以将行政机关间行政交叉或行政空白及对其解决看作仅仅是行政组织系统内部的事情，通过外部机制解决行政机关间行政交叉或行政空白是必要和必需的；行政机关间行政交叉或行政空白虽然发生在不同行政机关之间，但相关行政机关之间存在着不同的"亲疏"关系，有的不同行政机关在同一个行政辖区县之间，或同一个市或同一省，有的不同行政机关隶属于同一系统，有的不同行政机关存在着上下级的领导与被领导关系等，所以对行政机关间行政交叉或行政空白的解决要做到理性的、迅疾的解决，也必须构建多元化的行政机关间行政交叉或行政空白解决机制。

（二）行政机关间行政交叉或行政空白解决的基本原则

　　在现代汉语之中，"原则"这一语词是指"说话或行事所依据的法则或标准"①。"原"为"源"的通假字，其含义有根本、推求、起初之意，"则"的含义是规则，根据徐国栋先生的考证，"原则"一词可能产生于近代，意为规则之源或根本规则。②法学上的"原则"即法律原则，学者以为："法

---

　　① 参见中国社会科学院语言研究所编：《现代汉语词典》，第 1422 页.
　　② 徐国栋：《民法基本原则解释——成文法局限性之克服》，中国政法大学出版社 1992 年版，第 7 页.

学上的原则是指可以作为规则的基础或本源的综合性、稳定性原理和准则。"①法律原则是构成一个法律体系的立足点或基干的根本规则。

在法律英语中，"原则"可分解为两层含义：第一层含义是法律的诸多规则或学说的根本的真理，是法律的其他规则或学说的基础或来源；第二层含义是确定的行为规则、程序或法律判决、明晰的原理或前提，除非有更明晰的前提，不能对之证明或反驳，否则构成一个整体或整体的组成部分的实质，从属于一门科学的性论部分。②简而言之，在西方语境中，"原则"是其他规则的来源和依据，又是直接的行为规则。

总之，不论在汉语还是在英语中，"原则"均有规则来源的依据的含义。行政机关间行政交叉或行政空白的社会危害性是巨大的，行政机关间行政交叉或行政空白的理性解决的价值意义是深远的，也就昭示了行政机关间行政交叉或行政空白解决方式、方法、机制等的法制化是必需而急迫的，在具体建构行政机关间行政交叉或行政空白解决法律制度之初，明确行政机关间行政交叉或行政空白解决的基本原则是十分重要的。笔者认为建构行政机关间行政交叉或行政空白解决机制必须遵循下述五个基本原则。

第一，行政机关间行政交叉或行政空白解决之依法解决原则。行政机关间行政交叉或行政空白的解决实质上是对公共行政权力归属的具体落实，是对公共行政权力的一种分配，其关乎国家社会公共利益又牵涉到对公民法人和其他组织合法权益的保护，意义十分重大，因此依法解决行政机关间行政交叉或行政空白现象应成为行政机关间行政交叉或行政空白解决的基本原则。所谓依法解决行政机关间行政交叉或行政空白，也就要求制定并践行行政机关间行政交叉或行政空白解决办法，在法律上明确规定行政机关间行政交叉或行政空白的解决机关、解决方式、解决程序，明确规定各解决方式间的相互关系、解决的时限等。对于法律确实没有做出明确规

①张文显:《法学基本范畴研究》，中国政法大学出版社1992年版，第56页.
②参见《布莱克法律辞典》"原则"条，西方出版公司1979年版，第1074页.

定的，也应遵循基本的法律原则、国家政策和社会实际情况，不能随意地行使权力恣意解决行政机关间行政交叉或行政空白。行政机关间行政交叉或行政空白之依法处理原则对于保证行政权的统一性和权威性是具有重大意义的。

第二，行政机关间行政交叉或行政空白解决之公正解决原则。纠纷解决机制最大的特征就是其必须确保纠纷得以公正解决。公正应当是任何纠纷解决机制的生命线，也是早已被公认的纠纷解决机制的最根本原则。建构我国的行政机关间行政交叉或行政空白解决机制，当然也必须以公正作为基本准则，在机制建构之始，力避有碍公正原则实现的一切因素，设计有助于公正原则实现的制度、措施。

通常公正分为紧密相联的两个层面，即实体公正（实体正义）与程序公正（程序正义）两个层面。实体公正是指立法者在确定人们实体权利义务时所遵循的价值标准，如平等、公平、合理等；而程序公正则指立法者在程序设计、司法者在操作过程中所要实现的价值目标。实体公正是一种结果价值，而程序公正则是一种过程价值。[①] 对于纠纷的解决而言，公正的两层含义均是最基本的要求，也是最低标准的要求，实体公正和程序公正缺一不可。纠纷的实体内容能否得到公正的处理，此一层面是纠纷主体最为关注的焦点；而纠纷的处理在程序上能否得到公正对待又是判断纠纷实体是否公正解决的核心标准之一。因此，可以说，公正是纠纷解决机制的生命线。从各国法治实践来看，对公共权力的行使提出公正性要求，基本上是一个最低标准，比如，在英国法治中，自然公正理念是行政法上至关重要的理念。法院甚至认为在伊甸园中也存在自然公正的精神。福特斯库法官指出："就是上帝在处罚亚当之前，也要求他为自己做辩解。"[②] 在英国，自然公正理念的主要规则是反对偏私和获得公平的听审的权利。可以说，

---

① 马怀德：《行政程序立法研究》，法律出版社 2005 年版，第 2—3 页．

② ［英］彼得莱兰、戈登安东尼：《英国行政法教科书》，杨伟东译，北京大学出版社 2007 年版，第 388 页．

作为自然公正的核心之"最低限度的标准"是：由一个中立而不带有任何偏私的裁判机构裁定的权利；告知本人被指控的罪过的权利和对这些指控做辩解被听取的权利。^①美国宪法规定的正当法律程序条款，即在美国，任何人未经正当的法律程序，不得剥夺其生命、自由或财产。在美国，根据正当程序条款发展起来的一系列宪法权利是兼具实体性公正内容和程序性公正内容的。许多程序性权利的规定并不是意在阻止政府的积极作为，而是要求由特定的政府机构做出决策或采取行动，或者要求在特定的政府机构做出决策或采取行动时必须通过特定的决策程序做出。对社会纠纷的解决，尤其应强调公正的重要性。如果没有了基本的公正性要求，则所谓的纠纷解决机制就很难发挥作用，其对纠纷的解决也不可能起到任何积极的社会意义价值。站在行政机构间行政交叉或行政空白解决的角度，笔者认为强调该类纠纷的公正解决极为必要和重要。因为，在传统的认识里，我们将行政机关间行政交叉或行政空白看作行政系统内的事情、自家问题，如何处理均不会产生社会影响，何必苛求其公正。在我们的传统认识里，行政官僚制是行政组织的基本组织形式或组织原则，上级对下级权益的处分权是绝对的、天经地义的，下级在上级面前不具有独立的人格，所以我们强调对行政机关间行政交叉或行政空白解决的内部处理方式，务必从制度方面构建行政机关间行政交叉或行政空白的解决机制。行政机关间行政交叉或行政空白解决之公正解决，要求对行政机关间行政交叉或行政空白的解决至少要同时满足以下四个基本标准：

（1）争议解决人员不偏私。公正的纠纷解决机制必定是与偏私不相容的。英国法谚："任何人不得在与自己有关的案件中担任自己的法官。"这已经演变为一条最基本的法律准则。该规则原本适用于司法领域，近代以来，该规则已经成为监督行政行为的各项制度设计的一个主要的指导思想

---

① 张越:《英国行政法》，中国政法大学出版社 2004 年版，第 501 页.

和基本原则。①行政机关间的行政交叉或行政空白，缘于权力与利益的天然不可割联系，所以对行政权归属的判定，实则是对利益归属的分配，当然解决争议的人员、机构绝对应超然于争议机关之外。总体而言，为了保证不偏私，解决纠纷的人员要具有中立性，在处理与自己或关系人有利害关系以及存在先前的职业行为、偏见等有可能导致偏私的情形下均要回避。这就要求在法律制度上确立回避制度、禁止单方面私自接触制度以及裁决的中立制度等。其中，最为关键的制度就是裁决的中立性制度。可以说，中立裁判，裁判人员不可为运动员是人类理性和情感对公正裁决的最基本要求，是毋须证明的人类真理。②对于行政机构间行政交叉或行政空白的解决而言，更应组织起具有中立性、公正性的专门人员。

（2）纠纷解决过程的参与性。在任何纠纷之中，纠纷双方的当事人之间必然存在权利义务上的对立关系。所以纠纷如何解决以及纠纷的解决结果均直接关涉当事人双方的切身权利与相关利益。可以说，"只有利害关系人真正有意义地参与到政府过程之中，个人的尊严和自尊才能得到保障"。③如果在决定当事人实体权利的过程中没有当事人的参与与莅临，即使其对实体结果的处理在处理方看来具有很强的公正性，而对于纠纷当事人而言，他是很难理解纠纷是如何被解决的，故他很难接受解决的方案、结果。确保纠纷解决过程的当事人参与性，不仅是正当法律程序的必然要求，也是提高纠纷解决的可接受性的必然要求。现代社会矛盾的纠纷无不是在确保当事人参与性的基础上进行的。构建我国行政机关间行政交叉或行政空白解决机制也必须确保行政交叉或行政空白的各方对纠纷解决过程的参与性，以其参与的表现及其提供的材料作为判断争议权限归属的重要依据，以彰显对主体人格的尊重，提高行政交叉或行政空白解决的彻底性。

---

① ［美］杰瑞·L.马肖：《行政国的正当程序》，沈岿译，高等教育出版社 2005 年版，第 5-6 页.

② 张树义：《纠纷的行政解决机制研究》，中国政法大学出版社 2006 年版，第 45 页.

③ ［美］杰瑞·L.马肖：《行政国的正当程序》，沈岿译，高等教育出版社 2005 年版，第 190 页.

（3）纠纷解决结果的说理性。仅有行政交叉或行政空白双方当事者的参与，而对纠纷解决结果的形成、取得并没有进行充分的说理、论证，则该行政交叉或行政空白的处理结果也很难得到当事人真心的接受。因此，公正的纠纷解决程序还要求纠纷的解决主体要对纠纷的解决结果进行充分的说明理由。就社会纠纷的解决而言，解决主体不管是以强制性的方式，还是非强制性的调解方式解决纠纷，都必须对纠纷当事人的是与非、具体的处理结果，向当事人作说明和解释。从说明的内容来看，应当包括事实理由、依据理由和具体的处理理由。事实理由是纠纷解决主体对当事人纠纷的客观事实情况的认定，也是判断当事人是与非的客观依据；依据理由是纠纷解决主体对处理结果寻找的处理依据，是对最终处理结果的说明，是一个事实与依据的结合，也是对有关处理裁量权的说明。

（4）纠纷解决人员的专业性。公正性的保障之一是专业，如果纠纷处理的人员是外行，显然其对纠纷处理过程和达至的处理结果不可能是公正的。在国外，纠纷解决机制的设计均要求解决纠纷的主体具有专业性，比如 20 世纪以来，英国的行政裁判所如雨后春笋似的普及遍布起来，其原因就是"宪法授权行政裁判所解决纠纷的一大理由就是裁判所拥有专业型的裁判人员，他们熟知相关的法律和问题"。[①]美国众多的独立管制机构，其出现的原因也是一样。在我国，行政机关对于与自己行政管理领域密切相关的民事纠纷拥有行政处理的权力，有的平等民事主体间的民事纠纷，在提起诉讼之前，法律要求必须经过特定行政机关先行处理，其原因也在于纠纷解决对专业性的要求。因此，在建构我国的行政机关间行政交叉或行政空白解决机制时，应确保纠纷解决主体尤其是具体解决的人员的专业性。没有专业性作为保障，就很难有公正的结果。当然，人员专业性的保障可以有多种模式，不必拘泥一格。比如，英国的行政裁判所一般由 3 名成员组成，主席由法律人士担任，另两名成员由一名专家和有经验的人员组成

[①]［英］彼得·莱兰、戈登·安东尼：《英国行政法教科书》，杨伟东译，北京大学出版社 2007 年版，第 22 页．

或由代表着争议双方的利益团体的人士担任。我国行政机关间行政交叉或行政空白解决机制的人员组成模式在确保专业性的前提之下，其具体模式也可以是多元的。

第三，行政机关间行政交叉或行政空白解决之及时高效原则。行政机关间行政交叉或行政空白解决之及时高效原则要求行政交叉或行政空白解决机关必须在法定期限内对行政交叉或行政空白做出处理结果，并确保该处理结果得到完全实现。为实现该原则，可资采取的措施很多，但凡是不碍于其他原则理念实现而有助于行政机关间行政交叉或行政空白案件及时高效解决的措施均可采用。比如，在对行政交叉或行政空白案件解决的申请方面，我们可以尽可能地规定那些易于申请的措施。行政机关间行政交叉或行政空白是典型的公法秩序纠纷，其申请主体除当事人之外，还可以包括一切与此案件有法律上利害关系的公民、法人或其他组织，还可以是公共团体为了维护公共利益免遭侵害可以向行政交叉或行政空白解决机关提出要求解决的申请；在申请的形式上，笔者认为为了便于申请可不做统一的硬性规定，书面形式的申请书形式申请可以，口头形式也可以。任何纠纷解决机制的运作都不能够给主体和社会造成生活等方面的困难和不便。其实，行政机关间行政交叉或行政空白的解决机制最为基本的一个特征就是具有可得性，要能够切实地为社会所用。行政机关间行政交叉或行政空白解决之及时高效原则并不是排斥两个机关间的协商沟通，但在自愿基础上的协商沟通不成、不奏效时，不可久商不决、无限期拖延下去，必须报请有权裁决机关做出决定。在具体处理方式上，行政机关间行政交叉或行政空白的解决不必像法院对别的纠纷进行处理那样遵循严格的证据规则，需注重处理方式的相对灵活性。值得注意的是，这儿处理方式的灵活性是相对的，根据正当程序的要求，方式灵活并不是就可以没有任何规则。行政机关间行政交叉或行政空白解决之及时高效原则要求解决行政交叉或行政空白应当有利于行政管理的顺利进行，提高行政管理的效率，便于行政目的的及时充分实现。在具体行政交叉或行政空白进行解决时，上一级行政机关将行政权限做归属判定时，必须考虑由哪方争议当事人或什么样的职能部门或哪一级行政组织行使该争议行政职权更有利于行政任务的完成，更助于设置该行政权目的的实现。

行政机关间行政交叉或行政空白解决的及时高效原则要求我们在确定行政交叉或行政空白解决机制时必须明确有关行政机关应履行的法定义务。如规定行政交叉或行政空白案件一旦发生，相关的行政机关应立即暂停行政权的行使，在法定期限内将此案件连同所有相关材料及有关证据材料提交给有权处理权限争议的主体，否则可追究该行政机关负责人员的法律责任。如在立法上明文规定，有权处理行政交叉或行政空白的机关在收到移交过来的相关材料，接到有权申请主体要求解决行政交叉或行政空白的申请时，应该在法定期限内审查，决定处理与否，若决定处理的，在多长时限内做出处理结果，若决定不处理的，申请解决主体有提出补救性的异议并启动另外的解决机制的权利。并且也需要在立法上明确规定争议解决主体及其工作人员无故拖延解决或处理的法律责任。

行政机关间的行政交叉或行政空白解决的及时高效原则要求解决结果的有效性及被执行性，在机制的设计上，笔者不赞成两审乃至三审的设计方案，也就是说，当事人对行政机关内部解决机制的处理结果不服，笔者不主张再允许其向上级纠纷解决机关提起上诉或进行复议、申诉等。某一机制的采用以一次为限，若果当事人不服，可以向别的更有权威的法律允许的解决机关申请，启动另一种机制。在法律不允许采用别的机制或纠纷解决机制使用完毕后，案件当事人，即其他任何国家机关、社会团体、一切公民个人都必须遵守行政交叉或行政空白解决的最终方案，以确保行政交叉或行政空白处理结果得以实现。

第四，行政机关间行政交叉或行政空白之行政先行解决原则。行政机关间行政交叉或行政空白解决之行政先行解决原则是指，一般情况下，行政交叉或行政空白案件解决的申请主体，必须依法向有权解决该行政交叉或行政空白的行政机关提出解决申请，启用行政内部解决机制，由有权解决的行政机关做出权限归属决定之后，对权限归属的处理决定不服，才可以在一定的期限内，向司法机关起诉。当然法律明确规定不必历经行政先行解决的案件除外。

在司法机关诉讼机制解决行政交叉或行政空白之先，由有权的行政机关做先行解决，有其基于现实的丰富合理性。其一，行政先行解决机制的运用，可以把大量的行政交叉或行政空白案件消弭在行政程序阶段，无疑有助于减轻法院的负担。国家行政管理活动相比于立法活动和司法活动，其突出特点是具有广泛性和复杂性，这就决定了行政交叉或行政空白的内容广泛，形式复杂，如大量的行政交叉或行政空白案件全部由法院来裁决，不规定行政机关先行解决这一个程序，则法院审理的行政权限案件一定不少，显然法院的工作负担必定过重。其二，行政先行解决机制可使行政交叉或行政空白案件得到及时解决，既及时高效地补救了可能牵涉的普通民众或原来的行政相对人的合法权益，又提高了国家行政机关的行政管理效率。因为比较说来，行政先行解决程序源于行政机关操作的程序，较灵活，其行政程序的色彩更浓，所以比司法程序要更简便及时。如果大量行政交叉或行政空白案件提前在行政解决阶段而不是在司法诉讼程序阶段解决，不仅能使当事人的合法权益提前得到救济，而且因缩短了行政决定效力生效的不定期而大大提高国家行政管理的效率。其三，行政先行解决机制及其程序体现了对行政机关的行政行为的尊重，便于行政机关及时纠正自己的违法或不当行为。国家行政机关处于国家行政管理的第一线，面临广泛而复杂的管理任务，许多场合要求行政机关必须做出即时决定，司法机关应尊重行政机关的管理行为，但同时这也并不意味着司法机关放弃对行政机关的法律监督。在行政机关自己认识到业已做出的行政行为、正在行使的行政权力违法违规运行的情况下，如果不允许行政机关自己纠正，而必须由司法机关来对行政权限的归属做出裁判，那显然是被动的。行政先行解决程序的规定为行政机关及时纠正内部的错误行为提供了机会和便利。其四，行政先行解决机制及其程序有利于上级行政机关对下级行政机关实施监督。根据我国行政机关组织方面法律的规定，我国的上级行政机关对下级行政机关的行政行为负有监督检查的权利和义务，以确保自己的下级行政机关依法行使法律赋予它的行政权力，履行法定的行政职责。行政机关间行政交叉或行政空白案件的发生表征着有国家行政机关未能依法行使自己的行政权力，履行自己的行政职责，因此上级行政机关对它的监督是应该启动的。如果不规定对行政交叉或行政空白案件由有监督权的上级国家行政机关先行解决，无疑也将意味着剥夺上级行政机关对下级行政机关的行为进行监督检查的权利和义务，这当然不利于行政权的完整行使。其五，行政先行解决机制的采取更有利于争议行政权限归属的科学理性解决。行政交叉或行政空白案件发生在行政权力运行的过程中，要么在行政权力的积极行使时，要么在行政权力消极不行使时，与行政事务有着密切不可分割的天然联系，对所争议行政权限的归属做出判定一定程度上就是对行政事务的认定、处理，显然行政机关的解决更专业，也应该会更公正。而法院并非是行政事务的专家，其对行政交叉或行政空白归属的判定极可能专业知识欠缺，能力不够。再者有了行政机关的先行解决，当事人不服而依法启用了司法解决机制的话，行政机关先行的解决，也为法院的解决奠定了一定的基础。其六，在对因行政而引发的纠纷的处理机制选取问题上，世界上部分国家和地区采取了这一做法，如美国、德国、韩国及我国台湾地区的法律规定，对行政机关的行政行为不服，必须先提起行政复议，对行政复议决定不服，才能提起行政诉讼，秉承了没有法律的例外性规定由行政机关先行解决的原则和理念，其目的在于尽量将因行政权力运行而引发的行政争议解决在行政程序中。这一制度存在的目的，在于避免司法程序不必要和不合时宜地干预行政程序。其基本作用在于保障行政机关的自主和司法职务的有效执行，避免法院和行政机关之间可能产生的矛盾。[1]

---

[1] 沈福俊：《对行政复议的司法监督：现实问题与解决构想》，载《法学》2003 年第 12 期.

第五，行政机关间行政交叉或行政空白之司法最终解决原则。司法最终解决原则是指一切因适用宪法和法律而引起的法律纠纷和相应的违法、违宪行为都应该由法院进行解决；一切法律纠纷，至少在原则上可以通过司法诉讼程序解决；法院对于法律纠纷以及相关的一切法律问题有最终的裁决权；法院对于法律纠纷的解决具有权威性、公信力和终局性。就笔者的阅读所及，当下学界对司法最终原则的理论研究还相对匮乏，既有的研究主要局限于诉讼法学领域，而且居多限在民事诉讼法学理论研究上，而对基于宪政意义的司法最终原则的研究可以说几乎还是空白。实际上司法最终原则是确保一个国家法治践行的宪法性原则，在行政机关间行政交叉或行政空白的解决中贯彻司法最终解决原则，是由司法的功能和本性决定的，在国家权力格局的横向划分中，立法权的功能在于分配、协调权利和利益，行政权的功能在于执行、落实立法机关分配的权利和利益，而司法权的功能在于评判，裁断是非曲直。因此，在立法权、行政权、司法权当中，司法权最适合争议的解决，行政机关间行政交叉或行政空白无疑是争议的一种。另外司法的优点也决定了由司法机关践行纠纷最终解决的使命是适合的，因为：在现代社会，诉讼和法庭是一种解决社会纠纷冲突的机制，其突出优点是解决纠纷的公正性，相对制度、听证制度、裁决制度的规范化、程序化及公开化的程式特点保障了诉讼程序的正义性。[①]行政机关间行政交叉或行政空白的解决对公正的诉求更为迫切，若果其解决不公，将会引起行政权内部的不和谐，导致行政权力间的对抗，其社会影响是巨大的，由有公正性保障的司法权来解决行政机关间行政交叉或行政空白案件，比别的权力解决更妥当。

司法最终解决原则和践行，有利于实现司法权对行政权的制约和监督。在国家权力体系中，行政权是最需要监督的一种权力，这是毋庸置疑的，对行政权的监督主要是司法权（审判权）对行政权的制约，这也是早已被

---

① 龙宗智：《上帝怎样审判》，中国法制出版社 2005 年版，第 7 页.

证明了的。笔者认为，只有司法最终解决原则的践行，司法权才能在法制框架下最大限度地实现监督与制约行政权的宪政功能，进而较好地促进依法行政或行政法制原则的实现。这是因为，行政机关间行政交叉或行政空白的发生是行政权在运行过程中发生的，本身即是行政权运行不妥当或违法行使或不行使而导致的一种争议，对此现象的处理，对行政权限归属的判定实际上是在对行政权进行的一种监督。对此类争议的解决不最终交由司法机关无疑是无法全面实现司法权监督制度的，由此决定了对行政机关间行政交叉或行政空白的解决应该坚持司法最终解决原则。

　　行政机关间行政交叉或行政空白的司法最终解决原则的确立和践行有助于丰富宪法中有关国家行政机关管辖规定的内容，为行政机关间行政交叉或行政空白的解决提供依据。原则上说，行政机关间行政交叉或行政空白解决的最终依据应该规定在宪法或者宪法性文件当中。但我国现行宪法及相关国家机关组织法类的宪法性文件并没有这方面的规定，又因为宪法的根本性，所以即便有了这方面的规定也不可能很详尽，另外，为了保障宪法作为根本大法的地位的稳定性和权威性，宪法绝不可轻易地被修改。于是，宪法（含宪法性法律文件）的原则性、抽象性、相对稳定性与常变常新的社会生活、变化不定的行政管理实践之间必然存在矛盾。若对宪法条文不加以解释，则宪法就很难适应社会时代的发展，而被束之高阁。若由立法机关解释宪法，又常常会兴师动众，劳民伤财，同时也不利于问题的及时高效处理。而司法解决方式的应变性、针对性，可以一定程度地临时化解这一矛盾。由司法机关通过个案的形式来解决相关的宪法规定，可以长期地、潜移默化地丰富宪法有关国家行政机关间行政交叉或行政空白处理的内容，为行政机关间行政交叉或行政空白的解决提供源源不断的依据。

五、行政机关间行政交叉或行政空白解决机制建构的路径

市场经济体制的逐步完善、行政体制改革的纵深化推进和利益格局的渐次调整，总是伴随着深刻的社会变迁和利益冲突。一个无法回避的客观现实是，正在大踏步地迈向社会主义现代化进程的中国，在经济奇迹般突飞猛进发展的背后，各类社会矛盾纠纷的发生率及其激化程度也在急剧地上升，并且呈现出新的特点。行政机关间行政交叉或行政空白现象的出现和行政机关主体意识的觉醒密切相关，是分权式行政体制改革和分税制财政改革及公共行政发展的必然现象。面对这一不可避免的社会现象，我们必须构建行政机关间行政交叉或行政空白解决机制，以迅速解决行政机关间的行政交叉或行政空白，稳定公法秩序。在当代中国，探索和研究构建公正而高效的行政机关间行政交叉或行政空白的多元化解决机制，用法规的形式规范行政交叉或行政空白解决的方式渠道、工作机制等，形成多元化的行政交叉或行政空白解决工作格局，对于行政交叉或行政空白的有效预防、成功解决、防止激化，维护改革、发展、稳定大局，具有重要的现实意义。行政机关间行政交叉或行政空白多元化解决机制的建构是一项宏大的社会系统工程，不可能一蹴而就。

（一）确立多元化解决的理性思维

确立行政机关间行政交叉或行政空白多元化解决的理性思维，是指我们在思想上不应该将行政机关间行政交叉或行政空白的解决看作是一件简单的事情，应树立多渠道、多途径消解行政机关间行政交叉或行政空白案件的意识。在构建行政机关间行政交叉或行政空白解决机制时，应该以现有制度资源为基础，但又不应该仅仅依靠现行的制度资源，完全仰仗国家公共权力的力量，应充分发挥社会团体、普通民众的智慧和积极性，使对行政机关间行政交叉或行政空白的解决机制最大限度地做到社会参与。

（二）确保各类解决方式有规则可循

我国在长期维护社会的稳定和社会治安的综合治理实践过程中，各个地方乃至中央均积极探索，创造了很多种对行政机关间行政交叉或行政空白案件的解决办法，但依据、做法不一，虽然一定程度上应急解决了一些行政交叉或行政空白案件，但也在一定程度上影响了行政交叉或行政空白解决的权威性和合法性。这就迫切需要从理论上进行总结提高，并把正确的做法和经验转变为普遍性规则，使之法制化。我国行政机关间行政交叉或行政空白解决机制的法制化亦即意味着我们必须制定行政交叉或行政空白解决法，在这部法律中明文规定，我国行政机关间行政交叉或行政空白案件的解决原则、解决主体、各解决机制的解决方式、方法、步骤、时限，各解决机制间的衔接关系等，只有实现行政机关间行政交叉或行政空白解决机制的法制化，才可以最终使各类解决方式有路径可走、有规则可循，行政机关间的行政交叉或行政空白才可以公正、高效且有权威地得以解决。

（三）强化衔接，相互配合

行政机关间行政交叉或行政空白的解决机制虽是多元化的，虽然不同的解决机制可资解决的行政交叉或行政空白性质有别，内容不完全一致，但各个机制共同服务于、致力于行政机关间权限争议的公正、高效解决任务，共同的目的、宗旨使得各个机制间是互相配合、紧密衔接的一个系统。所以，各解决行政机关间行政交叉或行政空白的主体必须形成共识，统一思想，厘清思路，将对行政机关间行政交叉或行政空白的公正、高效解决作为共同的目标追求。法律上一旦确定了各行政交叉或行政空白解决机关的职责，相应的解决主体就必须按照"不缺位、不错位、不越位"的基本原则，确保责任到人，责任到位，确保对应该受理的行政交叉或行政空白案件不上交、不转移，各解决机制间不得相互争抢或推诿对行政交叉或行政空白案件的解决责任，只有在自己的处理程序认真履行完毕之后，在行政交叉或行政空白案件的当事人对已经做出的解决方案仍然有异议而依法提请其他机制解决时，其他行政机关间行政交叉或行政空白解决机制才可以依法予以解决，任何行政交叉或行政空白解决主体都必须切实地履行自己的职责，做出自己负责任的解决方案。笔者强调，对行政交叉或行政空白案件的解决绝不可和稀泥，不要认为还有其他解决途径、解决机制，我随便解决一下，走走过场，推给别的解决主体去处理，若果出现此情形，一定要严格追究相关人员的行政责任乃至刑事责任。笔者认为，为了保证各行政机关间行政交叉或行政空白解决机制间的衔接、协调，使其成为一个有机系统，必须在法院、相关裁决机关间及权力机关解决主体间建立起经常性的工作联系和沟通机制，在司法解决机制与其他行政交叉或行政空白解决机制之间保持一种必要的联系，共同研究行政机关间行政交叉或行政空白案件发生的规律和特点，排查原因，制定对策。在前一个解决机制对行政机关间行政交叉或行政空白案件的解决过程中已经审查核实的证据材料，如没有确凿的证据提出反证，其他争议解决主体必须认可该证据材料的证明力，对在上一个争议解决机制中，权限争议当事人所做的陈述，一般情形下在下一个解决程序中不得允许其反悔，除非他有确凿的证据证明他在上一个机制运行中是受到了强迫而非自由意愿的表达。总之，我们必须设置确保各行政交叉或行政空白解决机制间衔接关系的制度和措施，使各行政交叉或行政空白解决机制成为一个有机整体，共同消解行政机关间行政交叉或行政空白现象。

（四）注重现有资源的利用

我国自古以来就有多元化纠纷解决的传统，今天亦保留和创建了大量行之有效的制度，其中有的制度受到世界各国的高度重视和褒扬，并开始成为人类社会的共同资源和财富。在构建行政机关多元化解决机制时，我们应该重视发掘和改造自己的传统资源，尤其是既有的资源。

（五）注重制度构建中的可行性论证

行政机关间行政交叉或行政空白多元化解决机制的构建往往需要改革一系列现有机制或制度，事关重大，为了避免因机制设计失误而导致资源浪费和其他社会恶果出现，每一步都需要精心设计，谨慎论证，尤其需要注意的是，在多元化解决机制建构过程中，绝对要认真听取和真诚对待不同或反对的意见和建议。

第二章　行政机关间行政交叉或行政空白现行解决方式剖析

行政机关间关系从内容上看十分复杂，但毫无疑义，行政机关间的行政权力关系，是其中最重要的方面。行政机关间行政交叉或行政空白是行政机关间关系的非正常现象，它致使行政机关间扯皮推诿或争权夺利，进而损害公共利益或公民的合法权益。因此，现代法治国家均须从制度视角考虑：一方面，着力防范行政机关间权限争议的发生，可以通过由国家立法机关即全国人大或全国人大常委会制定统一的行政机关组织法，使各行政机关的权界清晰，以利于其各司其职、各负其责，共同致力于国家与社会的和谐稳定及科学发展；另一方面，刻意建构一套科学理性的行政机关间行政交叉或行政空白解决机制，以确保一旦发生行政交叉或行政空白后能够及时公正地定纷止争，迅速恢复被破坏的公法秩序。

针对行政机关间行政交叉或行政空白的解决，在我国并没有统一的法律文本规定，相关立法散见于层级有别、名称各异的众多规范性法文件中，既有宪法、宪法性法律的规定，也有其他法律的规定，更有法律之下其他规范性法文件的规定。梳理全部现行有效法律文本规定，笔者将行政机关间行政交叉或行政空白的中国解决归总为行政机关解决、司法机关解决和权力机关解决三种解决方式。以下将对这三种基本方式分别进行剖析。

一、行政机关间行政交叉或行政空白之行政机关解决方式

通过行政系统内部机制解决行政机关间行政交叉或行政空白是目前中国最经常、最普遍使用的，也是备受学者推崇的首选机制。

（一）行政交叉或行政空白之行政机关解决方式梳理

针对行政机关间行政交叉或行政空白的行政机关解决，目前在我国并没有统一的法律文本规定，相关立法散见于层级有别、名称各异的众多规范性法文件中，既有宪法、宪法性法律的规定，也有其他法律的规定，更有法律之下其他规范性法文件的规定。梳理全部现行有效法律文本规定，我们可知，由行政机关解决行政机关间行政交叉或行政空白的具体方式及相关法律依据有：

1. 批准或决定。根据《宪法》第 89 条第 15 项规定，国务院有权批准省、自治区、直辖市的区域划分，批准自治州、县、自治县、市的建置和区域划分；该条第 16 项规定，国务院有权决定省、自治区、直辖市的范围内部分地区进入紧急状态。《国务院组织法》第 10 条规定，各部、各委员会工作中的方针、政策、计划和重大行政措施，应向国务院请示报告，由

国务院决定，主管部、委员会可以在本部门的权限内发布命令、指示和规章。经由上级国家行政机关批准或决定方式的采用无疑可以解决行政执法实践中经常出现的下级国家行政机关间相关地域管辖范围方面的权限争议。

2. 改变或撤销。根据《宪法》第 89 条第 13 项规定，国务院有权改变或撤销各部、各委员会发布的不适当的命令、指示或规章；该条第 14 项规定，国务院有权改变或撤销地方各级国家行政机关的不适当的决定和命令。《宪法》第 108 条规定，县级以上的地方各级人民政府领导所属各工作部门和下级人民政府的工作，有权改变或撤销所属各工作部门和下级人民政府的不适当的决定。上级政府对下级政府或政府对其职能部门所发布的决定、命令，通过行使领导权、监督权，借靠改变或撤销的方式，可以迅速解决可能出现的部分行政交叉或行政空白。

3. 裁决。源于行政机关据以执行的法律规范性文件不一致而产生的行政交叉或行政空白现象，我国目前主要是通过法律适用原则下的裁决机制来处理的。我们必须遵循法律适用的原则：新法优于旧法、特别法优于一般法、效力级别较高的法优于效力级别较低的法。效力级别的高低位阶在我国是这样的：宪法、法律、行政法规、地方性法规和行政规章。根据这一原则处理各种形式的规范性法律文件之间的冲突，确定在具体事实根据前提下应该适用的法律依据，对行政机关间行政交叉或行政空白现象的处理至关重要。如果发生法律文件冲突的制定机关之间具有行政隶属关系时，原则上是由下级国家行政机关自动撤销其法律文件中与上级国家行政机关的法律文件相抵触的内容，上级国家行政机关也有权依职权主动撤销；如果发生法律文件冲突的制定机关之间没有行政上的上下级关系或隶属关系时，则由其共同的上级行政机关裁决哪个行政机关所制定的规范性法律文件无效，哪个行政机关所制定的规范性法律文件有效，或者对它们在制定规范性法律文件上的权限做出明确分工后责令各自在其权限范围内重新制定规范性法律文件。另外，《立法法》第 94 条和第 95 条对法律规范冲突还规定了更详细的裁决机制。比如，根据《立法法》第 94 条第 2 项规定，行政法规之间对同一事项的新的一般规定与旧的特别规定不一致，不能确定如何使用时，由国务院裁决；该法第 95 条第 3 项规定，部门规章之间、部门规章与地方政府规章之间对同一事项的规定不一致时，由国务院裁决。通过国务院裁决方式的运用，可以使政府不同职能部门间或地方政府与国务院组成部门间的部分行政交叉或行政空白得到内部处理。

4. 解释。职权法定是依法行政的要素之一，行政机关的行政管理权力必须来自法的授权，由于据以执行的法律规范不甚明确、行政执法机关对法律规范理解上的歧义以及据以执行的法律规范不适应新情况而产生的行政机关间行政交叉或行政空白，目前在我国主要通过法律解释机制来处理。现实中，行政机关间行政交叉或行政空白多缘于不同行政机关对赋予自己行政职权的规范性法律文件的相关条款理解、认识分歧。此情形下，国务院通过解释具体行政法规条文或者国务院法制机构通过对行政法规适用中出现的具体问题加以研究并予以答复；规章或规范性法律文件的制定机关（如国务院及其各组成部门等）通过对规章或规范性法律文件的立法解释、行政解释，可以厘定相关行政机关间的权限范围，进而处理其间的行政交叉或行政空白问题。就我国目前的法律解释机制来说，虽然它存在很多缺陷及不足，但它对行政机关间行政交叉或行政空白的处理的确起到了一定作用。

5. 协商。《国务院行政机构设置和编制管理条例》第 6 条规定，国务院议事机构承担跨国务院行政机构的重要业务工作的组织协商任务。国务院议事协调机构议定的事项，经国务院同意，由有关的行政机构按照各自的职责负责办理。该法第 23 条规定，国务院行政机构擅自扩大职能的，由国务院机构编制管理机关责令限期纠正，逾期不纠正的，由国务院机构编制管理机关建议国务院或者国务院有关部门对负有直接责任的主管人员和其他直接责任人员依法给予行政处分。《地方各级人民政府机构设置和编制管理条例》第 10 条规定，地方各级人民政府行政机构之间对职责划分有异议的，应当主动协商解决，协商一致的，报本级人民政府机构编制管理机关备案，协商不一致的，应当提请本级人民政府机构编制管理机关提出协调意见，由机构编制管理机关报本级人民政府决定。《规章制定程序条例》第24条规定，有关机构或者部门对规章送审稿涉及的主要措施、管理体制、权限分工等问题有不同意见的，法制机构应当进行协调，力求达成一致意见，对有较大争议的重要立法事项，法制机构可以委托有关专家、数学科研单位、社会组织进行评估。经过充分协调不能达成一致意见的，法制机构应当将主要问题、有关机构或者部门的意见和法制机构的意见及时上报本部门或者本级人民政府领导协调，或者报本部门或者本级人民政府决定。由政府的机构编制管理机关或者政府的法制部门采用协商、协调等方式也完全可能化解行政机关间出现的部分行政交叉或行政空白。

6.协调。此处的协调意指2015年《法治政府建设实施纲要（2015—2020年）》（以下简称《纲要》）颁行后，我国不少省、市为解决行政机关间行政交叉或行政空白而在规范性法律文件上明确设置的一种专门解决行政机关间行政交叉或行政空白的方式，它有别于上述"协商"方式之最明显特征是其专门解决行政机关间行政交叉或行政空白，规定了行政机关间行政交叉或行政空白解决的机关部门和解决的程序以及解决的效力等，对我国行政机关间行政交叉或行政空白解决机制制度化、程序化建设意义重大。比如，2006年湖北省人民政府颁行的《湖北省行政执法争议协调办法》、2010年大连市人民政府颁行的《大连市行政执法争议协调办法》、2014年珠海市人民政府颁行的《珠海市行政执法争议协调办法》、2016年蚌埠市人民政府颁行的《蚌埠市行政执法争议协调处理办法》、2017年河北省人民政府颁行的《河北省行政执法争议协调处理办法》、2017年宁夏回族自治区人民政府颁行的《宁夏回族自治区行政执法争议协调处理办法》、2017年石家庄市人民政府颁行的《石家庄市行政执法争议协调处理办法》等。其中多数地方规章对行政执法争议协调进行明确的立法界定，比如《石家庄市行政执法争议协调处理办法》第二条规定："本办法所称行政执法争议协调，是指行政执法争议协调机关依法对行政执法机关（含法律法规授权的组织，下同）之间在执行法律、法规、规章和其他规范性文件过程中发生的争议事项进行协调的活动。"

实际上，上述 6 种解决方式除协商、协调两种解决方式外，均可归结为"通过与行政交叉或行政空白相关国家行政机关的上级国家行政机关解决"方式。即便是行政交叉或行政空白之协商解决方式，也往往是先由相关国家行政机关自行协商解决，在协商不成的情况下，最终还是需要相关国家行政机关的上级国家行政机关通过行政命令、决定、裁决等方式予以解决。在上述 6 种解决方式框架下，行政交叉或行政空白的主体即下级国家行政机关不可以对行政交叉或行政空白解决主体即上级国家行政机关的行政决定、行政命令提出异议，尤其是现行法律制度并没有设置法定的争议解决途径来对上级国家行政机关的行政决定、行政命令发起挑战。总之，目前我国行政机关间行政交叉或行政空白解决之行政内部机制主要是仰仗上级国家行政机关的行政权威，是以上级国家行政机关对下级国家行政机关的领导权、决定权和命令权为其制度设置根据，凸显争议双方行政机关的共同上级国家行政机关作为行政交叉或行政空白最终解决机关的地位与优势。

（二）行政交叉或行政空白之行政机关解决的优势分析

通过行政体系内部，不论是经由上级国家行政机关、特定国家行政机关，还是由行政交叉或行政空白国家行政机关自身凭靠内部力量协商解决行政交叉或行政空白，该内部解决机制所内蕴的价值理性或优势是显而易见的。笔者认为其优势主要体现为下述五个方面：

1. 争议解决具有权威性之优势。争议解决的权威性是解决方案能够得到严格遵守并得以完全遵行的前提条件，也是该争议解决方式存在的根本依据。我国实行的是单一制国家结构形式，中央政府对地方政府，上级政府对下级政府，政府对其各个组成工作部门是领导与被领导、命令与服从的隶属关系，这在宪法和组织法中都有十分明确的规定。因此，上级国家行政机关对下级国家行政机关，政府对其组成工作部门所下达的关于行政权限归属的决定、命令，显然是十分权威的，被命令的下级国家行政机关亦即行政交叉或行政空白的国家行政机关必须服从该决定、命令，并将会切实保证该决定、命令的具体落实，这无疑有利于国家行政命令、政令的通畅，保证行政权的统一高效行使。

2. 争议解决具有专业性、正确性之优势。争议解决的专业性、正确性是解决方案被自觉真诚接受的重要因由。由外行指挥内行，即使是高高在上的内行，即使被指挥者接受了该指挥，于被指挥者而言，也可能是一种不得已的无奈或是一种逼迫，被迫接受的解决方案能否被真正全面执行，是值得怀疑的。行政机关间行政交叉或行政空白是在行政职权履行或不履行过程中发生的，与行政专业知识、技能、经验、经历等有着密不可分的联系，一定程度上说，行政权限的清晰厘定实质上就是行政专业事项的组成部分，由具有该同质行政职权、履行该同质行政职责的上级国家行政机关对业务范围和权限行使过程中发生的行政交叉或行政空白进行处理，无疑比由并不擅长该专业的其他国家机关更专业，其作出的解决方案也必将会更正确、更妥帖。

3. 争议解决具有及时性、高效性之优势。行政机关间行政交叉或行政空白发生后，必须尽快解决，高效确定所争议权限的归属，否则就可能造成严重的后果：延误执法，使管辖对象或当事人的合法权益受到损害或者让应受处罚的违法当事人逍遥法外，从而妨害行政执法的严肃性，影响到行政管理秩序的和谐，损及国家行政机关的威信，最终不利于行政机关高效、全面服务于社会功效的正常发挥，钳制社会的进步发展。相对于由中立的第三方国家机关采取争议双方主体对抗制解决模式，通过公开的诉讼程序、辩论机制来解决行政交叉或行政空白而言，由行政机关系统内部直接凭借行政决定、行政命令等方式解决行政机关间行政交叉或行政空白，显然有利于行政交叉或行政空白的及时、高效解决。

4. 内部解决机制彰显了对行政机关的尊重，契合了行政权完整性的诉求。相较于由行政机关之外的其他国家机关、社会组织解决行政交叉或行政空白，由行政机关系统内部解决行政交叉或行政空白，没有外部插手行政机关间的事情，意味着对行政机关妥帖解决自身系统内部出现不和谐问题能力的信任，也彰显了对行政机关的充分尊重。在市场时而失灵、人民对行政权的依赖日益增强、对行政机关的期待日益提高的当今情势下，对行政机关持有足够的信任和怀着充分的尊重，是尤为重要的，这种信任和尊重可以激发行政机关的能动性、积极性、主动性，使其高效服务于社会，服务于民众。如上所述，行政交叉或行政空白实际上是特定国家行政机关在行使或不行使行政职权过程中产生的，其本身就是行政权力运行过程中出现的一种不正常状态，只有力避与克服这一非正常现象，才可以正常通顺地行使行政权力，履行行政职责，故而，行政交叉或行政空白的处理内隐在完整的行政权能范畴之中，是行政权的权能要素之一，由行政机关解决行政交叉或行政空白是行政权统一性、完整性的应然诉求。相反由别的机关解决行政权运行过程中出现的问题，一定程度肢解了行政权的整体性，并不利于行政权的自我调适与有机运行。

5. 内部解决机制符合中国传统思维模式。客观说，行政交叉或行政空白确会对普通民众和社会产生极大的消极影响。实践中出现的行政机关间权限争议，大多使得行政相对人苦不堪言，合法权益受损。但仅就行政交叉或行政空白本身而论，其还是或首先是行政系统内部的事情，是行政权的内部管理问题。尤其，行政交叉或行政空白的解决活动通常是保护相对人合法权益的前提，而并非是对相对人合法权益的直接保障。总之，按照传统观点，行政交叉或行政空白是行政系统的内部纠纷，是行政系统自己的事情，自家的事情由自家解决，外人不得插手，是符合国人传统思维模式的，因此行政内部解决机制的存在和运行有中国传统文化上的根据。

（三）行政交叉或行政空白之行政机关解决的劣势探究

正如行政机关解决行政交叉或行政空白的机制所具有的优势那样，由行政机关解决行政交叉或行政空白机制，同时也带着十分显著的，在当今法治发达的社会环境下甚至可谓是致命的劣势，其劣势至少表现为以下方面：

1. 内部解决机制制度化、规范化严重不足。纵观我国现行关于行政交叉或行政空白解决机制的立法规定可知，现行立法的规定还比较粗陋，往往仅通过一个法律条文作高度抽象性的概括规定，不论是解决行政机关纵向间的行政交叉还是横向间的行政交叉，相关的法律均没有由哪些主体依照什么样的程序可以请求什么机关来解决行政交叉或行政空白等系统而明确的可操作性规定，因此极易造成行政交叉或行政空白行政机关、相关解决行政机关在面对需要处理的行政交叉或行政空白案件时无所适从的尴尬境况；现行规范性法文件并没有关于行政交叉或行政空白解决时限的规定，这就导致行政交叉或行政空白案件的解决十分随意，有的时候对案件的解决旷日持久，却仍然拿不出具体的解决方案；同时，由于内部解决的制度化不足，规范化缺失还很容易导致部门保护主义、地方保护主义普遍滋生，致使相对人合法权益得不到及时保障。

2. 内部解决机制过分仰仗上级行政机关的行政权威，民主性、正当性缺失。首先，行政交叉或行政空白之行政机关解决机制主要是通过上级机关的命令、指令类方式进行的，这无疑压抑了争议机关的主体意识，他们不会也不必主动沟通、相互交流，进而自我解决自己发生的行政交叉或行政空白，而是消极静等上级机关的解决方案，在上级机关的具体命令、指令等下达后再从事行政事务的处理，这样的做法显然有悖于行政活动的本性，违反行政规律。其次，上级国家行政机关必须设置专门的权限解决机构，配备专门的争议解决人员，充实争议解决机关解决争议所必需的物力、财力，因此也会在一定程度上压抑上级行政机关在其公共服务领域内供给公共产品的能力，虚化其规模优势。再次，上级行政机关借由命令就强行解决了行政交叉或行政空白，无疑会助长其权力气势，更加使其难以养成民主工作作风。最后，通过行政命令、行政指令等刚性行政手段解决行政交叉或行政空白，争议行政机关双方一般并不参与行政交叉或行政空白的具体处理过程，更谈不上经由双方直面对抗、言辞论辩等正当程序机制解决行政交叉或行政空白，此解决模式缺少起码的理性和正当性。

3. 内部解决机制的公开性不够，公正性缺失。现行的内部处理方式均不面向社会公开，不接受民众监督，极易出现暗箱操作。争议解决主体有时竟为争议主体之一，其不可避免地会以行政权力行使者的角色出现，必然会动用行政手段办案，所作出的裁决自然会受到法律规则以外因素的影响。再加上行政交叉或行政空白的实质是不同行政机关的利益之争，受利益因素驱使，更难公正处理。即便是能够做到实质公正处理，这种自己做自己法官的处理模式，也有悖形式正义理念的起码诉求。

4. 内部解决机制无法确保行政交叉或行政空白解决的及时性、高效性与权威性。中国改革开放以来，历经几轮行政管理体制改革，随着一系列行政权力的下放，传统中国高度集中的单一化中央与地方、政府与其职能部门、上级政府职能部门与下级政府对应职能部门的权力关系格局已被打破。地方政府也好，垂直领导的下级政府职能部门也罢，早已不再是一个被控客体，不再是一个单纯的传导中央、上级指令的中介，它们业已成为一个具有相对独立职责的控制主体，并拥有越来越多决定和处理本行政区域内、本部门内政治、经济和社会事务的自主权。实际上中国的行政分权式改革是中国社会民主进步发展的必然要求，是契合世界潮流的。

5. 内部解决机制有悖法治理念，违反司法最终解决原则。法治作为一个历史性概念，其含义在发展历程中虽有所变迁，但其核心要义即"用法律约束权力"却一直十分稳定，这也正是"法治"具有普适性价值而永久被秉持的重要因由。英国法学家拉兹认为："法治，意味着法律的统治。从广义上说，法治意味着人民应当服从法律，接受法律的治理。但是在政治理论和法律理论中，法治应作较为狭义的理解，即它是指政府应受法律的治理，遵从法律。"① 将行政交叉或行政空白视为行政系统内部的事情，从而拒绝经由正式法律程序机制进行解决的做法已明显背离法治理念。司法最终解（裁）决原则是法治国家的一般原则，其含义一般包含以下内容：一切因适用宪法和法律而引起的法律纠纷和相应的违宪违法行为由法院进行解（裁）决；一切法律纠纷，至少在原则上通过司法程序进行解决；法院对于法律纠纷以及相应的法律问题有最终裁（解）决权②，行政交叉或行政空白是行政机关在行使法律赋予的行政职权、履行法律规定的行政职责过程中，与其他国家行政机关间发生的权限之争，该种法律纠纷经由行政内部机制处理，而拒绝接受法院的司法审查和解决明显违反了司法最终解决原则。

行政交叉或行政空白之行政机关解决机制，内蕴着诸多价值理性，这也是该解决机制存在的正当性理据，我们绝不可轻言废弃行政解决机制，而将行政交叉或行政空白完全交由司法机关或权力机关进行处理或者另辟其他解决途径；但行政解决机制所固有的种种制度缺陷，也十分明显地表明了，单单凭借行政机关解决机制，绝无法通顺、理性、被遵从且被信服地公正解决行政交叉或行政空白现象。行政交叉或行政空白存在且日益普通化、普遍化的严峻现实，亟待我们建构一套系统、科学、理性的行政交叉或行政空白解决法律制度。

二、行政交叉或行政空白之司法机关解决方式

为理性、顺畅解决行政交叉或行政空白，有学者提出了通过行政诉讼机制最终解决的理论设想，并对行政交叉或行政空白之行政诉讼机制建构的可行性、必要性和具体建构等理论问题展开初步论证。行政交叉或行政空白到底可否通过行政诉讼机制予以解决，还须做一剖析。

---

① J.Raz. *Authority of Law: Essays on Law morality*，Oxford:Clarendon Press, 1979, pp.214.
② 刘作翔：《迈向民主与法治的国度》，山东人民出版社 1999 年版，第 125 页 .

（一）现行法律依据梳理

《中华人民共和国行政诉讼法》（下称《行政诉讼法》）、最高人民法院《关于执行〈中华人民共和国行政诉讼法〉若干问题的解释》（下称《若干问题解释》）和其他有关行政诉讼法律文件并未将行政交叉或行政空白纳入行政诉讼机制解决。但经仔细揣摩与逻辑推演，我们发现，中国现行行政诉讼法律文件为将行政交叉或行政空白纳入行政诉讼机制解决提供了间接法律依据，兹述如下：

1. 从《行政诉讼法》规定之行政诉讼目的推论，行政交叉或行政空白可以纳入行政诉讼机制解决。"目的是全部法律的创造者，每条法律规则的产生都源于一种目的，即一种事实上的动机。"[①] 因此，行政诉讼目的不仅指导着立法者行政诉讼立法活动，确保行政诉讼具体法律条文符合规律，而且它还指导着法官的行政审判活动，确保所制定的行政诉讼具体法律规则被合法、公正地贯彻实施，同时它还可以弥补行政诉讼法律规则的漏洞，克服成文法之局限[②]。《行政诉讼法》第1条规定："为保证人民法院公正、及时审理行政案件，解决行政争议，保护公民、法人和其他组织的合法权益，监督行政机关依法行使职权，根据宪法，制定本法。"这是关于行政诉讼目的的立法表述。

（1）将行政交叉或行政空白纳入行政诉讼机制解决是契合"保护公民、法人和其他组织合法权益"之行政诉讼目的的。行政机关间职责权限不清，互相推诿管辖权，把公民、法人和其他组织等行政相对人当作皮球踢来踢去，无疑将使公民、法人和其他组织的合法权益得不到及时保障；行政机关为了部门利益或地方利益互相争抢管辖权，使公民、法人和其他组织等行政相对人招致一事多罚，无疑也会侵害公民、法人和其他组织的合法权

---

① ［美］彼得·E.博登海默：《法理学——法律哲学与法律方法》，邓正来等译，法律出版社1999年版，第190页.

② 法律目的的此价值意义在法治发达国家更为显现，法官可以凭借对法律目的的推演、解释，作为受理、审理案件并作出相应裁判的法律依据.

益。从我国已出现的形形色色行政交叉或行政空白案件的结果看，铁的事实摆在我们面前，行政交叉或行政空白，不仅影响行政效能的整体提高，危及政府在社会公众心目中的良好形象，更为严重的是损害了行政相对人的合法权益，引发了社会公众对行政机关的不满与怨气。[1] 将行政交叉或行政空白交由司法机关通过行政诉讼机制解决，实质上是行政权日益膨胀的治理压力下为维护公权平衡的秩序而进行的职能网络框架的微调。"在功能上，可以阻却因权限争议而造成的相对人权利的不稳定状态及因此而受到的直接或间接的损害，是属于一种符合行政诉讼法目的的路径。"[2] 总之，行政交叉或行政空白最终必然影响和损害公民、法人和其他组织的合法权益，将行政交叉或行政空白纳入行政诉讼机制解决，无疑契合了保护公民、法人和其他组织合法权益之行政诉讼目的。

（2）将行政交叉或行政空白纳入行政诉讼机制解决是契合"监督行政机关依法行使职权"之行政诉讼目的的。行政交叉或行政空白的原因虽然比较复杂：有的是因为行政机关间权限划分未能在法律上得以明晰厘定；有的是因为法律根本没有对某项公共事务确定其管辖权归属；有的是因为法律在行政管辖权问题的规定上不科学、不合理等。但不可否认，行政交叉或行政空白产生的原因中也存有在职权法定、职责明确前提下，行政机关为部门利益或地方利益却无视现行法律明文规定而违法行政，因而引起行政交叉或行政空白的情形。随着我国行政组织法的立法完善，以及我国行政体制改革向纵深推进，因立法原因而直接引发行政交叉或行政空白的可能性会逐渐消减。又因为行政分权制改革必将造成地方权力、部门权力逐渐扩大，造成各行政机关独立主体地位逐渐确立，未来行政交叉或行政空白引发的主要原因将会是行政机关违法行政。总之，不论基于当下还是

---

① 金国坤：《行政权限冲突解决机制研究——部门协调的法制化路径探寻》，北京大学出版社2010年版，第10页.

② Judicial Resolution of Administrative Disputes between Federal Agencies，*Harvard Law Review* 62(1949)，p 1052.

放眼未来，行政交叉或行政空白现象，在一定程度上意味着有的行政机关没有认真行使法定职权，没有切实履行法定职责，故必须对之监督。源于行政诉讼是公认的监督行政机关是否依法行政最权威、最公正渠道，所以，必须通过行政诉讼机制对牵涉权限争议各行政机关职权行使与职责履行之作为或不作为行为进行合法性审查，以监督相关行政机关是否依法行政。总之，将行政交叉或行政空白纳入行政诉讼机制解决契合了监督行政机关依法行使行政职权之行政诉讼目的。

2. 从《行政诉讼法》规定之行政诉讼基本原则推论，行政交叉或行政空白可以纳入行政诉讼机制解决。《行政诉讼法》第 6 条规定了对行政行为的合法性进行审查的行政诉讼基本原则。合法性审查的具体内容之一就是"行政机关是否有作出行政行为的权限，是否超越法定的职责权限以及是否依法享有事务管辖权、级别管辖权和地域管辖权，上述任何一方面违法都构成无权限或超越职权"[1]，"我国法院在审理行政案件，对具体行政行为进行合法性审查的过程中，一般要求先审查做出该具体行政行为的机关是否具有管辖的权限、是否超越了法定职权范围的判断，在起诉行政机关不作为的案件中，同样要对是否属于该行政机关的职责范围、行政机关有无作为的义务进行审查。因此，可以说对行政机关权限的审查已经成为不少行政案件审判的前提"[2]。合法性审查之行政诉讼基本原则，内在要求法院必须对被诉行政机关以及与之有法律上利害关系行政机关的行政职权的具体边界作出司法厘定，亦即意味着在行政诉讼活动过程中法院实质上在对行政交叉或行政空白施以司法解决。

3. 从《行政诉讼法》规定之受案范围推论，行政交叉或行政空白可以纳入行政诉讼机制解决。受案范围是行政诉讼制度有别于其他诉讼制度的特有规定，受案范围"规定着司法机关对行政主体行为的监督范围，规定着司法机关与行政机关之间处理行政争议的分工和权限，规定着受到行政

---

① 马怀德主编：《行政诉讼法学》，中国人民大学出版社 2009 年版，第 27 页.

② 裴缪、向琼：《浅论我国机关诉讼的构建》，载《公安学刊》2006 年第 5 期。

行为影响的公民、法人和其他组织诉权的范围，也规定着行政终局裁决的范围"①。行政诉讼受案范围的立法规定是人民法院决定某具体行政纠纷案件受理并处理与否的法律依据。行政诉讼制度自 1982 年在我国正式确立以来，受案范围已先后历经了六次调整②，"行政诉讼受案范围在总体上呈现出逐步扩大的态势"。③2017 年出台的《若干问题解释》第 1 条第 1 款采用概括方式规定了可以受理的行政纠纷案件范围，该款规定："公民、法人或者其他组织对行政机关及其工作人员的行政行为不服，依法提起诉讼的，属于人民法院行政诉讼的受案范围。"第 2 款采用列举方式规定了人民法院不予受理的 10 类行政纠纷案件④。基于该条规定，可以推知，行政交叉或行政空白，只要没有被明确列举在行政诉讼受案的排除范围之列的，便可纳入行政诉讼机制解决。另外，因行政交叉而引发的行政纠纷案件，相对人因同一行为受到不同行政机关的重复处理，为保障自身合法权益，相对人显然可将所有对其实施行政行为之行政机关（亦即行政权限争议所涉各行政机关）均作为行政诉讼被告诉至法院。为评判被诉行政行为的合法性问题，法院也必须在审明所涉各行政机关的行政权限之后，才可以作出被

---

① 傅思明：《中国司法审查制度》，中国民族法制出版社 2002 年版，第 123 页.

② 这六次调整分别为：第一次调整是 1982 年制定的《中华人民共和国民事诉讼法（试行）》第 3 条第 2 款的规定；第二次调整是 1989 年制定的《行政诉讼法》的规定；第三次调整是 1991 年最高人民法院《关于贯彻执行〈中华人民共和国诉讼法〉若干问题的意见（试行）》的规定；第四次调整是 1999 年《若干问题解释》的规定；第五次调整是 2014 年制定的《行政诉讼法》的规定；第六次调整是 2017 年第十二届全国人大常务委员会第二十八次会议《关于修改〈中华人民共和国民事诉讼法〉和〈中华人民共和国行政诉讼法〉的决定》。

③ 江必新、梁凤云：《行政诉讼法理论与实务》（上卷），北京大学出版社 2009 年版，第 115 页.

④ 这 10 类行政纠纷案件分别是：公安、国家安全等机关依照刑事诉讼法的明确授权实施的行为；调解行为以及法律规定的仲裁行为；行政指导行为；驳回当事人对行政行为提起申诉的重复处理行为；行政机关作出的不产生外部法律效力的行为；行政机关为作出行政行为而实施的准备、论证、研究、层报、咨询等过程性行为；行政机关根据人民法院的生效裁判、协助执行通知书作出的执行行为，但行政机关扩大执行范围或者采取违法方式实施的除外；上级行政机关基于内部层级监督关系对下级行政机关作出的听取报告、执法检查、督促履责等行为；行政机关针对信访事项作出的登记、受理、交办、转送、复查、复核意见等行为；对公民、法人或者其他组织权利义务不产生实际影响的行为.

诉行政行为合法与否的司法裁判。因行政空白而引发的行政纠纷案件，显然行政相对人曾向不同的行政机关提出了让其履行自身法定职责的申请，各被申请的行政机关均认为自己对该申请事项无管辖权，到底所申请的事项属于哪个行政机关管辖，相对人诉求法院，意图得到法院的权威性判定。因此，如同因行政交叉引发的行政纠纷案件一样，为处理行政相对人与行政机关间的行政纠纷案件，有效保护行政相对人的合法权益，法院也无法回避对所涉行政职权的归属作出司法判定，亦即法院不得不解决所涉行政机关间的职权之争，只有在明晰了行政职权归属前提下，法院才可以作出相应裁判。总之，从《行政诉讼法》规定之受案范围推论，可以将行政交叉或行政空白纳入行政诉讼机制解决。

4. 从行政诉讼第三人制度规定推论，行政交叉或行政空白可以纳入行政诉讼机制解决。《若干问题解释》第23条第2款规定："应当追加被告而原告不同意追加的，人民法院应当通知其以第三人的身份参加诉讼。"该条规定，显然包括了实践中两个或两个以上的行政机关对同一行政相对人多头执法、重复处理，相对人却仅以其中部分行政机关为被告，而不愿意将其他行政机关一起作为被告诉至法院的情形，如此一来，相关有利害关系的行政机关（行政权限争议之另一行政机关）应由法院通知其以第三人身份参加到行政诉讼中来，此种情况下，法院势必要对所牵涉各行政机关相互间的行政权限作出厘定。毫无疑问，从现行行政诉讼第三人制度规定推论，由行政相对人提起的行政诉讼，如果存在与被诉行政机关有行政交叉同时又实施了对行政相对人合法权益有影响行政行为的行政机关，该行政机关是可以也应该作为行政诉讼第三人参加行政诉讼的，此种情况下出现的行政交叉已被纳入现行行政诉讼机制予以解决。总之，通过现行行政诉讼第三人制度，行政机关间发生的部分行政交叉或行政空白可以纳入行政诉讼机制解决。

5. 从行政诉讼法律适用规则推论，行政交叉或行政空白可以纳入行政诉讼机制解决。《行政诉讼法》第63条规定："人民法院审理行政案件，以法律和行政法规、地方性法规为依据。地方性法规适用于本行政区域内发生的行政案件。人民法院审理民族自治地方的行政案件，并以该民族自治地方的自治条例和单行条例为依据。"《行政诉讼法》第 63 条第 3 款规定："人民法院审理行政案件，参照规章。""参照"的存在"实质是赋予了人民法院对规章的选择适用权"。[1]

（二）行政交叉或行政空白之司法机关解决的优势分析

虽说纠纷解决的途径应该是多元的，但相对于其他纠纷解决方式而言，司法具有更强的中立性、权威性和程序性，能够稳定、有序地调整各种利益冲突，客观、公正地处理争议。具体来说，由司法机关采用诉讼机制解决行政交叉或行政空白，其优势主要有以下几个方面的表现：

一是促进行政组织法完善的重大举措。如上文所论，行政交叉或行政空白的出现，一定程度上指行政组织法对相应行政权力划分不清，界定不明，或反映了行政组织法对相应行政职权的分配出现了遗漏。为从源头上防范行政交叉或行政空白的发生，发展完善行政组织法是必不可少的举措。有学者认为：正如行政诉讼撤销判决中"违反法定程序"的规定，在客观上起到了促进中国行政程序法发展的巨大作用一样，增加由司法机关解决行政交叉或行政空白这一类新的行政诉讼类型，可以发现和纠正行政组织法运行过程中出现的各种问题，加快行政组织法的建设。[2] 故将行政交叉或行政空白经由行政诉讼机制解决定能取到促进行政组织法完善的功效。

二是推动法治原则贯彻实现的基本路径。法治是人类社会通过长期的矛盾运动和不断试错、进化所获取的相对科学、正义、稳定的社会行动方式或行为模式。有学者认为："法治应当被认为是人类社会所可能发展出的

---

① 姜明安主编：《行政法与行政诉讼法》，北京大学出版社、高等教育出版社 1999 年版，第 130 页.
② 马怀德主编：《行政诉讼原理》，法律出版社 2003 年版，第 163 页.

常态的、健康的国家形态或社会形态。"①"依法治国、建设社会主义法治国家"已被明文载入我国宪法，法治业已成为我国治理国家、社会的基本方略。为确保法治原则得以贯彻实现，又缘于司法权的判断性、司法机关的中立性、司法过程的正式严格性、司法活动的稳定性和司法职业的法律性等特性，法院理所当然、义不容辞地担当起了看护法治不被践踏的重任，司法最终裁决（法院对于法律纠纷以及相应的法律问题享有最终裁决权）也被作为一个基本准则被各法治国家普遍遵循。行政交叉或行政空白显然是法律争议，因此将行政交叉或行政空白交由法院解决符合司法最终裁决准则的当然要求，是贯彻实现法治原则的基本路径。

三是有利于行政交叉或行政空白的公正解决。我国学者孙笑侠认为："行政权具有明显的倾向性，政府总是更关心自己的行政目标和效率。"②英国行政法学家韦德认为："行政官的方法是经验式的，是权宜之计。"③实际上，行政机关在面临的各种社会矛盾面前，其态度具有鲜明的倾向性，在各种利益出现冲突时，行政官员需要尽可能找出最理想、最有利的处理方案，行政机关和行政官员的行政思维定式，极可能使他们对行政交叉或行政空白的解决失之客观、公正。和行政机关不同，司法机关的中立性以及法官任职的保障性，使得法官能够超越于利益冲突之外，在具有不同利益诉求的主体之间能够保持不偏不倚的中立立场，这就有助于法官发现隐藏在不同利益要求背后的法律规则。由法官对行政交叉或行政空白采用诉讼程序进行解决，争议双方均有效参与，且可以委托律师代理，这有助于法官在律师的帮助下发现真正的法律规范。法官作出裁判必须说明理由，这也将促使法官必须把判决建立在理性的基础上，判决说理从技术上杜绝了随意性裁判，确保了裁判的理性度和公正度。

---

① 陈步雷：《法治变迁的经验与逻辑——目标、路径与变迁模型研究》，法律出版社 2009 年版，第 21-22 页。

② 孙笑侠：《法律对行政的控制》，山东人民出版社 2002 年版，第 250 页．

③ [英] 韦德：《行政法》，徐炳等译，中国大百科全书出版社 1997 年版，第 51 页．

四是有助于行政效率的提高。将行政交叉或行政空白交由行政系统外的司法机关解决，对行政机关而言无疑将产生较强的威慑力，它明确且肯定性地宣示了行政机关间争权夺利行为不再只由内部解决，增强了司法对行政的监督力，同时也可以增加行政机关部门保护主义和地方保护主义的成本与风险。为防止诸多对自身不利因素的发生，行政机关一定会积极防范行政交叉或行政空白案件的发生并主动构建更加理性的行政交叉或行政空白之行政内部解决机制，重塑和谐的行政机关间的关系，共同维护公法秩序，确立行政机关在公众心目中的良好形象，打造政府的公信力。如此一来必将从另一个方面促进行政效率的提高。

（三）行政交叉或行政空白之司法机关解决的劣势探究

将行政交叉或行政空白纳入行政诉讼机制解决在具有一定机制优势的同时，基于目前的行政诉讼法律规定，考量目前的行政诉讼模式和机制构建，在没有进行制度完善和创新的状况下，笔者认为该机制的劣势更明显，其主要劣势表现为以下方面：

1. 将行政交叉或行政空白纳入行政诉讼机制解决，在当下中国尚缺乏直接而明确的《行政诉讼法》依据。不论是基于现行《行政诉讼法》关于行政诉讼目的的立法规定，还是经由行政诉讼合法性审查基本原则的立法规定，我们均无法直接得出"行政交叉或行政空白已被纳入行政诉讼机制解决"的结论，而只能合乎情理地推知"可以将行政交叉或行政空白纳入行政诉讼机制解决"或者"应该将行政交叉或行政空白纳入行政诉讼机制解决"，可以也好，应该也罢，均是一种推理，推理结论的正确性、可靠性尚无法得到法律的确保。

作为以成文法为代表的我国，法院受理与审理各类案件，进而施以相应司法裁判的法律适用活动，均须以现行有效的法律规范为依据。同时，我国是实行人民代表大会制度的国家，人民法院由人民代表大会产生，对人民代表大会负责，受人民代表大会监督，各级人民法院仅有司法权，而不能创设法律，也即我国各级人民法院只能依据现行有效的法律文件作为处理各类纠纷的准则，而不能逾越国家成文法规定仅仅凭借对现行国家立法的司法扩张性解释而从事司法裁判活动。因此，在全国人民代表大会或其常务委员会没有对现行《行政诉讼法》修改、现行《行政诉讼法》尚未明确将行政交叉或行政空白纳入行政诉讼受案范围的情况下，人民法院仅依仗对行政诉讼目的与基本原则的合情性推演，而将行政交叉或行政空白纳入行政诉讼机制解决，既不符合我国的法律文化传统，也有悖于我国的政体。

2. 通过行政诉讼机制可以解决的行政交叉或行政空白案件是有限的。根据《若干问题解释》所规定的行政诉讼受案范围与第三人制度，我们可以推知，行政交叉或行政空白只有在相对人提起行政诉讼之后，法院通知所涉行政交叉或行政空白之行政机关以行政诉讼第三人身份参加到行政诉讼中来的前提下，法院才可以附带地解决行政交叉或行政空白。在没有行政相对人提起行政诉讼，或者行政交叉或行政空白并没有影响到法律上利害关系人权益的情形下，对行政机关相互间发生的行政交叉或行政空白，是无法依据《若干问题解释》采用行政诉讼机制解决的；即便是行政交叉或行政空白影响到相对人合法权益，在相对人不起诉的情况下，法院也无法主动对行政交叉或行政空白予以司法审查并作出裁判。另外，在相对人起诉后，法院并没有通知所涉行政交叉或行政空白行政机关作为第三人参加诉讼，或者法院通知所涉行政交叉或行政空白的行政机关作为第三人参加诉讼，而被通知的行政机关不愿意作为行政诉讼第三人参加诉讼，在此情形下，法院能否对所涉行政交叉或空白作出司法裁判，《若干问题解释》并未作出明确规定。因此即使以《若干问题解释》为依据，可资解决的行政交叉或行政空白也是十分有限的。"在行政执法实践中，诸多行政权限争议是在具体行政行为司法审查过程中得以暴露的，这也就意味着如若权限争议尚未引起具体的个体权益侵害或者是损害了不属于行政诉讼受案范围所保护的权利领域,则权限纠纷既无从发现,亦无从处理。"①

3. 将行政交叉或行政空白纳入行政诉讼机制解决,尚缺乏有针对性、可资操作的程序规定。我国现行《行政诉讼法》脱胎于《民事诉讼法》,在诉讼程序的具体架构上深受民事诉讼法程序规定的影响,适用与民事诉讼程序类似的方式、方法和步骤审理行政案件,这在一定程度上造成了行政诉讼制度在实践中运行不畅。事实上,行政诉讼所处理纠纷的性质、被告制度、诉讼标的、举证责任、判决形式等诸多方面和民事诉讼截然有别,原则上,法院对行政案件的审理在具体操作程序上应该较大程度地区别于对民事案件的审理程序,只有如此才可以为法官对行政纠纷的处理提供有针对性的指引;才可以体现出行政审判工作的专门性、技术性,进而促进行政诉讼向着专业化、现代化的方向发展;才有可能为行政审判法官平衡与协调"保障相对人权益"与"促进行政机关依法行政"两大行政诉讼目的的冲突提供思维路径和抉择艺术。"各国行政诉讼,习惯上仍循一定之方式、形式或类型,原告始得就其所受侵害,请求行政法院提供救济,而行政法院亦得仅就法定之诉讼种类所相应得以救济之方法为裁判。"②在每一个行政诉讼案件中,原告只能在一定种类范围内请求法院提供救济,相应地法院也只能在法定的裁判方式范围内作出裁判,只有这样法院审理不同行政纠纷案件才有了具体的操作规程。行政诉讼类型化设计既有利于全方位地保护公民的合法权益和社会公共利益,又有利于人民法院有效地行使行政审判权。行政机关间的权限争议,不同于一般类型"民告官"的行政纠纷,权限纠纷双方均为国家行政机关,纠纷的内容也不是行政行为合法性之争议,而是行政权限归属的争议。对该特殊类型行政纠纷案件的诉讼处理不仅应区别于民事诉讼程序,也应区别于一般行政纠纷案件诉讼处理程序。在我国行政诉讼尚未实现类型化,尤其是行政交叉或行政空白诉讼尚无具体处理程序特别规定的情况下,将该类纠纷纳入行政诉讼机制适用

---

① 胡肖华、徐靖:《论行政权限争议的宪法解决》,载《行政法学研究》2006年第4期.

② 蔡志方:《行政救济法新论》,元照出版公司2000年版,第169页.

一般行政诉讼程序处理，必将造成操作上的不畅。

4. 将行政交叉或行政空白纳入行政诉讼机制解决，目前尚缺乏权威、有效的审判组织形式。审判活动是由审判人员具体完成的，因此，审判人员的专业性、技术性、权威性对审判活动的有效展开，对审判公正的达至，对审判结果令人信服的接受和遵循至关重要。我国现行行政诉讼审判组织形式为合议制，一审合议庭由法官或者由法官和人民陪审员三人以上的单数组成，人民陪审员并非为专业法律人员，也不是国家权力机关通过正式民主程序选出的代表，对现行人民陪审制度的问题及完善的建议，学界早有深入剖析，笔者不再赘述。即便是法院的专职法官，让他们单独从事行政交叉或行政空白案件的审理，作出行政权限归属之裁判，笔者认为这也是法院和法官不堪承受的重负。行政交叉或行政空白在形式上表现为不同行政机关间的权力争斗，其实质却是因不同行政机关所代表的公共利益间的纷争，法院裁判的结果是对不同公共利益的权衡考量与处理，这是法院和法官所无法承受的。理由如下：

其一，法官没有能力对行政交叉或行政空白施以裁判。行政交叉或行政空白的实质是不同公共利益间的纠纷，要想对该类纠纷施以裁判，法院必须对不同的公共利益进行权衡，而法院或法官有无对公共利益进行权衡进而施以裁判的能力呢？如果法院没有基本的能力，而对行政交叉或行政空白案件施以裁判，那么法院裁判的社会接受度就会很低，这必将导致司法权威受到极大的减损，甚至可能摧毁人们对司法和法治的信仰。因此，法官有无能力对该类案件予以解决是法院对该类案件施以裁判的必备前提。我们知道，法院裁判是具体的法官以法院的名义作出的，法官是法律专家，是法律的宣示者。法治语境下的法律，是一种强调形式合理性的法律类型。形式合理性的法律代表了高度逻辑化的普遍性思维，是一种体现"制度化"的思维模式，它要求司法活动遵守预先设置的一般性规则，并且以内在于规则体系的标准审理案件。但问题是，公共利益是一个很难在法律上明确其内涵的概念，让专司法律的法官去评判一个非法律可资界定的概念，再对之进行权衡、取舍，有悖于司法认知法律活动基本规律的要求，这如同赶着鸭子上架，是难以奏效的。

其二，法官没有资格对行政交叉或行政空白施以裁判。法官没有能力对行政交叉或行政空白施以裁判，意指法官的知识背景、工作经历和业务素质等难以胜任对该类纠纷施以裁判的重任。法官没有资格对行政交叉或行政空白施以裁判，说的是法官没有对该类纠纷施以裁判的权力。如果法官有权代表社会公共利益的话，即便他不具备处理该类纠纷的水平和技术，缘于权力之强制命令属性，人们也只得接受由法官作出的裁判。但问题在于法官并非天然就是公共利益的代表者[①]，现代社会是民主社会，民主意味着大家的事情由大家说了算，由大家做主。公共利益显然是大家的事情，应该由大家做主，当然大家完全可以授权于法官，由法官代表公共利益，对大家的事情做主，但我们却无法找到社会公众授权法官作公益代言人的委托书。如今，代议制民主作为最普遍民主形式的情况下，能够代表公共利益的只能是选民选举产生的议会（在我国是指各级人民代表大会及其常务委员会）。因此，法官没有资格对行政交叉或行政空白施以裁判。

总之，要将行政交叉或行政空白纳入行政诉讼机制解决，我们必须创新行政审判机制，增强行政审判的权威性。

三、行政交叉或行政空白之权力机关解决方式

在当下，全国人民代表大会是我国最高国家权力机关，全国人民代表大会常务委员会是其常设机关。地方各级人民代表大会是相应级别地方的国家权力机关，县级及县级以上的地方各级人民代表大会设立常务委员会。从我国现行的政治体制及有效立法的规定论，权力机关解决方式是我国行

---

① 公共利益不是一成不变的，而法律利益具有天生的滞后性。法官是也应该只是法律利益的代言人。法官的方法是客观的，其对问题的解决须回复过去的事实，维护的是案件发生当时的法律利益，这就可能使得法律利益和公共利益并不完全始终一致。

政交叉或行政空白的解决方式之一。

（一）行政交叉或行政空白解决方式梳理

梳理相关法律规定，我们可以推知在我国权力机关解决行政交叉或行政空白，主要有以下几种具体方式：

1. 批准或决定。根据我国《宪法》第62条第13项规定，全国人大有权批准省、自治区和直辖市的建制；该条第14项规定，全国人大有权决定特别行政区的设立及其制度。《宪法》第67条第21项规定，全国人大常委会有权决定个别省、自治区、直辖市进入紧急状态。

2. 改变或撤销。根据《宪法》第62条第2项规定，全国人大有权监督宪法的实施；该条第12项规定，全国人大有权改变或撤销全国人民代表大会常务委员会不适当的决定。根据《宪法》第67条第7项规定，全国人大常委会有权撤销国务院制定的同宪法、法律相抵触的行政法规、决定和命令；该条第8项规定，全国人大常委会有权撤销省、自治区、直辖市国家权力机关制定的同宪法、法律和行政法规相抵触的地方性法规和决议。

3. 裁决。根据现行《立法法》第95条第2项的规定，地方性法规与部门规章之间对同一事项的规定不一致，不能确定如何适用，由国务院提出意见，国务院认为应当使用地方性法规时，应当决定在该地方适用地方性法规的规定，但如果国务院认为应当适用部门规章时，则应当提请全国人大常委会裁决。

4. 发回。根据《香港特别行政区基本法》第17条第3项规定（另外，《澳门特别行政区基本法》相应条款也作了一致规定），全国人大常委会如果认为香港特别行政区立法机关所制定的任何法律不符合基本法中关于中央管理的事务及中央和香港特别行政区的关系的条款，可将有关法律发回，但不做修改。经全国人大常委会发回的法律立即失效。该法律的失效，除香港特别行政区的法律另有规定外，无溯及力。

5. 解释。根据《宪法》第67条第1项及第4项的规定，全国人大常委会有权对宪法和法律作出解释。当然，地方各级人大常委会也有权对各地方性法规作出解释。

6. 备案审查。有关国家机关应当将自己所制定的法规、规章按照规定报送上级国家机关备份在案，以便审查。1985 年 4 月六届全国人大三次会议通过的《关于授权国务院在经济体制改革和对外开放方面可以制定暂行的规定或者条例的决定》中，规定国务院应根据该授权决定制定的暂行规定或者条例要求报全国人大常委会备案；《立法法》明文规定，行政法规必须报全国人大常委会备案，以防止国务院制定的行政法规抵触法律，而一定程度上损害法律的权威和尊严，损害国家体制统一现象的出现，同时在该现象一旦出现时，也可以由全国人大常委会通过备案审查机制施以解决；2015 年修改后的《中华人民共和国地方各级人民代表大会和地方各级人民政府组织法》第 60 条第 1 款规定，省、自治区、直辖市的人民政府可以根据法律、行政法规和本省、自治区、直辖市的地方性法规，制定规章，报国务院和本级人民代表大会常务委员会备案。设区的市的人民政府可以根据法律、行政法规和本省、自治区的地方性法规，制定规章，报国务院和省、自治区的人民代表大会常务委员会、人民政府以及本级人民代表大会常务委员会备案。

行政交叉或行政空白的现实中，有不少行政交叉或行政空白往往涉及对法律自身的解释、对行政规定之间矛盾的解决，因此，全国人大及其常委会（地方人大及其常委会同样如此）在行使重大事项决定权及监督权、实施保障权的部分过程中，有可能涉及行政机关之间的行政交叉或行政空白的解决。

（二）行政交叉或行政空白之权力机关解决的优势分析

由权力机关解决行政机关间的行政交叉或行政空白，其优势主要有以下几点表现：

1. 一定程度上克服了由司法机关作为行政交叉或行政空白解决机关权

威性不足和由行政机关内部机制作为行政交叉或行政空白解决方式公正性欠缺的弊端。其一，由权力机关解决行政交叉或行政空白一定程度地克服了由司法机关作为行政交叉或行政空白解决机关权威性不足的弊端。我国《宪法》在第一章总纲第二条第 1、2 款规定："中华人民共和国的一切权力属于人民。人民行使国家权力的机关是全国人民代表大会和地方各级人民代表大会。"第 3 条第 3 款规定："国家行政机关、监察机关、审判机关、检察机关都由人民代表大会产生，对它负责，受它监督。"在第三章国家机构部分第 57 条规定："中华人民共和国全国人民代表大会是最高国家权力机关，它的常设机关是全国人民代表大会常务委员会。"第 96 条规定："地方各级人民代表大会是地方国家权力机关。县级以上的各级人民代表大会设立常务委员会。"从《宪法》所确立的权力机关的性质和地位论，权力机关优越于行政机关，权力机关与行政机关的关系是监督与被监督的单向度关系，对于权力机关的监督，行政机关只得遵从，而不得不接受，行政机关是权力机关所作出决议的执行机关。因此，权力机关具有足够的资格对行政交叉或行政空白进行解决，同时，其解决方案也将得到行政机关的认真贯彻和落实。而司法机关在我国的宪政体制上和同级国家行政机关即相应级别的政府是一个级别的，由司法机关插手解决行政机关内部的权力之争，分配行政权力，此种做法难免会招致行政机关的牢骚、不满甚至抵触，更何况在我国传统的意识习惯里，司法机关的地位比相应的政府还要低，司法机关解决行政交叉或行政空白更为国人所不可理解。其二，由权力机关解决行政交叉或行政空白一定程度地克服了由行政机关内部机制作为行政交叉或行政空白解决方式公正性欠缺的弊端。理由是，国家权力机关和行政机关是两类不同的国家机关，它们各自有着各自的职责权限，在业务上不是同质的，显然不属于"本人"，不会出现本人做本人的法官之形式不公正的情形。

2. 吻合行政交叉或行政空白产生的原因。解决行政交叉或行政空白，必须探究其产生的原因，这正如医生为病人治病要诊断病因一样。对产生行政交叉或行政空白的原因，学者们进行了深入的探讨。胡肖华、徐靖认为："行政权限争议即行政主体之间由于行政权限所引发的争议，是行政主体在行使行政职权的过程中，由于立法的缺陷或者其他复杂原因，而与另一行政主体的行政职权冲突或重叠而产生的法律争议。"[①]张忠军教授将行政权限争议产生的原因归纳为法制不健全、体制方面、转轨的现实、经济社会事务的复杂性和关联性等四个方面的原因[②]；金国坤教授认为，产生行政权限冲突的原因是复杂的，既有制度层面的，也有主观层面的，更为重要的还是客观层面的，对其中的制度层面的原因，金国坤教授又细分为机构设置不科学、权限配置不合理、立法授权不明确等原因[③]。综观学者们的研究成果，"立法缺陷是行政权限争议产生的原因之一"已达成学界共识。另外，基于行政受制于法之法治原则要求，我们可以将行政机关的行政行为划分为有法规制之行政行为和无法规制之行政行为两类，从形式逻辑上讲，不会再存在第三类行政行为。无法规制行政而引发的行政空白当然需要通过立法尽早对该行政行为施以法规制，实质上还是由于立法缺陷造成的。针对有法规制而产生的行政交叉或空白，我们也可以作逻辑上的二分：情形一，是对该行政行为的职权主体、权限边界、权能内容及权力行使的程序等各个方面法规制得十分科学、清晰、理性，而行政机关为了种种目的却违法行政；情形二，是对该行政行为的职权主体、权限边界、权能内容及权力行使的程序等方面法规制得不甚科学、不甚清晰甚至是不科学、十分模糊，因而引致行政交叉或行政空白。情形一出现的行政争议，因判断十分明了、简单，笔者认为，无须付之于行政交叉或行政空白解决机制，可以直接交由争议行政机关共同的上级行政机关通过确认方式予以处理，在具备提起行政复议或者行政诉讼条件的前提下，也可以通过行政

---

① 胡肖华、徐靖：《论行政权限争议的宪法解决》，载《行政法学研究》2006年第4期.

② 张忠军：《行政机关间的权限冲突及其解决途径》，载《中国党政干部论坛》2007年第3期.

③ 金国坤：《行政权限冲突解决机制研究：部门协调的法制化路径探寻》，北京大学出版社2010年版，第17–48页.

复议或行政诉讼渠道，由复议机关或由人民法院一并解决，确定争议权限的归属，实际上此情形下的行政交叉或行政空白，因孰是孰非是一目了然的，并不能称为真正意义上的行政交叉或行政空白。情形二出现行政交叉或行政空白，十分明显是因为立法缺陷造成的。

基于上述分析，笔者认为行政交叉或行政空白产生的最根本的原因是立法缺陷：或是立法对某行政职责权限划分不清、界定不明；或是立法对某行政职责权限规定得不科学或权限规定相互间出现抵触；或是针对某一行政管理事项、行政管理区域的管辖权问题根本没有任何立法予以规定，出现了立法盲点。既然行政交叉或行政空白产生的最根本原因是立法缺陷，无疑需要经由立法机关予以因应解决。由此，掌控立法权的国家机关自然就应是行政交叉或行政空白的解决机关，此乃十分自然的逻辑推论。另外，在我国，从根本意义上讲，立法权是属于权力机关即全国人大及其常委会、地方各级人大及其常委会的权力。理据有三：其一，根据我国现行《宪法》规定，宪法、基本法律、基本法律以外的其他法律、地方性法规、自治条例、单行条例的立法权属于权力机关；其二，权力机关之外的其他国家机关所制定的法，主要是权力机关立法之实施法，主要不是创制性立法；其三，行政机关的授权性立法，其立法权源于权力机关；其四，从我国现行的立法体制论，在我国任何国家机关所制定的各规范性法律文件，最终均必须经权力机关的备案或批准，权力机关可以通过撤销权的行使，或通过发回、责令修改等方式、做法使之失去法之效力。总之，从行政交叉或行政空白产生的原因上论，解决该类争议的国家机关必须是权力机关。

3. 契合法制之要义，一定程度满足法治政府之诉求。法治是一个历史性的概念，是人类文明发展史上的一项巨大历史成就。在法治的发展过程中，其含义也有所变迁，但法治的内核一直是比较稳定的，法治也因其内涵的稳定性，而具有了普适性，进而成为人类社会共同体组成和追求美好生活的基本规则、首选规则。从古希腊哲人亚里士多德最早对法治含义的

经典解读 ①，到近代英国宪法学家戴雪对形式法治的刻画 ②，再至 1959 年国际法学家会议《德里宣言》中所归总的实质主义法治含义 ③，最后演变到现当代法学家对法治内涵的诠释 ④。我们可知，西方的法治立足于法律与权力的关系，重心集中在对国家一方的行为控制。我国学者在对西方法治的理论和实践进行研究时指出："在一定意义上，可以说，西方法治的精髓是官吏依法办事，只有官吏依法办事，接受法律的约束，才有法治可言。" ⑤ 法治政府的理论与实践是与法治的思想几乎同时产生的，并在实践中得以不断发展和演变。在西方，法治政府经历了古典法治政府、欧洲中世纪法治政府、近代西方法治政府和现当代法治政府四个发展历程 ⑥，但无论法治政府的形态如何演变，其所坚守的价值理念丝毫未改变，即着力对政府权力进行监督和控制以及要求政府依法行使行政权力。法治政府强调人民或人民的代议机关所立法律的至上性，要求政府依据人民或人民的代议机关

---

① 亚里士多德认为，法治应包含两重含义：已成立的法律获得普遍的服从，而大家所服从的法律又应该是制定得良好的法律。（参见［古希腊］亚里士多德：《政治学》，吴寿彭译，商务印书馆 1981 年版，第 167–168 页）此内涵显然具有政府在法律之下的要义。

② 戴雪认为，法治包含三项内容：其一，法律至上。它确立了法律的绝对统治地位，不仅普通公民要服从法律，国家及其官吏亦要服从法律；其二，分权制衡。法律至上只是明确法律与权力的关系，还不足以制约和规范权力，必须对权力进行合理分工与配置；其三，价值判断。（转引自石佑启等：《论行政体制改革与行政法治》，北京大学出版社 2009 年版，第 79 页）显然此形式意义的法治也具有政府在法律之下的要义。

③《德里宣言》将法治总结为三项原则：其一，根据"法治"原则，立法机关的职能就在于创设和维护得以使每个人保持"人类尊严"的各种条件；其二，法治不仅要对制止行政权的滥用提供法律保障，而且要使政府能有效地维护法律秩序，得以保证人们具有充分的社会和经济生活条件；其三，司法独立和律师自由是实施法治原则必不可少的条件。（转引自王人博、程燎原著：《法治论》，山东人民出版社 1998 年版，第 97 页）此实质主义法治原则同样也含有政府在法律之下规定内容。

④ 当代英国法学家拉兹认为：在政治理论和法律理论中，法治应作较为狭窄的理解，即它是指政府应受法律的治理，遵从法律。……法治意味着政府的全部行为必须有法律依据，必须受法律授权。（参见 J.Raz, *The Authority of Law: Essays on Law and Morality*, Oxford University Press, 1983,P.214–217）

⑤ 张文显：《二十世纪西方法哲学思潮研究》，法律出版社 1996 年版，第 629–630 页.

⑥ 焦洪昌主编：《宪法制度与法治政府》，北京大学出版社 2008 年版，第 1 页.

所立法律行使权力。

　　一般认为，中国古代和近代虽有较发达的成文法律制度，但其作为人治的工具，不具备西方法治的基本品质。实际上，直至 20 世纪 90 年代后，随着改革开放的深入，"法治"一词才成为中国大陆的流行话语。由于秉持不同于西方的社会政治意识形态，实行不同于西方的社会制度，渊源于西方的法治一词被引入我国后，其一般含义发生了一些变化，可称之为"社会主义法治"。对社会主义法治内涵的中国解读，学界主流理论认为法律至上是其首要要素。① 从正式官方文件上看，1997 年中国共产党十五大报告将"依法治国，建设社会主义法治国家"确立为我国的治国基本方略后，中国进入了自觉的、有政策精神引导的法治塑造时期。1999 年修宪增加一款，规定"中华人民共和国依法治国，建设社会主义法治国家"，宪法经此修改，表明法治理念在中国已经在话语层面和制度层面得到重视和较为牢固地被树立。2004 年 3 月，第十届全国人大第二次会议对现行宪法再度修订，部分条款的法治内容又有所丰富。依法治国是一项复杂的系统工程，而依法行政是其核心和关键。据此，可以说法治政府目标在我国得以正式确立和践行，党的十八届四中全会通过的《中共中央关于全面推进依法治国若干重大问题的决定》明确提出，要"深入推进依法行政，加快建设法治政府"。在《〈中共中央关于全面推进依法治国若干重大问题的决定〉的说明》中，习近平总书记强调："各级政府必须坚持在党的领导下、在法治轨道上开展工作，加快建设职能科学、权责法定、执法严明、公开公正、廉洁高效、守法诚信的法治政府。"法治政府目标的确立及其塑造对社会主义政治文明建设，对提升中国政府的社会治理能力和水平、对实现中国社会的和谐发展、对中国国际竞争力的提高等诸方面，具有十分重大的意义。当下中国，依法治国的关键是依法行政，就是政府的行政行为置于权力机关制定法律的全程监控之下。

----

　　① 王家福：《关于依法治国，建设社会主义法治国家的理论和实践问题——中共中央第三次法制讲座讲稿》，见曹建明等：《在中南海和大会堂讲法制》，商务印书馆 1999 年版，第 70 页．

总之，作为厘定和控制行政权行使的行政交叉或行政空白解决交由权力机关掌控，是契合法治的核心含义和法治政府塑造的基本理论的。

4. 合乎权力机关的权能、职责的法律规定。从我国《宪法》的规定来看，我国的权力机关除享有立法权，担负立法职责之外，还享有人事任免权、监督权等权力，承担各方面的职责。实际上，权力机关行使和履行立法职权和职责的活动，有时恰就是解决行政交叉或行政空白的一种方式，特别是其中的监督权，绝对包括了对行政机关行政权力行使过程的全方位监督，内蕴着对行政交叉或行政空白解决的职责。中央党校张忠军教授认为："行政机关的职权来源于法律规定，行政机关间的权限冲突往往涉及对法律的解释或者对法律规范之间矛盾的解决。"[①] 因此，有立法权的全国人民代表大会及其常务委员会（地方人大同样如此），在行使立法权、重大事项决定权以及监督权的过程中，都有可能涉及行政机关的权限划分以及权限争议的解决。由于对行政交叉或行政空白的解决本是权力机关职权，是权力机关的工作内容或说是业务范围之一。

（三）行政交叉或行政空白之权力机关解决的劣势探究

通过权力机关解决行政交叉或行政空白，其劣势也是十分明显的，具体而言，其劣势至少表现在以下四方面：

1. 可以解决的行政交叉或行政空白案件是有限的。客观说，在现行宪政制度和法律规定下，由权力机关处理行政交叉或行政空白，主要是针对上下级之间因立法冲突而引发的行政执法权限冲突问题，而实际上，正如上文所论，行政交叉或行政空白产生的原因是十分复杂的，远不止是立法原因，比如，不同行政机关间执法权限划分不科学，存在职责交叉重叠，就会引起相应行政交叉。解决此类问题，需要在行政机关组织法架构内清晰厘定不同行政机关间的权责界限。根据现行宪法规定，政府不同行政执

---

① 张忠军:《行政机关间的权限冲突及其解决途径》，载《中国党政干部论坛》2007 年第 3 期.

法部门间权力配置是政府内部事务，权力机关不做干涉。因此，这类行政交叉就无法由权力机关解决。

2. 缺少专门的行政交叉或行政空白解决机关。由人大及其常委会行使行政交叉或行政空白解决的权力，有利于加强行政交叉或行政空白解决的权威性，但人大及其常委会并不是专门的从事行政交叉或行政空白解决的机关，人大是非常设机构，人大常委会是担负着权力机关的职责，但人大常委会的职权众多，根据宪法的规定，全国人大常委会的职权有 21 项之多，因此实际上人大及其常委会没有精力和时间来审查规范性法律文件是否合宪的问题。况且行政交叉或行政空白解决行为具有专业性、技术性、经常性及司法性等明显特色，与国家权力机关的职能及活动方式相去甚远，由国家权力机关直接、全过程地处理行政交叉或行政空白，既不可能也不现实。

3. 行政交叉或行政空白解决的主体模糊不清。我国现行《宪法》规定，全国人民代表大会有权改变或撤销全国人民代表大会常务委员会不适当的决定；全国人民代表大会常务委员会有权撤销国务院及省级国家权力机关制定的行政法规和地方性法规。从这些规定上我们可以推理，我国的行政交叉或行政空白解决机关可以是全国人民代表大会及其常务委员会。但现行宪法又规定，地方各级人民代表大会在本行政区域内有权改变或撤销本级政府的不适当的决定或命令。这些表面上看来十分健全的规定，实际上给人的印象首先是似乎我国的行政交叉或行政空白解决权并不专属于最高国家权力机关，但地方各级国家权力机关并不存有宪法解释权，也无权对狭义的法律做出解释，没有宪法解释权，没有法律解释权，就无法对规范性文件是否合宪、合法进行审查，也就没有办法去处理解决因法律文件打架而引发的行政交叉或行政空白问题。

4. 缺乏具体程序方面的规定。比如，根据《立法法》的相关规定，当地方性法规与部门规章发生抵触或不一致时，国务院若决定适用部门规章的，报全国人民代表大会常务委员会裁决。这就意味着，如果发生了此种情形引发的行政交叉案件，如果此类案件又是在行政诉讼的过程中，需经审理案件的法院逐级上报到最高人民法院，再由最高人民法院上报到国务院，国务院裁决适用部门规章后，再上报全国人民代表大会常务委员会。而现行并未规定上报的时间，也未规定相关机关从接到上报到作出裁决结果应历经的时间。效率是行政法的生命，这样重大时间约制的解决方式，很可能导致整个行政交叉案件的解决旷日持久，经过漫长的等待和搁置，行政权限作为先决问题才得到解决，而权限相关的个案问题解决还需要更长时间的等待，如此一来，行政相对人的合法权益将根本无法得到及时有效的保护。再比如，《立法法》虽然规定了一定的违宪审查，但是《立法法》并没有说明全国人大常委会作为有权受理违宪审查要求和建议的国家机关应当如何答复当事人相关的处理结果，至于全国人大常委会是通过何种具体程序和精细设计来审查要求和建议的，是如何得出结论的，也没有任何规定，因此，源于没有具体可操作性程序的保障，行政交叉或行政空白案件的处理是无法具体展开和实现的。

第三章

行政交叉或行政空白解决域外经验

　　行政交叉或行政空白的发生有其客观原因，因此，该现象的出现就带有必然性，或可以说行政交叉或行政空白案件的出现是不可避免的。实际上，行政交叉或行政空白问题是一个世界性的话题，各国政府行政机关之间都存在一定的行政交叉或行政空白现象。从行政交叉或行政空白视角论，判断一个国家法治实现与否及其完善、发达程度的标准，并不是该国家行政机关间存不存在行政交叉或行政空白，也不在于其国内行政交叉或行政空白现象发生的频率、概率，而在于该国有没有设置一套匹配完善的行政交叉或行政空白解决机制。完善的争议解决机制既可以一定程度地预防行政交叉或行政空白案件的发生，更重要的意义在于其可以确保在行政交叉或行政空白案件一旦发生之后，及时理性地定纷止争，维护公法秩序的稳定，进而保护当事人的合法权益、维护国家社会的公共利益。世界不同国家，政治体制、经济发展、文化传统、法律意识等有别，这决定了解决行政交叉或行政空白方式的具体构建也绝不会完全相同，行政交叉或行政空白解决机制建构不同的因由远非几句话可以讲得清楚道得明白，正如学者凯尔森所言："一个相同的职能分配给不同的官僚机器，这些机关的存在和不同的命名，只有根据历史的理由才能加以解释。任何机关的各自地位的不同以及他们程序上的不同，并不源于任何职能上的不同，只有历史上的理由才能说明。"[1] 尽管如此，法律制度中的纠纷解决制度更偏向是一种技术性制度，受阶级、政治等因素的决定或影响较少，故而各国的纠纷解决机制间存在诸多共性，我们虽绝不可照抄照搬国外纠纷解决制度的设置方案，但对国外相关制度、做法加以考察，吸收其精华，以为我国纠纷解决机制建构的借鉴确是完全可行和非常必要的。

一、日本行政交叉或行政空白的解决方式

日本是一个议会民主制国家，行政官厅是其国家最主要的行政主体，"所谓行政官厅，是指关于行政被赋予、决定国家意思，并能够将其向人民表示之权能的国家机关"[2]，"在行政作用法的领域中，即使现在，通常也是以行政官厅概念来把握行政机关的"[3]。因此，在日本，行政交叉或行政空白主要表现为行政官厅之间的权限争议。《日本国宪法》《内阁法》《国家行政组织法》《日本行政案件诉讼法》《地方自治法》等均有行政官厅行政

---

[1]［美］凯尔森：《法与国家的一般理论》，沈宗灵译，中国大百科全书出版社1996年版，第305-306页.

[2]［日］美浓部达吉：《日本行政法》（上册），有斐阁1936年版，第373页.

[3]［日］盐野宏：《行政法》，杨建顺译，法律出版社1999年版，第541页.

交叉或行政空白预防和处理的相关规定，总的来看，日本对行政官厅行政交叉或行政空白处理的程序、方式等法律规定主要是在《国家行政组织法》和《日本行政案件诉讼法》中，而对行政官厅行政交叉或行政空白的预防，主要规定在《日本国宪法》《内阁法》《地方自治法》中。日本行政官厅行政交叉或行政空白的预防实际上一方面力争从源头上避免、减少行政官厅之行政交叉或行政空白案件的发生；另一方面也包含了对行政官厅行政交叉或行政空白的行政内部解决方面的法律规定，其本身是日本行政官厅行政交叉或行政空白解决机制的有机组成部分，因此有必要一并说明。

（一）行政交叉或行政空白的预防

行政交叉或行政空白的发生虽说有一定的必然性或不可避性，但采取一定的机制、措施预防行政交叉或行政空白的发生是必要的，往往也会收到事半功倍的效果。日本《国家行政组织法》《法务省设置法》《大藏省设置法》《文部省设置法》等国家机关组织类的法根据事项和地区的不同对行政主体的权限作出了明确而列举的规定："行政官厅的权限范围，当有关权限的行使存在法律的根据时，限于该根据法律所规定事项的范围。即使在不需要作用法上的法律根据的情况下，也必须是组织规范所规定的所掌管事务的范围内。其所掌管事务的范围，在国家，以各省设置法规定；在地方公共团体，根据《地方自治法》及条例规定。"[1]如此，不仅可以界定不同行政机关的不同权责范围，明确各行政机关行政权力的边界，而且还可以防止某一行政机关侵犯另一行政机关权限情形的发生。依靠行政机关组织法对行政机关的权限作出清晰分配是防止行政权限横向冲突发生的机制。另外，日本国家行政机关组织类的法律还规定了行政监督权，行政官厅的权限监督机制，是防止行政机关间权限纵向争议的有效机制。日本学者和田英夫认为："这一制度对于维护行政组织金字塔式构造层次，保持行

---

①［日］盐野宏:《行政法》，杨建顺译，法律出版社 1999 年版，第 549 页.

政统一来说，是不可缺少的。有了这种制度，才能保持行政的合法性与合目的性。"① 各行政官厅的纵向关系，由上级机关对下级机关的监督权连接。上级行政厅和下级行政厅的关系，根据日本法律的规定可以作如下理解：（1）上级、下级行政官厅之间的关系，被作为指挥监督关系来归纳。而作为其内容，上级对下级的权力可以列举的就有监视权、许可认可权、指挥权、撤销和停止权。（2）监视权，可以认为是以行政机关为对象的调查权。（3）许可认可权，在行政官厅的关系中，有时也规定上级行政官厅对下级行政官厅的许可认可权，对其违法行为可以进行撤销诉讼，只要没有特别的法律根据，就不存在不服申诉的途径。（4）指挥权，从内容来说，就是命令。但这些被称为训令或者通知，这既有以个别具体的处分形式进行的情形，对同种事项，还有以一般指示形式进行的情形。（5）撤销和停止权。作为指挥命令的另外的范畴，还有上级行政官厅对下级行政官厅作出的处分具有一定的撤销权和停止权。总之，上级行政官厅通过行使其对下级行政官厅的行政监督权可以一定程度地预防并可解决纵向的行政交叉或行政空白，确保整个行政系统的统一性，保障行政官厅行政行为的合法性。

（二）行政交叉或行政空白的处理

具体论及日本行政交叉或行政空白的解决，其解决方式表现为多样态，而非仅仅只有一种单一的解决方式。在日本，行政官厅间行政交叉或行政空白主要有以下几种处理方式：

1. 协议。当某些行政事务从其事务的性质看牵涉两个以上行政官厅的权限，因而引起各行政官厅之间的管辖权不明或出现了管辖权之争时，由相关的行政官厅通过协议方式，予以协商处理。

2. 内阁会议裁决。在《日本国宪法》之下，行政权属于内阁②，并且，

---

① [日] 和田英夫：《现代行政法》，倪健民等译，中国广播电视出版社 1993 年版，第 86 页.
② 参见《日本国宪法》第 65 条.

除了具有宪法上独立的行政机关地位的会计检察院①以外，其他所有的行政机关都处在该内阁的管理之下。以作为内阁首长的内阁总理大臣为代表的内阁的组织、对国家的责任、内阁的职务等，除了宪法上设置了非常详细的规定以外，均以《内阁法》规定。《国家行政组织法》是设置在内阁统辖之下的行政机关的基本规定。在此之下，制定了各省设置法等。《内阁法》第7条规定，内阁有权限疑义的裁定权，即如果两个或两个以上的行政机关争相行使或推诿而不行使对某一项具体行政事务的管理权时，先由争议各行政机关协议处理，当各行政机关经过协商仍就争议事项无法达成协议时，则由内阁总理大臣召开内阁会议进行裁决。

3. 机关诉讼。在日本，行政交叉或行政空白在法律有明确规定时，可以诉诸法院通过诉讼程序加以处理，此一诉讼类型在日本被称为机关诉讼。日本是机关诉讼最为发达而且相对而言也是最完善的国家。日本的机关诉讼类型其设置的目的和担负的功能被认为是为了维护客观的公法秩序，属于客观诉讼的范畴，其不同于以偏重维护公民个体权益的主观诉讼，机关诉讼解决的纠纷主要是行政机关之间的内部纠纷，包括行政机关间行政权限的争议。日本《行政案件诉讼法》第6条明文规定："机关诉讼指国家或公共团体相互之间就权限之存在与否或其行使的纠纷的诉讼。""和民众诉讼一样，机关诉讼不属于'法律上的争议'，主要解决的是行政机关相互间的权限争议。设置机关诉讼的目的是保证分权、地方自治以及维护公法秩序。"②在日本，机关诉讼的受案范围有法律的明确规定，法律采取肯定式列举规定了机关诉讼的范围。例如，日本《地方自治法》第146条规定，主管大臣与都道府县知事的争议、都道府县知事和市町村长的争议可通过机关诉讼解决。根据，《日本地方税法》第8条规定，关于课税权的归属的地方公共团体的首长之间的诉讼，可通过机关诉讼解决。另外，日本《地方自治法》第9条规定，关于市町村的边界的诉讼，可以通过机关诉讼类

---

① 参见《日本国宪法》第90条、《日本国会计检察院法》第1条。

② 刘善春：《行政审判实用理论与制度建构》，中国法制出版社2008年版，第52页.

型的方式解决。日本《行政案件诉讼法》第四章第 42 条和第 43 条规定了机关诉讼的当事人及程序，为机关诉讼案件的解决规定了方式、方法、步骤，使该类案件的诉讼解决有了程序方面的依据和保障。日本行政法学家盐野宏在其《行政法》一书中解释了机关诉讼的存在的合理性，他认为："行政机关相互之间的权限争议是行政内部的纷争，本来是应该在行政内部来解决问题，不属于'法律上的争议'，但是也存在法律特别要求——公正的法院判决，要求采取诉讼程序来解决的情形。"[1] 总之，在日本，如果在制定法有明文规定时，日本行政机关间部分行政交叉或行政空白是可以通过诉讼程序由法院加以处理的，日本的机关诉讼有着不同于其他种类诉讼类型的规定，在当事人制度及处理程序上有自己的特别规定。

二、英国行政交叉或行政空白解决方式

通过对英国宪法行政法律制度及其运行实践的资料收集及整理，我们可以发现，在英国，行政交叉或行政空白的解决方式主要有两种：行政解决方式和司法机关解决方式。

（一）行政交叉或行政空白的行政解决方式

在英国，英国中央政府是英国的最高行政机关，它处在由英国国王、议会、法院等构成的整个国家机器的核心地位。"英国政府的组成问题无成文法律规定，因而对英国政府成员包括的范围的说法不尽一致。在英国《下院每周议事录》公布的政府成员名单中，政府成员包括全体大臣（阁员大臣、非阁员大臣、国务大臣、政务次官），又包括议会中的执政党督导员、王室成员等，共约 100 多人。"[2] 而"英国政府的核心则是由首相领衔的

---

① ［日］盐野宏：《行政法》，杨建顺译，法律出版社 1999 年版，第 437 页.
② 龚祥瑞：《英国行政机构和文官制度》，人民出版社 1983 年版，第 20 页.

阁员大臣组成的内阁，共成员一般有 20 多人"[①]。因此，在英国的行政机构中，内阁是政府的核心，而首相又是内阁主宰。英国内阁的主要职权是制定政府各部的政策并提交议会讨论，负责监督和贯彻执行议会所通过的政策，协调和确定政府各部的职权范围。在英国，"行政权力的交叉主要借助以下几种途径：首先，所有大臣都在首相下工作，都是首相依其私人信赖关系而在议会本党议员中挑选的政治伙伴，并共同组成一个政治团队，无论他们是否是内阁大臣都有机会经常见面，考虑到各国务大臣与首相的关系及各国务大臣相互之间的密切关系，加之每周二一次的内阁会议，一旦出现这种情况也是比较容易通过协商解决的；其次，实际上，大臣们都会比较慎重地处理这方面的问题，尤其是在不存在争权的利益驱动因素的前提下，大臣们有充分的理性地解决权力配置问题的回旋余地；第三，相关的职能调整都不可能不在内阁会议上讨论。而遇到这样的职能调整时除了考虑财政问题还要考虑人事问题。这些因素综合在一起的结果是，国务大臣之间就彼此的管辖范围发生争议的可能性微乎其微"[②]。

在英国，内阁为了某一特定目的有时设置委员会，有些委员会是常设的，有些是临时的，非阁员部长可以参加委员会，委员会的任务是准备内阁讨论的草案，协调几个部共同的有关事务，也可以由内阁授权决定某些问题。[③]英国政府的部际协调主要是通过内阁委员会又称部长委员会进行的，委员会解决不了，才由首相出面。

总之，从现有可收集到的资料论，英国行政交叉或行政空白是可以通过行政机关间或行政首脑的协商或协调加以解决的，行政解决是英国行政交叉或行政空白的一种解决方式。

① 赵宝云：《西方五国宪法通论》，中国人民公安大学出版社 2005 年版，第 187 页.

② 张越：《英国行政法》，中国政法大学出版社 2004 年版，第 368-369 页.

③ 王名扬：《英国行政法》，中国政法大学出版社 1987 年版，第 24 页.

（二）行政交叉或行政空白司法机关解决方式

英国是秉承议会至上理念的国家，所以在英国，行政机关的权力必须来自议会的授权。议会通过授权法明确规定政府该做什么，以及怎么做。政府必须严格地在议会授权范围内行事。超越这范围，便属越权；越权行为无效。越权既可以出现在实体上，也可以出现在程序上。根据英国法院判例，超越管辖权、不履行法定义务、权力滥用等属于实体上的越权。英国法院可以通过司法调查撤销政府越权的行为。"总体而言，在英国对地方政府的司法监督，是在越权原则或权力滥用原则之下运作的。即在下列情况下，可以对地方当局提起诉讼：超越地方当局明示或默示的法定职权范围；不当行使裁量权"①；"如果产生了法律问题的争议，地方当局可以请求高等法院作出宣告令，以确定其职权和职责范围。而受到地方当局的决定侵害的公民，可以寻求具体的法定救济和上诉。"

在英国司法审查制度（行政诉讼制度）中有一种特别救济诉讼，即强制令之诉，"强制令这种特别救济很早就提供了为了强制要求各种公共机构履行其公务的常规手段""强制令的实质在于，它是王室的命令，是王座法庭（今天的高等法院的一个审判庭）以王室名义发出的要求履行法定公务的命令""不服从强制令是对法院的藐视，可以处以罚款或监禁"。②在英国，强制令之诉也可以调整平等行政机关之间的关系，是法院强制行政机关执行其法定义务的正常方法，通过强制令之诉的审理与作出裁决，无疑可以明晰相关争议行政机关间的权限范围，英国行政法学家威廉韦德明确指出："强制令是一个公共机构对付另一个公共机构的一种救济办法，"③"强制令实质上属于公法范围"。④

---

① ［英］彼得莱兰、戈登安东尼：《英国行政法教科书（第二版）》，杨伟东译，北京大学出版社2007年版，第62-63页.

② ［英］威廉·韦德：《行政法》，楚建译，中国大百科全书出版社1997年版，第316页.

③ ［英］威廉·韦德：《行政法》，楚建译，中国大百科全书出版社1997年版，第319页.

④ ［英］威廉·韦德：《行政法》，楚建译，中国大百科全书出版社1997年版，第318页.

三、美国行政交叉或行政空白解决方式

美国是联邦制国家。美国政府分为三级，即联邦政府（中央政府）、州政府和地方政府。狭义上联邦政府是指中央行政部门，在总统领导下，由总统办事机构、联邦政府各部、独立管制机构和政府公司组成。在美国，行政机关除受法院的控制以外，还受总统的控制和国会的控制。因此，在美国，从法理上说，行政交叉或行政空白，可以通过三种方式得以解决，即行政内部、权力机关或司法机关解决。在美国法院对行政交叉或行政空白的解决是有明确的法律规定的，而总统和国会对行政交叉或行政空白的解决，即行政内部和权力机关的议会对行政交叉或行政空白的解决，可以从现行法律规定角度推知出来。

（一）行政交叉或行政空白行政解决方式

在美国，一般认为总统对行政机关施以控制，其必要性来自两个方面：一是政治的考虑，二是行政的考虑。从行政观点来看，近现代行政组织的最大特征为机构庞大而众多，任务复杂而多变，运用这样一套庞大而复杂的机构，最主要的环节是有一个集中的领导，能够协调和监督各部门的工作。王名扬先生在其《美国行政法》著作中，将行政部门整体比作一个乐队，他说："总统是行政乐队的指挥，协调队员的行动""从联邦政府而言，第一次世界大战以后，很多总统都组织过专门委员会，调查并研究如何加强总统对行政的控制，借以协调和指导各行政部门的工作，使行政活动能够适应当代社会的需要。"[①]根据美国宪法（又称美国联邦宪法）第2条第1款规定，在美国，总统有权要求行政各部门的负责官员，就其职务范围内的任何事项，提供书面意见。根据这个权力，总统可以审查各行政部门执行的政策是否符合总统制定的政策；美国宪法第2条第3款规定，总统负

---

① 王名扬：《美国行政法（下册）》，中国法制出版社2005年版，第849页．

责监督法律的忠实执行。总统对行政活动的监督不仅是一种权力，而且是一项义务。在美国，实际的行政管理工作是在各部门及其机构里完成的，但按职能划分的部长长期以来就一些逾越既定管辖权的问题发生争执，这是普遍现象，因此在行政现实中，通过行政监督协调行政交叉或行政空白的任务主要是落在了总统助理及办公机构的肩上，在美国，"大量的行政监督工作发生在构成总统行政办公室的诸机构中"①，除白宫办公厅外，总统办事机构还包括各委员会、局、办公室。

（二）行政交叉或行政空白权力机关解决方式

在美国，国会对行政机关的活动进行全面的控制，既包括事前的控制，也包括执行中的监督，同时还包括事后的检查。这种控制来自行政系统之外，但国会对行政的控制范围超过法院对行政控制的范围，法院对行政的控制不能主动进行，不能进行事前的控制。美国宪法第 1 条第 8 节在列举国会的立法权中，虽没有明确地指出创设行政组织的权力，然而宪法在列举国会的立法权力以后，有一个概括性的规定，即：为了行使以上权力和宪法授予美国政府和任何部门或其官员的其他权力，国会有权制定一切必要的和适当的法律。美国国会根据这项规定，认为创设行政组织的权力属于国会。总统只在国会授权委托的时候才能变更国会创设的行政组织。国会不仅有权创设行政组织，也有权不经过总统而把某一行政事项的最后决定权，直接授予行政长官。在美国，国会对行政活动的监督的机关主要是国会的各种常设委员会。委员会通过调查和听证对行政部门进行经常性的监督，委员会的主席和有影响的议员在发动国会的监督方面具有很大的决定权力。王名扬先生说："在其他西方国家，议会的调查限于重大问题，不涉及细微的行政事件。美国国会的调查和听证，往往不问事件的大小，只

---

①［美］欧内斯特·盖尔霍恩、罗纳德·M.利文：《行政法和行政程序概要》，黄列译，中国社会科学出版社 1996 年版，第 37 页.

要能够满足议员的某种政治目的，都能触发国会的监督程序。"① 在美国，国会除利用常设委员会和临时组织的专案委员会执行控制任务以外，还设有一些辅助机构来帮助国会行使控制权力。国会委员会中负主要调查责任的是参众两院分别设置的政府活动委员会，这个委员会的职务是监督政府的全部活动，考察其成绩和效率，没有其他业务，它的管辖范围包括全部行政机关。国会调查的主要方法是举行听证，要求提出报告，进行面谈交换意见。

（三）行政交叉或行政空白司法机关解决方式

在美国，政府权力的分配，应依美国宪法及各州宪法的规定，但美国普通法院在此亦常扮演着极为重要的角色。"对于某一特定事物而言，其管辖权究竟是应属于联邦、州或地方政府不明确时，或可寻求联邦或州宪法得到佐证，但若进一步询及某一特定层级之政府对于该项事务得否行使全部之权力时，则单靠宪法之规定恐怕无法善尽回答之能事，在此必须诉诸司法诉讼之途径，请求法院以裁判做成明确之司法解释。"② 美国普通法院通过诉讼程序，凭借裁判的形式，的确可以积极地界定各级政府间行政权力行使的范围，并可以有效杜绝行政权限划分的争议，在美国普通法院可以根据权力分配与利益权衡的考量，决定某一具体行政权的归属。"如某一政府依宪法及司法裁判得对于某一特定事务行使权力，而另一政府得依相同之权源对于该项事务行使相同之权力，在二政府所行使行为之手段及效果不一致时，法院将依权力分配与利益权衡之考量，决定优先性之归属；甚至在二政府之行为并无不一致时，法院亦将上述权力分配与利益权衡之考量为基础，裁判经其他政府认可得行使先后行为之政府取得行使该项权力之优先地位。"③ 在美国，联邦政府对州政府没

① 王名扬：《美国行政法（下册）》，中国法制出版社 2005 年版，第 889 页.
② 史庆璞：《美国宪法与政府权力》，三民书局 2001 年版，第 140 页.
③ 史庆璞：《美国宪法与政府权力》，三民书局 2001 年版，第 141 页.

有行政上的监督权，但可以依法通过司法诉讼途径对各州实施法律监督。美国行政法之联邦制原则决定了联邦政府对各州政府的法律监督权；同样，各州也可以通过司法诉讼途径来与联邦的决定进行对抗，美国行政法之分权原则决定了州政府对联邦政府法律监督的必要。如美国 1987 年的"高速公路基金案"，就是作为地方政府的州政府与作为联邦政府部门的交通部门而产生的行政交叉或行政空白。①

四、法国行政交叉或行政空白解决方式

在法国行政交叉或行政空白的解决，实际上存在行政内部解决方式和司法机关解决方式两种，只是相较而言，在法国对行政机关解决行政交叉或行政空白缺乏明确的法律规定；而对司法机关解决方式却既有实体方面也有程序方面的法律规定，相对明确得多。

（一）行政交叉或行政空白行政内部解决方式

法国的中央政府是由总理、国务部长、部长、部长级代表和国务秘书组成。但实际上，政府还有一个实际上的行政上级，那就是总统。总统名义上是国家元首，但又享有政府首脑的各种职权。根据法国现行宪法即第五共和国宪法的规定，法国的中央政府在法律上是个整体机构，因而通过各种会议来实施它的集体权力。法国政府在领导决策上，坚持集体领导和决策原则。法国政府每星期三上午在总统府举行部长会议，由总统主持，总理和各部部长出席，国务秘书一般不参加。部长会议有两个方面的重要

① 在该案中，美国的一些州允许 21 岁以下的青年购买内含酒精的饮料，联邦交通部长根据议会的授权扣押了赞助这些州建设高速公路的部分资金，其中南达科他州因为允许 21 岁以下的青年购买含 3.2% 酒精的饮料而被扣押了资金，因此该州上诉至法院，认为联邦交通部无权，即南达科他州上诉至法院挑战国会法律的合宪性。该案件就是通过司法诉讼方式来解决地方与中央之间权限争议的。（转引自张千帆：《美国联邦政府对州际贸易的调控》，载《南京大学学报（哲学·人文科学·社会科学版）》2001 年第 2 期。South V·Dole, 483U·S·203）

作用，其一就是向总统提出意见和建议；其二是协调各部的行动。此外，还有两种会议，其一为部际委员会会议，它在总理府举行，由总理或总理指定的部长主持，有关的部长、国务秘书、高级官员、专家和办公厅主任参加，部际委员会是为解决专门问题而成立的常设机构，由有关部门派代表参加。其二是在法国，针对重要的问题，总统可以组织所有中央政府成员参加内阁会议，总统通过内阁会议形式决定并指导国家的政策。内阁会议的议事日程都由总统根据总理、总统府秘书的意见预先拟定，通知与会者。在会议上，总理及各部长、秘书等虽可以提出意见，最后结论则由总统作出。此外，会议上决定的法令以及《会议摘要》，都必须由总统签署后才能公布生效。

法国目前的地方政府，从高到低有大区、省和市镇三级，"在法国，虽然存在地方团体自治行政制度，但中央政府可以通过控制地方政府领导人的人事权及对地方财政权的控制和监督，来监督和领导地方政府的行政工作"①。在法国，国家对地方自治行政的监督有对机构的监督和对行为的监督两种，对机构的监督表现在对地方团体决议机关的解散、停止活动，以及对地方团体执行机关的撤职和停职。对行为的监督就是通过作为国家代表的省长、部长和部长会议对地方团体行为的有效性和合法性进行监督，手段有审查、批准和撤销等。

总之，从法国现行宪法所规定的行政机关间的关系推论，笔者认为，法国的行政交叉或行政空白无疑可以通过行政内部进行解决，这种行政内部的解决方式依靠的是上级的行政权威，通过会议的形式进行。法国学者莫里斯·奥利乌在其著作《行政法与公法精要（上）》中说："在法国，国家元首即总统行使对国家下属的行政部门的某些仲裁权。法国总统主持部长会议，签署部长会议讨论的法令和决定，仲裁政府各部门的

---

① 胡建淼：《比较行政法——20 国行政法述评》，法律出版社 1998 年版，第 206-207 页．

不同意见。"①

（二）行政交叉或行政空白司法机关解决方式

在法国的行政诉讼类型制度中有一种越权之诉类型，王名扬先生说："越权之诉是法国行政法上最重要的制度。……越权之诉是法国行政法上最具有特色的制度，也是法国行政法在国外发生影响最大的制度。"②法国的越权之诉，是经过长期发展逐步形成的。在整个演变过程中，法国越权之诉的范围越来越大，越权之诉的根据越来越明确。"越权之诉的主要目的在于保障良好的行政秩序，不在于保护申诉人的主观权利，这是一个没有当事人，对事不对人的诉讼。此外，越权之诉的判决发生对事的效力，不以当事人为限，也是其客观性的表现。"③法国的越权之诉可发生于个人与行政机关之间，这种情况最为普遍。个人的利益受到行政决定的违法侵害时，都可以提起越权之诉。只有当法律明文规定不许提起越权之诉时，当事人的申诉权才受到限制。越权之诉也可以发生在同一行政主体内部的行政机关之间。"当一个行政机关在其利益受到其他行政机关的决定的侵害，而其本身不能撤销或改变这个决定时，可以向行政法院提起越权之诉，请求撤销这个违法的决定。"④其中又分为两种情况：其一是同一行政主体内部机关之间的越权之诉。一个部长可以向行政法院提起越权之诉，请求撤销另一部长的决定。上级机关原则上不能对下级机关提起越权之诉，因为上级机关可以根据层级监督权力撤销下级机关的决定，无须依靠越权之诉的方式，请求法院撤销下级机关的行政决定。当然，在下级机关具有某些独立的权限，而上级机关不具备撤销权时，可向行政法院对下级机关的决定提

---

①［法］莫里斯·奥利乌：《行政法与公法精要（上）》，龚觅等译，辽海出版社 1999 年版，第 272 页.

②王名扬：《法国行政法》，北京大学出版社 2008 年版，第 530 页.

③王名扬：《法国行政法》，北京大学出版社 2008 年版，第 533 页.

④王名扬：《法国行政法》，北京大学出版社 2008 年版，第 537 页.

起越权之诉。下级机关不能向行政法院提起越权之诉，要求撤销上级机关的决定，这是违背上级领导下级的组织原则的。其二是不同行政主体之间的越权之诉。地方团体对于国家行政监督权的决定不服，可向行政法院提起越权之诉，不仅地方团体本身有作为当事人的资格，而且地方团体的代表，例如市长，以及地方议会的议员个人，也有权对违反的行政监督提起越权之诉。但市长在执行国家公务时，受省长的层级监督，对后者的监督不服时，不能提起越权之诉。国家对地方团体的违法的决定，在不能依行政监督权撤销时，也可向行政法院提起越权之诉，请求法院撤销这个决定。

作为法国行政诉讼类型的越权之诉，其第一种违法形式就是无权限，就是指行政机关越超其法定的权限范围而行使本属于别的行政机关的权限，因而与别的行政机关发生行政交叉或行政空白，所以我们有根据认为在法国，在符合法律规定的情况下，行政交叉或行政空白是可以通过行政诉讼途径解决的，且法国的越权之诉对可以作出的行政决定的性质、当事人的资格、申诉的法定期间和形式均作了较明确可操作性的规定，同时也要求越权之诉的提起必须不存在平行的诉讼救济途径。所谓平行的诉讼救济是指申诉人在其利益受到违法的行政决定的侵害时，如果根据法律规定具有越权之诉以外的其他诉讼救济手段消除违法的效果时，不能提起越权之诉。也就是说，申诉人不能为了达到同样的目的，自由地选择越权之诉或其他诉讼救济手段，其他诉讼手段的存在构成越权之诉不能受理的理由。

五、德国行政交叉或行政空白的解决方式

德国是个联邦制国家。联邦由各州组成，州以下分市、县、乡，它们构成地方政府。因此，德国的政府组织可分3级，即联邦政府、州政府和地方政府。联邦政府由联邦总理和联邦内阁阁员组成。联邦的行政权力集中于以联邦总理为首的联邦政府。联邦总理作为联邦政府的首脑，负责制定和执行联邦政府的总的方针政策，并对其承担责任。联邦总理负责主持

内阁会议，在会议中常起决定作用，当内阁会议争论不休时，他有裁决权。联邦政府机构设二级，即联邦总理府和联邦政府各部，联邦总理府负责向联邦总理汇报所有政策的实施情况和联邦各部的工作情况，负责拟定总理的决定并监督实施，协调各部之间的工作。在德国，各州政府受联邦政府的法律监督，联邦各部可向州的行政机关发布指示，德国的地方政府根据德国《基本法》规定，享有自主权，地方政府的工作受州政府的监督。

根据德国法律的相关规定，德国行政交叉或行政空白的解决方式可以有以下几种：

（一）行政交叉或行政空白行政解决方式

在德国，行政机关系统内部解决行政交叉或行政空白可能通过协调或上级命令等方式进行。

在德国，根据现行法律规定，总理的办事机构即联邦总理府可以协调各部之间的工作，因此在出现各部间行政交叉或行政空白时，总理府的协调方式是有可能解决权限争议的，若是仍然解决不了，可以在内阁会议上由总理裁决，依靠行政上级首长的权威消除行政交叉或行政空白，确定争议行政权限的归属。德国行政法学家哈特穆特·毛雷尔在其名著《行政法学总论》著作中，介绍德国行政机关的管辖权，他认为德国行政机关的管辖权有专业管辖权、地域管辖权、级别管辖权和专属管辖权等四种。当出现管辖权争议或管辖权不明时，在具备法律规定条件下，上级机关有权决定，其条件就是在法律有明确授权时，或者在出现延迟的危险或者下级行政机关不遵守上级行政机关的指示时，上级行政机关可以转移管辖权。在其他情况下，上级行政机关根据其指示权，仅可以对下级行政机关施加决定性的影响。[①]根据德国《基本法》关于联邦行政权限的规定，联邦对各州

---

①［德］哈特穆特·毛雷尔：《行政法学总论》，高家伟译，法律出版社 2000 年版，第 513–514 页．

负责执行联邦法律享有监督权和参与权，除了《基本法》明确规定的联邦权限之外，根据事务的关联性或者根据事务的性质，联邦享有不成文的管辖权。"如果不一并执行法律未明确分配的事务，联邦不可能执行已明确分配的事务，联邦就享有因事务关联性而产生的不成文的管辖权（如对外广播电台，可以从联邦的外交主管权中推导出来）。如果某一事物只能由联邦作有意义的管理，联邦即享有根据事物的性质产生的不成文的管辖权。纯粹的联邦统一行政需要不构成不成文管辖权的根据。"[①] 总之，在德国，行政机关间权限争议可以借助行政内部通过协商或决定、命令等方式解决。

（二）行政交叉或行政空白宪法法院解决方式

我国台湾学者李鸿禧认为，德国的违宪审查制度主要是借鉴美国的违宪审查思想而产生的，他说："像西德联邦宪法法院，实际上具有的违宪审查法令机能，类似或仿袭美国司法审查制度之处，所在多有，不胜枚举。"[②] 可以说，在所有西方国家中，美国宪法对德国宪法的影响最有根据。德国司法审查制度受美国经验的启发，美国最高法院判例对德国宪法法院无疑有一定的影响，德国宪法法院的裁决中有时会引用美国的案例，宪法法院的许多法官熟悉美国的制度，法院图书馆中收藏有《美国最高法院判例汇编》，这些都证明美国司法审查制度对德国的重要影响。[③]

和美国一样，在德国，宪法法院可以通过违宪审查解决行政机关间的权限争议。"德国的宪法诉讼是独立进行的，有独立的宪法法院，独立的宪法诉讼程序，独立的宪法判决。宪法案件由相应的当事人直接向宪法法院提起，例如宣告丧失基本权利案、政党违宪案、选举审查案、总统弹劾案、法官弹劾案、机关争议案、抽象法律规定审查案等，都由相应的法定部门

---

① [德] 哈特穆特·毛雷尔：《行政法学总论》，高家伟译，法律出版社 2000 年版，第 527 页.
② 李鸿禧：《违宪审查论》，台北东陆美术印刷有限公司 1990 年版，第 49 页.
③ [美] 路易斯·亨金等：《宪政与权力》，郑戈等译，北京三联书店 1996 年版，第 536–588 页.

或相关人员直接向宪法法院提出。"① 德国宪法诉讼中的机关争议案，是具有一定权限的这些机关的部分机关向宪法法院提起的，比如由联邦政府、州政府向宪法法院提出的联邦与州之间的行政交叉或行政空白；由联邦议院、联邦参议员或联邦政府向宪法法院提出（如果政党组织只限于某一州的范围内，则由该州政府提出）的政党违宪审查案；还有普通公民、私法人或乡镇自治团体在穷尽其他法律手段后提出的宪法诉愿案等。② 在德国，宪法法院的职权从性质上说基本上都属于监督权，它是对所有国家权力的监督，既有对联邦权力的监督，也有对州权力的监督，既有对议会、政府的监督，也有对法院的监督，以对国家权力的监督为主，"其对各国家机关间纠纷的裁决也是对国家权力的一种监督形式，平息权力纠纷是为了保持权力的正常运作秩序，而这种对权力秩序的维护本身就是一种对权力的监控。因此，可以说宪法法院的权力本质上是一种监督权，这种监督权被司法化了，被纳入了诉讼程序"③。需要特别指出的是，在德国其宪法法院属于司法机关，根据德国《基本法》的规定，德国的宪法机构是联邦议院和联邦参议院，法律的执行则由联邦政府及联邦总理和联邦总统来承担，司法职能归联邦宪法法院和其他法院系统，联邦宪法法院是最高司法机构，有 16 名法官。德国《基本法》第 93 条规定了联邦宪法法院的具体职权，其中之一就是裁决联邦与各州之间、各州之间或者一个州内部的其他属于公法范围内的争议案，但是应当由联邦行政法院管辖的案件除外。换言之，即必须由宪法法院裁决而无其他法律途径可裁决的此类争议案件。

（三）行政交叉或行政空白行政法院的解决方式

和法国的行政法院不一样，德国的行政法院具有极强的独立性。在德国《基本法》第九章关于司法的规定中，以 13 个条文即第 92 条至第 104

---

① 马岭：《德国和美国违宪审查制度之比较》，载《环球法律评论》2005 年第 2 期.
② 马岭：《德国和美国违宪审查制度之比较》，载《环球法律评论》2005 年第 2 期.
③ 马岭：《德国和美国违宪审查制度之比较》，载《环球法律评论》2005 年第 2 期.

条具体规定了联邦宪法法院的管辖权、组成和程序，联邦普通法院、联邦行政法院、联邦财政法院、联邦劳动法院和联邦社会法院等的地位，法官的独立性及法律地位等司法方面的根本性问题。因此应将德国的行政法院看作司法机关。在德国，"原则上，所有非宪法性公法争议都在司法审查的范围之内，都由行政法院管辖"①。关于宪法法院和行政法院之间受案的区分是，宪法法院受理具有宪法性内容的公法争议，且必须要根据德国《基本法》第 19 条第 4 款的规定，穷尽针对所有公权力措施的现有的法律途径。作为宪法性内容是指争议双方都必须是直接参与宪法生活的主体，并且其争议的核心内容是宪法性内容。德国《行政法院法》，虽只对撤销之诉和义务之诉给出了法定概念②，但行政法院在司法实践中确定了机构之诉等其他诉讼类型。德国行政诉讼中的机构之诉，也称为内部机构争议程序，机构之诉涉及的是同一法人或法定主体内部不同机构之间的公法争议，其间包括行政权限归属方面的争议。另外，德国在行政诉讼的实践中也存在机关诉讼。德国的机关诉讼特别集中在地方自治的争议中，旨在解决组织法上有关地方自治团体或国家机关上下之间，或同一机关内的权力争议。例如临近乡镇发给许可，允许兴建一所小学，可能对另一乡镇的权利造成损害，另一乡镇可以提起机关诉讼③。在德国，提请行政法院施以机关诉讼必须满足机关诉讼的要求，其要件具体包括：第一是地方组织法争议，但不是《行政法院法》第 40 条意义上的宪法性内容的争议；第二是要有参与能力；第三是适当的诉种，即只能采用确认之诉、不作为之诉或给付之诉等诉种；第四是提请方具有诉权，即机关权利可能受到了侵害；第五是有法律保护的需要，即应通过行政司法途径获得法律保护，而且此外没有别的更为宽解的权利维护途径可供采用；第六是其他。④

---

① 薛刚凌：《外国及港澳台行政诉讼制度》，北京大学出版社 2006 年，第 15 页．
② 参见德国《行政法院法》第 42 条第 1 款。
③ 李惠宗：《德国地方自治法上机关争诉制度之研究》，元照出版公司 2002 年版，第 217 页．
④ ［德］弗里德赫尔穆·胡芬：《行政诉讼法》，莫光华译，法律出版社 2003 年版，第 367 页．

六、西班牙行政交叉或行政空白的解决方式

西班牙是议会君主制国家，国家主权属于人民。西班牙国家最高的法律原则是自由、正义、平等及政治多元主义。国王是国家元首和武装部队的最高统帅，议会代表西班牙人民，行使国家立法权，监督政府工作。西班牙中央政府是全国行政的主管机关，西班牙中央政府由首相、副首相、大臣及法律所规定的其他成员组成。他们主持对内对外政策以及国家的民事、军事和国防的行政管理，根据宪法和法律行使执行权和法定权力。[①]首相领导政府活动，协调政府成员间的关系。政府集体对众议院负责。西班牙现行宪法承认和保证各族和各地区的自治权。《西班牙宪法》第 137 条规定："国家按地区由市镇、省和自治区组成。所有这些单位在治理其各自事务中均享有自主权。"自治区、省和市镇都享有独立的行政法上的主体资格，它们在管理其内部事务方面享有自主权，但无特权。在西班牙为预防行政交叉或行政空白的冲突，西班牙《行政程序法》第一编第 4 条规定了处理公共行政机关间关系的基本原则，即尊重、合作和帮助："要求各公共行政机关在开展公务活动和处理与其他公共行政机关关系时必须尊重其他公共行政机关合法行使其职能的行为，在行使自身公共行政职能时，必须权衡相关的总体利益，以及那些具体委托给其他公共行政机关的利益"，必须向其他行政机关提供在行使其自身职能时所开展活动的信息，还必须在自身的范围内，向其他公共行政机关提供为有效行使其职能所需的积极合作与帮助。[②]另外，在西班牙宪法里，对各公共行政机关间的权限也作了一定边界划分。虽然西班牙宪法规定了国家行政机关间关系的处理原则，规定了各公共行政机关的权限，但也没有能够消除西班牙国家行政交叉或行政空白，在西班牙行政交叉或行政空白主要包括：国家与地方之间的行政交叉或行政空白、中央机关之间的行政交叉或行政空白、地方政府机构与

---

① 参见《西班牙宪法》第 97 条。

② 应松年主编：《外国行政程序法汇编》，中国法制出版社 1999 年版，第 273 页.

其他地方机构之间的行政交叉或行政空白等。在西班牙，行政交叉或行政空白其解决途径主要是行政内部机制，其解决方式方法和解决机关规定在西班牙《行政程序法》中，另外在西班牙行政机关之间的行政交叉或行政空白还有司法机关解决这种方式，下面分别做一介绍：

（一）行政交叉或行政空白行政解决方式

现行西班牙《行政程序法》第二篇即行政组织篇规定了行政组织的设置、变更和撤销的一般原则；规定了行政组织的地位、权限；规定了行政人员执行职务时的回避制度；规定了行政交叉或行政空白的解决方法。其中关于行政交叉或行政空白的解决，规定在该篇的第三章。

西班牙《行政程序法》对行政权属争议作了两个方面的分类。首先，根据权属争议的内容，可以把权属争议分为积极的权属争议和消极的权属争议。前者是两个行政机关都认为自己对争议的事项有行政执法权；后者则正好相反。其次，根据权属争议者在行政上的关系，将行政交叉或行政空白分为另外两类：其一是两个部之间或隶属于不同部的行政机关之间发生的行政交叉或行政空白；其二是隶属于同一部的行政机关之间的权属争议。根据西班牙《行政程序法》第16条规定，两个部之间或隶属于不同部的行政机关之间发生了行政交叉或行政空白时，无论是行政交叉，还是行政空白，都依据《管辖权冲突法》的规定予以解决。对隶属于同一个部的行政交叉或行政空白，无论是行政交叉还是行政空白，西班牙《行政程序法》设定了与上不同的处理规则，这些处理规则包含下述两个方面的内容：

首先，处理机关。根据西班牙《行政程序法》第17条的规定，对于这类行政机关间的行政交叉或行政空白（同一部的不同行政机关之间），处理机关一律为争议机关的最直接的共同的上级行政机关。

其次，处理程序。根据西班牙《行政程序法》第18条规定，主张自己拥有行政职权的行政机关对另一行政机关行使职权的行为有异议，可直接向后者提出。此时，后者应马上终止该争议权力的继续行使，并把全部案卷移送给最直接的共同上级行政机关。该上级行政机关应在 10 天内对是否有职权作出决定，对该决定不得提起诉愿。对于事务被认定为无行政职权的行政机关与对同一事务被认定为有行政职权的其他行政机关属于同一省时，该无权限机关应将有关该事项的一切文书移送于有权限的机关。被委托处理之机关，应于 8 日内为有关管辖权之裁决。主张无管辖权的机关，应于 3 日内将一切文书移送于共同之直接上级行政机关。上级行政机关于 10 日内，裁决有关管辖权之争议。

（二）行政交叉或行政空白司法解决方式

在西班牙，两个部之间或隶属于不同部的行政机关之间发生的行政交叉或行政空白，依据《管辖权冲突法》的规定由法院解决。

1. 行政纠纷法庭。部门会议达成的协议以及协作协议在解释和履行中引发的上述主体之间的行政交叉或行政空白，原则上由行政纠纷法庭过问与处理。

2.《西班牙宪法》第 161 条第 1 款第 3 项规定，西班牙国家与自治区或自治区之间的行政职权争议可由宪法法院解决。另外部门会议达成的协议和协作协议在解释和履行中可能产生的争议问题如果超出了行政纠纷法庭管辖范围的，也由宪法法院解决。

七、他国行政交叉或行政空白解决方式的启示与借鉴

通过上述 6 个国家行政交叉或行政空白解决方式现行规定的介绍，我们可知，不同的国家缘于政治制度、历史文化传统、现实国情和法律意识水准等方面的区别，在对行政交叉或行政空白解决方式的规定上是不完全一致的。但行政交叉或行政空白作为一种客观存在的社会现象，其迫切需要理性、迅即和合法解决的现实，使各国在对行政交叉或行政空白的解决问题上，或粗陋或相对精细地付诸立法规范。它山之石可以攻玉，笔者认

为，他国行政交叉或行政空白解决的方法规定及实践做法，会为我国行政交叉或行政空白解决机制的立法构建和实践运行提供可资借鉴的宝贵经验。

（一）行政交叉或行政空白解决的制度化、法律化

行政交叉或行政空白不仅是社会纠纷之一，而且还是社会纠纷中对社会危害较大的一类纠纷，对该类纠纷的迅速及时及公正理性处理，既关乎公法秩序的稳定或厘定，又关系到对今后个体私权的充分有效保护，该类纠纷解决的重要意义是不容低估的，对如此重大问题，不施以立法规制，而让行政交叉或行政空白的解决游离于法规制之外，进而致使该类争议的解决因人而异，带有很大的随意性，显然是不妥当的。另外，现代社会是个法治社会，法治社会诉求社会生活的重大方面均有法可依，对重大基本社会关系的处理必须要有法的规制。有法可依是法治社会的前提和基础，若关于行政交叉或行政空白如何解决的问题都缺乏法的规制，无疑与法治社会的诉求是相背离的。当下，我们国家在行政交叉或行政空白的解决问题上尚缺乏明确的法律规制，是与我国厉行法治的治国之道不相适应的，不利于我国依法治国的践行，行政交叉或行政空白解决的立法是迫切的。在这一方面我们应该学习他国的做法，将行政交叉或行政空白的解决付诸立法，实现对权限争议解决的法律化、制度化。

（二）行政交叉或行政空白解决途径的多元化

行政交叉或行政空白作为一种社会纠纷，对其如何解决，应该有法律规定的方式、方法、步骤，有必要实现行政交叉或行政空白解决的法律化、制度化，这是问题的一个方面，问题的另一个方面是，在行政交叉或行政空白解决方式的立法选择上，应该是仅设计一种解决方式还是设计多元化的纠纷解决方式。从上文论述中，我们可知，前列 6 个国家均设计了多种解决方式解决行政交叉或行政空白。总的来看，不少国家设置了两种方式，即行政内部解决方式和司法解决方式，也有国家设置了三种方式，即行政

内部解决方式、司法解决方式和权力机关解决方式。即便针对行政内部解决方式而言，其解决的具体方法或途径也并不是单一的，其间既包括上级机关裁决的方式也还包括行政交叉或行政空白双方的协调、沟通等方式。纠纷解决机制的多元化设计，是契合社会发展规律的，是吻合类型化纠纷类型化处理要求的。上文我们论及行政交叉或行政空白产生的原因多种多样，有的是因为对既定立法理解不一致而引发的，有的是因为立法空白而引起的，有的是因为既定立法不科学不理性造成的，有的是因为社会管理实事务的复杂性与多样性引起的，不同因由造成的行政交叉或行政空白，在如何解决的问题上，绝不可能统一对待、一体化设计处理方案。行政交叉或行政空白发生的主体关系不一，有的是具有隶属关系的上下级机关之间，有的是隶属于同一个上级行政机关的不同上下级行政机关之间，也有的是中央与民族自治地区政府间的行政交叉或行政空白，有的是中央与特别行政区政府间的行政交叉或行政空白，不同关系的主体间的行政交叉或行政空白，无疑会对如何解决产生不同的影响，进而造成实施不同的解决策略的可能。总之，行政交叉或行政空白解决方式的多元化设计有利于对不同行政交叉或行政空白施以相应解决，无疑有利于迅即公正地发挥各纠纷解决机制的排解功效，妥当解决行政交叉或行政空白。

另外，随着国家权力的下移，随着行政体制改革的纵深化推进，随着地方权力的增长、地方利益的增强，可以预见行政交叉或行政空白将会普遍化，也即意味着行政交叉或行政空白案件会迅速增长，当然我们不能因为行政交叉或行政空白现象的普遍化而认为国家法治水准低下，实际上"人们评价某一个社会法治水平或社会秩序的状况，其基本依据并不在于该社会冲突的频度及烈度，而在于纠纷解决机制的健全程度及其对现实社会冲突的排解能力和效果"[1]。但若行政交叉或行政空白现象普遍化发生，那么任何一个解决机制均可能无法顺利有效地处理全部行政交叉或行政空白

---

[1] 江伟：《民事诉讼法专论》，中国人民大学出版社 2005 年版，第 8-9 页．

案件，构建多元化的纠纷解决机制无疑是必选途径。

（三）依仗行政解决方式是不可缺少的解决方式

前文论及的 6 个国家，在对行政交叉或行政空白解决方式的构建上无一例外均有一个共同的解决方式即行政内部解决方式，包括行政交叉或行政空白相关机关的协商沟通，包括上级行政机关的裁决无疑均是行政内部解决方式。实际上，针对行政交叉或行政空白的解决方式中，将行政内部解决方式作为不可缺失的一种方式，甚至是首选方式、先行方式的国家还有不少，比如，瑞士现行《行政程序法》第 9 条第 3 项规定，官署间关于行政权限的争议，除官署与联邦法院、联邦保险法院与联邦官署间之权限争议外，由其共同之监督机关裁决，何机关为共同之监督机关有疑议时，则由联邦政府裁决。又如奥地利《普通行政程序法》第 5 条规定，官署管辖之争议，由其有事务管辖之共同上级官署决定之。意大利《行政程序法草案》第一编"行政组织"第一章"机关的权限"第 4 条权限争议规定，两个机关相互间所生之权限争议，由直属上级机关裁定之。韩国现行 1996 年《行政程序法》第 6 条规定，行政机关之管辖不明时，由监督系统行政机关之共同上级行政机关决定其管辖，无共同上级行政机关时，依各上级行政机关之协议决定其管辖。另外荷兰、葡萄牙、加拿大也均规定了对于行政机关间权限争议的解决之行政机关内部解决方式。

笔者认为，行政交叉或行政空白，一者发生于行政机关间，允许其内部解决体现了对纠纷主体自主性的肯定及尊重，二者，行政交叉或行政空白是因为行政权的积极行使或消极不行使而引发的，本属于行政事务的范畴，由行政机关认定行政事务的管辖，进而厘定行政权限的归属，当然比别的其他机关更专业一些。三者，行政交叉或行政空白的解决对高效有着天然要求，由行政机关靠协商等方式进行解决，没有外机关的介入，无疑比使用对抗制模式、具有第三方参与的处理模式，更快捷、高效些。

（四）司法机关解决是多数国家的做法

通过公开对抗的程序，付诸司法，经由法院解决行政机关间权限争议，在上文 6 个国家中均有所体现，只是有的国家如英国、美国是经由普通法院解决行政机关间可能发生的一些行政交叉或行政空白案件的，有的国家比如法国等付诸的是行政法院解决行政机关间的某些行政交叉或行政空白案件，有的国家比如德国根据《德国基本法》第 93 条规定，宪法法院有权审判关于联邦与各郡间、郡与郡间或一郡内之其他公法上争议。不论选择的是哪个法院，在这些国家均采取了通过公开对抗的庭审形式，解决行政交叉或行政空白的。

行政交叉或行政空白，是一种十分具体的争议，牵涉到争议主体对权责的认定，对当事双方同时对社会民众都有利害关系，行政交叉或行政空白理应是一种法律争议，将其排除在司法统治之外，是不符合法治社会司法最终解决原则的。我们在设计行政交叉或行政空白的中国解决方式时，也不可以排除司法机制，"司法是社会公正的最后一道防线"，从这个意义上，我们可以认为，行政交叉或行政空白的解决不可缺少司法处理方式。

（五）明晰司法机关可资解决的案件类型

从各国现行立法的明确规定来看，不同国家虽然政治体制、司法体制等有所不同，但多数国家均基于自己政治体制和对应司法体制的要求，建立了行政交叉或行政空白的司法解决方式。上述 6 个国家，不论是大陆法系的国家，还是英美法系的国家，我们可以看出的共同之处是这些国家基于对行政法治的重视，基于对司法最终解决理念的秉持，他们均没有仅仅依靠行政命令，通过行政程序，借助行政内部机制解决行政交叉或行政空白，而是均保留了通过司法诉讼的方式由法院或类似法院的机关解决行政交叉或行政空白，以保证行政交叉或行政空白解决的法治水平。

但总体上来看，我们也可以知道，司法机关对行政交叉或行政空白的解决以法律有明文规定的争议类型为限。比如在日本《行政案件诉讼法》虽规定了机关诉讼，但也明文规定，机关诉讼只有在有法律规定的情况下才能够提起，同时规定主要是日本《地方自治法》所规定的情况下关于机关委任事务的职务执行命令诉讼、关于地方公共团体的议会决议或者选举的议会和首长之间的诉讼。① 比如在德国，机关诉讼特别集中在地方自治的争议中，旨在解决组织法上有关地方自治团体或国家机关上下间，或同一机关内的权利争议，德国学者平特纳说："同一法律主体之下的机关间不得提起诉讼，所谓禁止自身程序。"② 再比如，在法国，一个行政机关与其他行政机关发生机关相关案件时，只有在其自身不能或无权撤销改变争议机关的决定时，才可以向行政法院提出权限争议或越权之诉。总之，行政交叉或行政空白案件的司法处理，无疑牵涉司法权对行政内部职权的分配，牵涉到司法权对行政权力运行的评判与审查，从公权力间关系妥善处理的视角，从司法权的能力和技术性的角度，司法权的介入应该持非常审慎态度，应该保持较大的克制，只有在法律有明文规定时才可以受理并处理行政机关间权限争议案件。

我国政府早已将行政法治作为自己追求的目标，因此行政交叉或行政空白解决体系中不可或缺司法机关解决方式，但同样也必须通过法律形式界定清晰可以诉讼的行政交叉或行政空白案件的类型，以明确指导并规制法院对该类案件的解决，妥适地处理国家公权力间的关系。

---

① [日] 盐野宏：《行政法》，杨建顺译，法律出版社 1999 年版，第 436–438 页.
② [德] 平特纳：《德国普通行政法》，朱林译，中国政法大学出版社 1999 年版，第 27 页.

第四章 行政交叉或行政空白解决机制证成

　　纠纷的存在是一个客观的不以人们的意志为转移的社会现象，所以对纠纷的解决显得十分必要。若果纠纷不解决无疑不利于社会关系的常态化发展，不利于社会的和谐稳定，不利于社会的健康发展。纠纷只有通过一定的方法并借助一定的工具才能够得到解决，而这些方法和工具综合到一起就构成了纠纷解决的机制。但是，这种综合不是一种简单的堆砌或者排列，而是一种具有一定规律性和有机联系的逻辑体系。广义上的纠纷解决机制应当包括纠纷解决的理念、制度安排和具体的方法；狭义上的纠纷解决机制则主要是指有关的制度性安排。在纠纷解决机制的研究中，不仅要认识它的内部构造，而且还要关注它的外部关系；不仅要有总体性的把握，而且还要有局部性的分析；不仅要追求理论上的系统性，而且还要顾及实践中的效用性。笔者在对行政交叉或行政空白解决机制进行理论上的具体建构之初，认为有必要对纠纷解决机制、纠纷解决方式、影响或决定某类纠纷解决机制建构及其纠纷解决方式选择的因素等问题做一学理思考，并尝试着证成行政交叉或行政空白这一特殊的纠纷要想科学、理性、高效地解决需要何种纠纷解决机制、应该有哪些纠纷解决方式。

一、纠纷解决机制及纠纷解决机制的基本架构

（一）纠纷解决机制界说

"机制"这个词在社会生活中有着广泛的用途。根据《中华大辞典》的规范性解释，"机制"，其原本的含义是指机器的构造及其工作的原理，例如，发动机的机制、透视仪的机制、计算机的机制，等等。由于"机制"这个词不仅包含了某一特定事物或研究对象的结构和功能，而且还要求具有一定的系统性和科学性，所以"机制"被社会科学领域广泛使用，用来泛指某种事物的系统性结构以及其各个组成部分之间的相互关系和运行规律，如市场机制、金融机制、管理机制、奖惩机制，等等。任何社会纠纷的解决是一种需要各种社会组织和机构整体运作的综合工程，同时这种整体的运作的过程需要科学、系统的资源配置和相互协作，因此，纠纷解决的总体性制度构造以及各个组成部分之间的相互关系和运行原理被称为纠纷解决机制。

在纠纷解决的相关研究中，纠纷解决机制这一词组被广泛使用，但是，其指向却有所不同，研究者大多是从意会的角度来使用，并没有一个统一的严格的定义。例如，有学者将纠纷解决机制表述为："社会各种纠纷解决方式、制度的总合或体系。"[1] 而另有学者则认为："纠纷解决权制，是指争

_____

[1] 范愉主编：《ADR 原理与实务》，厦门大学出版社 2002 年版，第 47 页．

议当事人用以化解和处理纠纷的手段和方法。"[1] 显然，前者比较强调纠纷解决机制的总体性特征，而后者则比较偏重纠纷解决机制组成部分的个别性功能。而在具体的使用过程中，纠纷解决机制也常常被称为纠纷解决方式。"传统的纠纷解决方式又可以划分为自力救济、社会救济和公力救济。历史发展到今天，这三类解决纠纷的机制已经发展得比较成熟，而且是并存的，这些解决纠纷的机制共同组成了一个多元化的纠纷解决体系"[2]。由此可见，"机制"和"方式"这两个词在表达纠纷解决的制度构造或者运行原理时经常是可以相互混用的；不仅如此，个别的纠纷解决方式有时又可能被称为纠纷解决机制。如诉讼的方式有时被称为诉讼机制，调解、仲裁也有相同的情形。在对纠纷解决机制的相关研究中，学术上甚至"机制""方式""方法""途径""手段"等这几个词经常被随意代换。

笔者以为，对任何科学的研究而言，其中的一个重要前提就是概念的明确性和确定性，如果概念不明确或者不确定，就难免引起语意上的混乱，进而影响科学研究的有序进行和深入发展。上述用词不确定的主要原因就是纠纷解决机制这个概念没有一个统一的界定。虽然上述的几个词意思相近，但在不同的场合下，其所强调的含义还是有所不同的。一般的意义上论，"机制"所强调的是总体性的制度构造以及各组成部分之间的相互关系和运行原理，所以，如果是指事物本身的总体性构造则可以用"机制"这个概念术语来进行概括；"方式""方法"则侧重于事物的外部特征，如诉讼的方式和仲裁的方式从外观上比较就有较大的区别，另外，"方式"还比较强调事物运作的过程和操作上的技术性因素；"手段"和"途径"具有主体的选择性意味，而不大强调事物的本身特征或者事务的内在规律。从笔者以上的分析来看，如果是对纠纷解决进行本体性研究，即纠纷解决的内在制度结构和原理，那么，使用"机制"一词比较恰当；如果是从纠纷解决的外部表现特征上进行比较，则使用"方式"这一术语比较合适。因此，

---

① 徐昕主编：《纠纷解决与社会和谐》，法律出版社 2006 年版，第 68 页.

② 李刚主编：《人民调解概论》，中国检察出版社 2004 年版，第 23 页.

纠纷解决机制这个概念应该被定义为：纠纷解决的总体性制度构造以及各组成部分之间的相互关系和运行原理。

应当说明，以上的界定只是相对而言，在特定的情况下，只要语境是明确的，"机制"和"方式"并不是绝对不可以互相代换。例如，如果是特指某种制度的内部构造及其运行原理的，可以使用"诉讼机制""仲裁机制""调解机制"来表达；将这几种机制进行外部比较时，可以使用"诉讼方式""仲裁方式""调解方式"来替换。此外，在不违反位阶关系的前提之下，也可以使用相同含义的概念，例如，诉讼机制作为上位概念，其处于下位的概念还有管辖机制、立案机制、审理机制、裁判机制、强制执行机制，等等。

（二）纠纷解决机制的基本架构

鉴于纠纷解决机制是就纠纷解决制度的总体性结构而言，其中包括了这一制度构造的各组成部分之间的相互关系和运行原理，因此，仅从这一概念的表达上，我们还不足以对纠纷解决机制形成相对较确切的清晰的认识，所以笔者认为，进一步研究纠纷解决机制的基本架构是很有必要的。

纠纷解决机制的基本架构是指纠纷解决机制的各个组成部分的表现形态以及这些组成部分之间的相互关系和运行原理的具体内容。从逻辑思维的规律来说，只有对思维对象的内部构造及其运动规律进行深入的剖析，才能把握对象的根本特征和精神实质。纠纷解决机制的总体框架是由各个具体的单位组成的，如果把纠纷解决机制看作一个上位概念，那么，这些个别的单位则可以被称为下位的具体机制。因此，在纠纷解决机制这个总体概念下面，有诉讼机制、仲裁机制、调解机制与和解机制，而在这些个别的机制下面还有相应的下下位机制。纠纷解决机制包括诉讼机制、仲裁机制、调解机制与和解机制，其中，调解机制属于特别活跃的机制，有人民调解机制、行政调解机制和其他调解机制。其他调解机制可以理解为除了人民调解委员会和行政性调解机构这些专业性调解机制之外的调解机制，如公民个人的调解、律师机构的调解、社会团体的调解，等等。鉴于诉讼上调解和仲裁中调解应当属于诉讼机制和仲裁机制的组成部分，故这两种调解不作为调解机制的下位概念。纠纷解决机制的这一分布只是反映了纠纷解决机制有哪些基本的组成部分，这些组成部分之间的相互关系及其运作方式还须作出进一步说明：

其一，诉讼机制。在纠纷解决的所有机制中，诉讼是最为正式和最权威的纠纷解决方式，在整体的纠纷解决机制中，诉讼机制处于龙头地位，它对于仲裁、调解以及和解等均具有引导性和示范性意义。在当今社会，诉讼是由掌握有国家审判权的国家审判机关依据国家有关法律、法规所进行的一种解决纠纷的活动，相对于其他各种纠纷解决机制，诉讼具有严格的适法性和规范性，诉讼采取的是一种正式的说理论辩程式解决当事人之间的纷争。同时，在法治社会下，诉讼是解决纠纷的终极手段，不存在任何一种可以否决诉讼最终决定的其他机制（再审程序属于诉讼机制的内部制度或内部机制运作的一种程序，虽然再审程序的启动，可以因为人民检察院的抗诉行为或活动而发生，但人民检察院仅仅是启动再审程序的合适主体之一，同时案件的处理结果最终还是法院说了算，还是以法院的再审判决作为最终决定）。因此，诉讼机制是所有纠纷解决机制当中最能体现法律规范性，同时也是完全自足的一种机制。

其二，仲裁机制。仲裁机制是纠纷解决机制当中较为特殊的一种机制，它既有独立性的一面，又有制约性的一面，它的本质属性是民间性的，但是它又有司法性的特征。所以，仲裁被称为准司法性的民间纠纷解决机制。仲裁机制的民间性一方面决定了现代法治国家几乎均规定仲裁机制可以解决的纷争是民商事纷争，而且一般情形下该纷争与人身关系不存在因果联系，即并不是因为人的身份关系而引致的财产纠纷；仲裁程序的民间性另一方面也决定了仲裁程序的提起，完全依据于当事人之间在纠纷发生之前或纠纷发生之后而签订的书面的仲裁协议，而且，在对某个具体案件的仲裁处理中，仲裁员的确定和仲裁程序的选择也赋予当事人自由选择的权利，充分体现了当事人的意愿。但是，因为仲裁裁决由仲裁员独立作出，并且是一裁终局；负有义务的一方当事人亦即在仲裁裁决中败诉的一方当事人如果不履行仲裁裁决指定的义务，仲裁裁决的权利人可以申请法院强制执行；如果当事人认为仲裁程序违反了当事人事先约定的仲裁规则或者法律的强制性规定，还有权向法院申请撤销仲裁裁决或者向法院申请不予执行该仲裁裁决。这些机制一方面充分说明了法律对仲裁的干预性，说明了仲裁机制并非为完全自足的纠纷解决机制，它不得不在民间性和司法性之间寻求自身的机制平衡；另一方面也决定了仲裁机制在具体的运行过程中也必须贯彻说理论辩式的纠纷解决模式，采取较严格的程式，遵循较正式的程序，但，毕竟仲裁仅仅是准司法性的一种纠纷解决机制，所以相对诉讼机制而言，仲裁具有较强的灵活性特质。

其三，调解机制。调解机制、仲裁机制和诉讼机制均是由第三者主持的纠纷解决机制。只不过调解机制和仲裁机制是属于社会性纠纷解决机制，而诉讼机制则是公权性纠纷解决机制。作为社会性纠纷解决机制，调解机制可资解决的纠纷案件是有一定的限定的，比如目前世界各主要法治先进国家均规定因犯罪行为引发的刑事纠纷，特别是重大犯罪行为引发的刑事纠纷不得适用调解机制予以解决，在对该类纠纷处理的问题上国家保留了专权，必须使用公权性的纠纷解决机制。相对于仲裁这一解决纠纷的机制，在调解机制中，当事人拥有更大的自主权，从调解方式的选择到调解协议的达成，均须顾及当事人的意愿。在调解机制的实际运作中，甚至没有固定的程式，显得更为灵活，更讲求实际的效用。通过调解解决纠纷，往往可以显示出惊人的实效性：时间和财力被大大节约，而纠纷解决的彻底性却无可比拟。但是，鉴于调解仍然是由第三者主持的，第三者的说服、劝导和调解技术的发挥往往起着关键的作用，所以，对调解中的第三者即调解人的地位绝不可忽视；另外，虽然当事人在调解机制中拥有更大的自主权，包括程序自主权和实体自主权，但是，这种自主权仍然不可超越法律的底线，从某种意义上说，正是由于法律的制约和规范，才确保调解具备更有利于纠纷解决的特性。

其四，和解机制。从理论上说，和解机制是一种纯粹由当事人驾驭的纠纷解决机制，它应该没有第三者的参与，完全是当事人之间的自行交涉。但是，严格说来，和解机制的这种状况是过于理想化了，在和解机制中，虽然纠纷的解决主要是当事人自行交涉的结果，但是，外界的影响往往发挥着重要作用。如果说当事人之间的矛盾并没有表面化，即没有形成典型意义上的纠纷，那么，和解机制所针对的对象就不存在了。因此，在纠纷确已形成的前提下，和解实际上是在第三种力量的作用下所产生的结果。所谓第三种力量可以理解成第三者的适当参与。当然，也存在完全没有第三者参与的和解，但是，这种和解仍然离不开一般社会准则如道德规则和法律规范的参照和影响。因此，对于和解应当严格区别其机制性特征和方式性特征：从机制性特征来说，它是当事人意志和社会外界影响或作用的结果，从方式性特征来看，可以说它是当事人之间的直接交涉。

最后有必要说明的是，一般而言但凡可以适用调解机制解决的纠纷均可以适用和解机制施以解决，同样凡是可以适用和解机制解决的纠纷，调解机制的适用也是完全可行的，因为在此两种纠纷解决机制的运行过程中，其成功与否或奏效与否的关键取决于当事人的自愿和对所解决的实体性问题或标的具有完全的处分权。

二、关于纠纷解决机制多元化的思考

纠纷解决机制是单一的还是多元的，对这个问题的理论认识远没有实践中的情形来得那么清晰。虽然，诚如有学者所言"人类历史上的纠纷解决机制历来都是多元化的"[①]，但是，从理论上承认这种多元化却并非易事，因为，多元化这一概念不仅仅是一个量化的概念，而且还关系到法律的表

---

① 范愉：《多元化纠纷解决机制与和谐社会的构建》，经济科学出版社 2011 年版，第 11 页．

现形态以及法治理念的根本问题。

一般认为，多元化这一概念被引入法学领域，肇始于 20 世纪 70 年代多元论法学的创立，而多元论法学则发端于第二次世界大战以后在西方兴起的多元民主主义理论。多元主义这一概念的创始人是美国实用主义者威廉·詹姆斯 (1842—1910 年)。第二次世界大战后，多元主义一般被用来称谓福利国家论的主要政治内容——多元民主主义。受多元民主主义理论的影响，社会学法学阵营的一个分支——斯堪的那维亚现实主义法学派孕育了多元论法学这一概念。这一概念最初出现在丹麦法学家斯蒂格·乔根森的著作《法和社会》中，1982 年，斯蒂格·乔根森写成了《多元论法学》一书，该书集中论述了多元论法学的思想。① 斯蒂格·乔根森的著作《多元论法学》的问世，引起了法学家们的广泛注意，特别是在日本的法学界产生了不小的影响。日本学者千叶正士在其《法律多元——从日本法律文化迈向一般理论》一书中将法律的三层结构从自然法、制定法和习惯法转换为官方法、非官方法和法律原理。他认为："前面的术语在语词和所指对象两方面都以一种特殊的方式体现了西方文化的特征，后面的术语才有资格概括现行法律的基本结构，因为它们在实践运作中调整着包括西方和非西方在内的整个人类社会中的各个民族的全部法律生活。"② 可见，法律多元这个概念可以说是关于法律表现形式的一种理论概括；它的意义在于打破了西方传统的法律一元论的观点，为不同社会、不同文化背景下的法律体系提供了合理的存在依据；同时，它也为法律的存在形式和实际的运行状态作出了一种合乎逻辑的解释。这种对法律表现形态的基本观念的颠覆于纠纷解决所带来的影响是显而易见的：由于法律的多元性，纠纷解决的规范性依据当然也就不限于"官方法"了，这似乎是一种顺理成章的结论。由此可见，多元化纠纷解决机制这一概念与法律多元理论具有思想上的渊

①吕世伦主编：《现代西方法学流派》，中国大百科全书出版社 2000 年版，第 611 页．
②［日］千叶正士：《法律多元——从日本法律文化迈向一般理论》，强世功等译，中国政法大学出版社 1997 年版，第 149 页．

源关系。诚如范愉教授所论："他（斯蒂格·乔根森）注意到，在法的解决冲突和防止冲突功能，也称计划功能之间存在着一种紧密的功能关系。管理功能（即防止冲突的功能）必须与解决冲突的命令和法律技巧紧密地联系起来"①，"多元化纠纷解决机制是多元论的一种表现形式或具体化，其合理性和正当性源于社会需求和价值、文化的多样性，在现代语境下，这一理念能够支持法制社会的基本理念和实践，同时为法治的发展和社会的改善提供了更具说服力和可操作的观念支持。"②

在我国，近年来，有不少学者提出了建立多元化纠纷解决机制的观点，认可多元化纠纷解决机制的合理性，同时对传统的纠纷解决机制提出了怀疑。范愉教授为多元化纠纷解决机制作出了一个明确的定义："多元化纠纷解决机制是指在一个社会中，多种多样的纠纷解决方式以其特定的功能和特点，相互协调地共同存在，所结成的一种互补的、满足社会主体的多样需求的程序体系和动态的运作调整系统。"③ 这个多元化的运作系统包括诸如道德、乡规民约、自制规范、宗教、地方习惯等社会规范及调整机制，它们对于纠纷的解决发挥着实际的规制性作用，有时甚至能够显示出比"官方法"更为优越的功能。与此同时，主张建立多元化纠纷解决机制的学者还对与多元化观念相悖的法制一元论观点进行了批判④，甚至认为法制一元论这种倾向"一方面来源于对国家权力的高度迷信，认为只有国家权力机关，特别是立法机关制定的法律规则才是至高无上的，才可以被称为法律。另一方面则是出于对法律机制的迷信，认为社会治理中有国家法律就足够了。而诸如道德、乡规民约、自制规范、宗教、地方习惯等社会规范及调整机制都无关紧要。这种理想也是出于对司法机关的权威和能力

---

① 范愉：《纠纷解决的理论与实践》，清华大学出版社 2007 年版，第 45 页.
② 范愉：《纠纷解决的理论与实践》，清华大学出版社 2007 年版，第 46 页.
③ 范愉：《多元化纠纷解决机制与和谐社会的构建》，经济科学出版社 2011 年版，第 322 页.
④ 李刚主编：《人民调解概论》，中国检察出版社 2004 年版，第 39 页.

的过高预期"①。

客观地说，法律多元这种理论的提出并非仅仅是迎合了自第二次世界大战以来所流行的多元主义理念，也不仅仅是对现存法律现象的一种简单描述，它对于我们的整个法律思维都产生了一定的影响，促使我们从不同的角度去思考法律的本质和功能。具体到纠纷解决领域，用法律多元的思维去解释纠纷解决机制，对于开阔理论视野，深入研究纠纷解决机制的制度性构造和运行原理具有重要的积极意义。但是，问题在于，法律的多元性是否意味着纠纷解决机制一定是多元性的？这两种多元性是否具有概念上的同质关系？假如这两种多元性不存在同质性，即法律的多元不等于纠纷解决机制的多元，又怎么看待纠纷解决机制中的不同机制同时并存的状况？它们之间究竟是一种什么样的关系？

笔者以为，法律多元理论所指称的法律的多元现象究竟是一个法律系统中的应然现象还是实然现象这一问题是值得认真推敲的。实际的情形是，无论是历史上的法律还是现代的法律，也无论是西方国家的法律还是东方国家的法律，在法律的统一适用和普遍效力方面都是没有例外的，很难想象在一个国家可以有两个或者两个以上的法律系统同时存在，并行不悖地发挥着各自的效力和权威。日本学者千叶正士在研究"官方法"和"非官方法"时指出："官方法是指一个国家的合法权威所认可的法律体系。"② 根据千叶教授的解释，国家法是官方法中的一种，除了国家法之外，还有其他一些官方法，最常见的例子是宗教性法以及它们各自的次级法律体系。被国家法公开认可的家族法、本地法、职业行会法、种姓等级法和少数民族法等也属于官方法。这些官方法在实际运作中一般与国家法是一致的，或者说他们至少对国家法没有严重的影响。而"非国家法"则是指非由官方权威正式认可，而是由某个圈子的人们在实践中用过、普遍地一致同意

① 范愉：《多元化纠纷解决机制与和谐社会的构建》，经济科学出版社 2011 年版，第 37 页.
②［日］千叶正士：《法律多元——从日本法律文化迈向一般理论》，强世功等译，中国政法大学出版社 1997 年版，第 149 页.

所认可的法律体系。"但是由普遍同意所支持的这些非官方的惯行并不必然也包括在非官方法之中。在此非官方法局限于这样一些惯行,它们对官方法的有效性有某种明显的影响,换句话说,它们具有这样一些功能:明显地补充、反对、修正甚至破坏官方法,尤其是国家法。"① 在这里,十分明显的是,千叶教授所论证的主要是实然情况下的法律体系的形成机制,除了国家法之外,经过国家的合法权威所认可的那些宗教法、习惯法等都属于官方法。而非官方法和官方法的关系并不一致,它可以是对官方法的补充,也可以成为官方法的反对者甚至破坏者。因此,法律多元实际上是在法律体系形成过程中需要考虑的一种客观状况,从法律的外观表现形态上看,它仍然是具有统一性和普适性特征的;特别是在法律施行的环节,绝不能因为法律多元的缘故而采取多元的标准。纠纷解决机制固然有各种不同的个别机制,但是这些个别的机制只是结构上的个性化和运作方式上的不同,它并不能改变法律和法制的统一性,如果用法律多元的概念去证明纠纷解决机制的多元性则明显地存在前提性错误。

主张建立多元化纠纷解决机制的学者在批评与多元化相对应的一元化机制时,多以单纯的诉讼机制作为批评的对象,认为纠纷的解决不应以诉讼机制作为唯一的途径,而应当在诉讼机制以外合理构建其他的纠纷解决机制。应当说,这种见解是完全符合纠纷解决的客观规律的,诉讼机制绝不是解决纠纷的唯一机制。但是,在确立这样一种观念的同时,如果以国家法律的统一性和权威性作为对立的参照物,则难免存在出发点与选择路径发生背离的逻辑错误。固然,目前在我国确实存在法律尚不够完善,司法能力还不尽如人意的情况,但是如果因此就否认法律的统一性和权威性,否认司法机关在维护国家法律秩序中的特殊功能和地位,而转向一种非法律甚或非法治的道路寻求纠纷解决,那么,是否存在一种理论导向的选择问题呢?

---

① [日] 千叶正士:《法律多元——从日本法律文化迈向一般理论》,强世功等译,中国政法大学出版社 1997 年版,第 149 页.

依笔者之见，多元化纠纷解决机制这种表述方式以及与这种表述方式相应的理论进路并不能客观反映纠纷解决机制所固有的特征和功能，并且，极易引起人们对现代法治理念的怀疑。更为严重的是，它可能还存在使我们为之作出不懈努力的法制建设和法治理想发生动摇甚至倒退的危险。无论纠纷解决机制呈现出多么不同的外观样式和运作方式，它们在遵守法律这一点上应当说只能是一元化的，而不能设立多重标准（这里的法律并非单指国家法，还包括被国家权威机关认可的那些社会的或者民间的规范）。只有大力树立法律的权威，才有可能最终达至法治的局面，这应当成为我们持之以恒的坚定信念。如果说因为纠纷解决的个别机制毕竟存在各自的不同特点，必须给它们冠以一个泛指的词语的话，那么用人们熟悉的多样性这个词语也就足够了，完整的表述是：以法制为前提的多样性纠纷解决机制。[①] 范愉教授认为："在这样一个表述中，首先强调的是法制，即法律制度或者法律秩序，多样性是一个中性词语，它既能够表达出纠纷解决机制并不局限于诉讼这一种机制，而是由多种个别机制组合起来的一个系统，而且不至于因为对多元性的终极依据的追问而引起种种不必要的误解。"[②] 笔者认为在纠纷解决机制多元化问题的研究中，一个至关重要的前提是必须突出强调法制为前提，强调法制对各种纠纷解决机制建构的决定作用，特别是在法制化建设还待发展的法治后进国家。

三、纠纷解决方式及纠纷解决方式的选择

如果说纠纷解决的机制主要是就纠纷解决的制度性构造及其相关原理而言，那么纠纷解决的方式则主要是就纠纷解决的具体过程而言。如前所述，纠纷的解决属于动态性的概念，它主要是一种社会实践活动，由于这

---

① 1976 年，美国弗兰克·桑德教授出版了《争议解决多样化》一书，对这一问题有充分论述，具体内容可参见李纲主编：《人民调解概论》，中国检察出版社 2004 年版，第 75 页.
② 范愉：《纠纷解决的理论与实践》，清华大学出版社 2007 年版，第 305 页.

种社会实践活动必须在一定的制度规范下进行，所以，就需要研究纠纷解决的机制；但是，相比较而言，纠纷解决机制仍然是静态的概念，如果没有具体的纠纷解决实践活动，纠纷解决机制的功能仍然无法实现，所以，纠纷解决的方式就显得十分重要，它是具体落实纠纷解决的目标和实践纠纷解决机制的必要环节。

（一）纠纷解决方式的含义

纠纷解决方式这个概念有两重含义，第一重含义是指纠纷解决机制的外部关系，第二重含义则是指解决纠纷的具体技术和方法。一般情况下，对纠纷解决方式的两重含义不作严格区分，人们根据语言的情景自然而然可以作出准确的判断。通常情况下，相对于纠纷解决机制，纠纷解决方式这种提法是较为普遍的，而且与纠纷解决实践的联系较为密切。例如，在发生纠纷以后，人们通常会考虑通过何种方式去解决纠纷，而不会考虑各种纠纷解决机制的内部构造如何。但纠纷解决机制这种提法对于认识纠纷解决的制度性构造及其运行规律具有重要意义，因此，这种提法在纠纷解决的制度性建设和理论研究的范畴中运用较为广泛。毋庸置疑，制度建设和理论研究是十分重要的，但是，纠纷的解决过程是一个充满着各种变数的过程，指望通过完善的制度设计和严密的理论证明建立起一套所向披靡的解决纠纷的体系，那只能是理想主义的一厢情愿。制度是一个相对稳定的规范性系统，如果没有制度，人类社会就无法正常运行。制度的价值就在于具有普适性的行为规范的确立，在这些被称为制度的规范面前，人类的行为获得了衡量是非善恶的标尺，所以古人所说的"没有规矩不成方圆"是十分正确的。但是制度的优点同时也是它的缺点：机械主义的制度观念可能会遏制人的创造性思维，特别是对于那些需要发挥人的灵活性和能动性的事物而言，过于拘泥的制度性安排不仅不能促进事物的发展，反而还可能成为阻碍事物发展的障碍。

在某些场合，纠纷解决方式与纠纷解决机制是可以互相代换的，但是，严格说来，纠纷解决方式所着重强调的是不同的纠纷解决机制之间的外部关系，因此，这种意义上的纠纷解决方式是就各种纠纷解决机制的外部表现所作出的主观性判断。例如，当我们做出"诉讼方式""调解方式""仲裁方式"这样的判断时，主要是根据它们的外部表现特征的对比的结果所作出的判断，至于它们各自的内部运行机制如何并不属于主要的考虑因素。这种关于纠纷解决方式的含义就是它的第一重含义。具体而言，纠纷解决方式的第一重含义是指与纠纷解决的个别机制相对应的具体的解决纠纷的制度性安排，如诉讼方式、调解方式、仲裁方式等，在这种情形下，纠纷解决机制和纠纷解决方式是对同一事物的两种不同的表达方式；而纠纷解决方式的第二重含义则是指解决纠纷的具体技术和方法。

对于纠纷的解决而言，建立各种必要的制度无疑是十分重要的，包括法律的完善和各种纠纷解决机制的运作程序的设计。但是，同时必须看到，纠纷的解决不是一般的社会运作过程，它不仅需要制度，更需要运行这些制度的技术。其原因在于，其一，制度是静态的，而纠纷解决的实践是动态的，相对于制度而言，纠纷解决的实践过程甚至更为重要；其二，纠纷的解决是矛盾外化使之归于均衡的过程，并不是一个简单的是非判定和利益分配问题，而制度本身只是设定了一个尺度，并不具有恢复矛盾均衡状态的功能。而要弥补制度的这种不足，人的主观作用就显得十分重要。日本学者棚濑孝雄在这个问题上有过具体的表述，他指出："制度这一概念，通常被用来表示种种内在联系着的社会规则给人们的相互作用以一定的方向性并使之定型化。所以，纠纷解决的制度就是关于什么样的纠纷应该如何被解决的实体和程序上的规范体系。……但是这里也有一个重要的不足，即由于这种研究角度把注意力集中在给社会相互作用过程以方向性并将其定型化的种种规范、制度及其抽象化上，结果往往容易忽略现实中使这些规范、制度运作的个人。"[①] 而且，关于纠纷解决的制度与过程的关系，棚濑孝雄从制度分析到过程分析的方法可以作为很好的借鉴。所以，纠纷的

---

① [日] 棚濑孝雄：《纠纷解决与审判制度》，王亚新译，中国政法大学出版社 2004 年版，第 4—5 页．

解决除了存在各种不同的制度（机制）之外，还存在这些制度在解决纠纷的过程中如何运行的问题，也就是纠纷解决的具体过程如何进行的问题。从这个意义上说，纠纷解决的方式除了上述第一重含义之外必然还有另一重含义，即解决纠纷的具体技术和方法。

技术和方法从理论上说可以形成一定的规范性操作规程，如经过细致论证的技术规范和操作流程，但是，从本质上说，技术和方法应当属于经验层面的问题，即使是规范性的操作规程也是经验性的总结，正因为如此，属于操作规程或者流程范畴的设计或者安排一般都会表现出特别细致甚至烦琐的特点，比如一个具体的肢体动作或者细化到分秒的时间安排。但是，对于纠纷解决这种复杂的社会实践而言，奢望对其具体的运作过程制定出某种技术规范或操作流程显然是不现实的，因为，纠纷的复杂性和多样性决定了纠纷的解决不可能像生产工业产品那样设计出一条标准化的生产线，它更多地表现为社会生活经验的不断积累和总结。例如，调解这种纠纷的解决方式其实就是一种经验的运用，其中有些经验甚至属于生活常识的范畴。与调解的方式相比较，诉讼的方式属于比较规范的纠纷解决方式，它有着系统而具体的运作程序，技术规范是比较完善的。但是，即使是诉讼，在解决纠纷的过程中也并不是单纯的机械式运行。一个好的法官，绝不会机械地运用法律去解决纠纷，因为他知道，法律并不能提供所有解决纠纷的手段，他必须在充分理解法律的基础上，将自己变成法律的化身，从而能动地运用法律去解决纠纷，正是在这个意义上，美国大法官霍姆斯才提出了"法律的精髓在于经验而不在于逻辑"的著名论断。美国著名法社会学家唐·布莱克从社会学角度详细说明了这个问题，他强调指出："无论是谁，要想涉足法律领域而又不了解如何从社会学角度评估案件的强项和弱项，都是不可取的。如果法学院不开设这门课程，将会使学生对在实际中如何去运用法律这样的宝贵知识一无所知。"[1]唐·布莱克所强调的运用法

---

① ［美］唐·布莱克：《社会学视野中的司法》，郭兴华等译，法律出版社 2002 年版，第 28 页．

律，实际上就是指法律运行中的社会性因素，他称之为案件的社会结构因素，包括当事人的社会地位、法官的个性和倾向以及第三方的影响等。他十分具体地表述了这样一种现象："美国律师通常将案件安排给有利己方的法官或法庭，这一做法被称为选购法官或选购法庭。"唐·布莱克认为"从社会学角度来说，应该尽可能地去挑选那些在社会空间上与客户最接近、与对手差距大的法官和法庭。法官与己方律师较亲近，而与对方律师较陌生也是可行的，此外，最理想的法官是由案件的社会学和技术性两方面的特点所决定的。"① 解决纠纷的技术和方法可以有多种不同的诠释，但一般来说应当包括以下几个方面：纠纷的性质、类别及其强度；对当事人诉求的依据和真实意图；纠纷的产生背景包括当事人的社会处境、心理状态等；现行的法律规范和法律精神。

（二）纠纷解决方式的选择

如前所述，纠纷解决的方式具有两个方面的含义，一方面是指纠纷解决的机制，另一方面是指解决纠纷的具体技术和方法。这两个方面综合起来无非是为了回答一个问题，即纠纷如何解决。这个问题具有思辨性和实践性的双重性质。从思辨的角度看，它需要对纠纷的解决方式具有深刻而精到的理论证明，即从理论上论证纠纷解决的具体方法的可行性与恰当性并且设法将这种理论的体系外化为各种解决纠纷的制度；从实践的角度看，它需要人类长期积累的思想智慧与各种技术或者是技巧，并且力求达到使纠纷得到实际解决的目的。而无论从理论上看还是从实践的角度看，集中到一点还是一个纠纷解决方式的选择问题。换言之，要回答纠纷如何解决的问题，必然要涉及纠纷解决方式的选择的问题，只有选择了恰当的方式，才有可能使纠纷得到彻底的解决。在纠纷解决方式的选择问题上，笔者认为纠纷解决方式是具有可选择性的，可以对纠纷解决方式作优化性选择。

---

① [美]唐·布莱克：《社会学视野中的司法》，郭兴华等译，法律出版社 2002 年版，第 35 页.

（1）纠纷解决方式的可选择性。这里所论述的不是纠纷解决方式本身，而是关于纠纷解决方式可以被选择的说明。纠纷解决方式之所以可以被选择，是因为纠纷本身具有主观上的私权性和客观上的社会性的特点。从私权性的角度看，以何种方式解决纠纷，作为纠纷当事人而言具有充分的选择权。他可以选择和解或者调解，也可以选择仲裁或者诉讼。相比较而言，刑事案件的被告人却没有这种广泛意义上的选择权，尽管辩诉交易也体现出了某种选择性，但是，它在本质上并非程序意义上的选择权，而是一种实体意义上的交换手段。再从纠纷的解决者的角度看，他也拥有解决纠纷方式的选择权，但是这种选择权是一种有限制的选择权。这种选择权的依据同样来自纠纷的私权性和社会性的特点。纠纷解决者一方面要受到私权利的处分权的制约，他不可以利用纠纷解决者的特殊地位去随意干涉当事人的处分权；另一方面，他还应当受到法律的约束，不仅要考虑到对纠纷的主观性解决，而且还要考虑到纠纷解决的社会性效果。因此，在可以通过调解方式解决纠纷的情形下，解决者应当尽可能地进行调解；在调解无望的情形下，就应当依据法律规定作出裁决。但是，这种调解一般来说应当征得当事人的同意，如果当事人不愿意调解，则意味着当事人私权利的行使，则不应当强行调解。所以说，纠纷解决者所拥有的选择权只能是一种有限制的选择权。

（2）纠纷解决方式的优化选择。既然纠纷解决方式可以被选择，那也就意味着在选择中存在确定最优化解决方案的问题。选择就意味着优化，只因为了优化的目的才会进行选择。事实上，在纠纷发生以后，当事人一般都会遇到如何才能使纠纷得到最好的解决的问题，那种遇到纠纷就难以寻找出路或者只有单一的解决方式可供选择的情形，如果不是因为一个社会的纠纷解决机制不够完美健全，就是因为纠纷当事人的优化选择的主观意识比较淡薄，其最终的结果必然会导致纠纷的解决陷入难以自拔的泥潭。而对于纠纷的解决者来说，如果优化选择意识淡薄或者水平较差，则极有可能造成纠纷案件长期拖延，导致案件积压，引发当事人的不满，进而摧垮当事人对已经构建的纠纷解决机制的信心，搁置该纠纷解决机制，损毁纠纷解决制度的权威。那么，究竟选择什么样的方式解决纠纷才能达到最优化的效果？一般来说，有两个方面的因素是必须考虑的，即解决纠纷的终极目的及其机会成本。这里所说的终极目的，在当事人的角度和在纠纷解决者的角度可能存在较大的差异，当事人的终极目的大多取决于其自身利益的追求，求得自身利益的最大化，而纠纷解决者的目的则应当是带有全局性和客观性因素的，往往需要带有更高远的目的。至于这两方主体的终极目的哪一方在纠纷解决方式选择中占主导因素，一定程度上是由纠纷的类型和社会影响程度决定的，往往是公权性纠纷、社会影响较大的纠纷，其选择上应取决于纠纷解决者这一方的终极目的，该方的目的一般不仅在于个案纠纷的解决，多还有高远、宏大的目的。至于机会成本，则是指在面临多种选择方案时，应当估算作出其中一种选择可能会造成的损失的大小，当然，这需要充分估计各种可能的变数，甚至要经过详细的计算，最后才能确定一个最佳的方案。

选择意味着主体根据一定的前提条件或者为满足某种需要通过对待选对象进行横向比较从而确定一定方案的过程。因此，纠纷解决方式的选择机制就应当包括待选对象、选择条件和选择主体这样三个要素，其中，待选对象就是各种纠纷解决方式，选择条件是指纠纷的表现形态，选择主体在这里即包括纠纷当事人和纠纷解决者。

首先，从待选对象看，纠纷解决方式的选择方案是围绕着和解、调解、仲裁和诉讼经过慎重的比较和多方面因素的衡量之后加以确定的。其中，和解主要是在当事人之间通过直接的对话或谈判使纠纷得到解决；调解则是在第三者的参与之下，通过第三者的说服、规劝或者斡旋使纠纷得到化解；而仲裁与诉讼这两种解决方式具有第三方裁决的共性，所以我们可以从第三方裁决这个意义上将这两种纠纷解决方式看作同一类的纠纷解决式，同时，在仲裁与诉讼方式中，还存在通过调解方式解决纠纷的可能性。

其次，从选择条件看，纠纷的表现形态一般有三种情形。第一种情形属于事实争议不大，且不存在实现权利的障碍的情形；第二种情形属于事实争议不大，但却存在实现权利的障碍的情形；第三种情形则属于事实争议较大的情形。在第三种情形下，理论上认为是否存在实现权利的障碍已经不再是矛盾的主要方面，因此，可以不考虑是否存在实现权利的障碍问题。而在纠纷的解决过程中，作为纠纷的解决者所要考虑的选择条件则主要取决于纠纷的表现形态是否与法律规范相抵触。

再次，从选择主体看，包括纠纷当事人和纠纷解决者两个主体。纠纷当事人对纠纷解决方式的选择一般是在纠纷发生以后，进入纠纷解决程序以前所进行的，但是，在一定的情况下，根据纠纷表现形态的变化在纠纷解决的过程中，当事人仍然可以进行二次选择，而在纠纷解决机制的具体程序设计中，这种二次选择的做法是被允许的。而作为纠纷解决者，尽管拥有有限制的选择权，还是可以对纠纷解决方式的选择大有作为的。一般来说，事实如果相对清楚，调解的可能性较大；事实争议较大，则调解的可能性较小。这个规律还是可以适用的。同时，纠纷解决者还需要考虑社会效果和法律秩序问题。对于事实争议不大，且与法律秩序不存在冲突的纠纷，应当尽可能地进行调解，只有在调解无效的情况下才作出裁决；对于事实争议虽然不大，但是与法律秩序存在冲突的纠纷，以及事实争议较大的纠纷，则不宜强制调解，而应当以法律的名义作出裁决。当然，在解决者进行必要的释明之后，如果当事人接受调解，也可以选择调解方式。

四、纠纷解决机制建构及纠纷解决方式选择应考量的因素

一定程度上说，人类社会的发展史也可以看作是一部解决纷争、探寻社会关系和谐、社会秩序井然的历史。从原始社会对各种各样的社会纷争均一律采取同态复仇这一单一的解决方式始，发展到现今，人们针对社会纠纷根据性质不同加以分类，将形形色色的社会纠纷划分为因犯罪行为而引发的刑事纠纷；因民事侵权行为、民事违法或违约行为，因民事关系发

生争执等原因而引发的民事纠纷；因行政机关行使公共管理权或公共服务职能而与被管理、被服务的行政相对人间发生的行政纠纷。针对不同类型、不同性质的三类社会纠纷，人们分别建构了各不一致的纠纷解决机制，比如以行政复议、行政诉讼为机制的行政纠纷（"官民"纠纷）解决机制；以和解、调解、仲裁、诉讼等方式共同构成的民事纠纷解决机制；以诉讼为主要处理方式，同时附之以对法定的自诉类刑事案件可以适用和解、调解方式进行争执化解的刑事纠纷解决机制。在每一类型的纠纷解决机制框架体系内又各分别设立了内容有别、程序要求不完全一样的各纠纷解决方式。比如在对刑事纠纷进行解决的刑事诉讼机制框架内，设置了针对刑事公诉案件进行解决的法院裁判这一解决方式，同时也还设置了针对刑事自诉类案件进行解决的刑事和解、第三人调解、特定机关或组织调解等纠纷解决方式。另外，笔者以为，在刑事自诉案件的诉讼处理过程中，针对受害人起诉了的刑事自诉案件，人民法院也可以在刑事案件受害人与刑事被告人之间依据自愿、合法的原则进行调解，即诉讼中的调解这一解决方式，对刑事自诉案件的解决是完全可以适用的；针对民事纠纷的解决，其解决方式就更灵活多样化了，和解、普通私人身份主体进行的调解、行政调解、人民调解、民事仲裁、民事诉讼等均可以成为民事纠纷的解决方式，即使在民事诉讼机制下，解决民事纠纷的方式也还有诉讼调解和司法裁判等纠纷解决方式。行政纠纷的解决方式也有多种。不同类型纠纷的解决机制不尽相同，解决方式也存在差别，这一客观法律现象值得我们深思及进一步追问的是：为何不同类型的社会纠纷，其解决机制构建不同，其纠纷解决的方式是不一样的？或者说我们有必要进一步探究决定或影响纠纷解决机制建构、纠纷解决方式选择的因素有哪些。笔者认为对这一问题的探究与解决是建构纠纷解决机制、选择纠纷解决方式的基础性问题。在对行政交叉或行政空白解决机制、解决方式施以理论上的具体建构和专门选择之初，笔者试图先来清晰这一问题。

（一）纠纷的性质

纠纷的性质可以从不同角度加以解释，笔者论述的纠纷的性质特指该类纠纷是属于公权（益）性质的纠纷还是属于私权（益）性质的纠纷。所谓公权（益）性质的纠纷是指公权力在运行过程中所引发的纠纷，该性质的纠纷牵涉到社会公共利益，对社会公共秩序将发生一定程度的影响，纠纷主体的一方必须有公权力行使的主体，对该类纠纷的处理，缘于公权力行使主体并无私自处分所握有公权力的能力，并没有自己自由赋权自己或他方主体公权力事项的资格，所以并没有和解解决存在的空间，因为和解这一解决纠纷主体方式选择的基础是当事人双方的互谅互让，当事人双方的互相让步，在公权（益）性质纠纷解决过程中，公权力行使主体是没有退步、让步资格和能力的，因此不可以经由和解方式解决公权（益）性质纠纷案件。和解方式的不可使用也决定了调解方式是无法选用的，因为调解与和解在纠纷解决奏效问题上，均决定于当事双方的自愿谅让，只是调解方式增加了一方主体的说和、沟通、做思想工作罢了，调解成功仍然取决于当事人双方的退让，总之，公权（益）纠纷的性质决定了和解、调解不可以成为公权（益）纠纷的解决方式。行政机关间权限争议，争议当事双方均是公权力掌握的主体，只是他们所握有的公权力事项和内容不同罢了，但当事双方的公权力从权限法定这一最基本的法治原则出发，均不可以私自处分自己已获得授权的公权力，也没有资格将未授予自己行使的公权力揽归自己或决定分配给其他公权力机关，所以从行政机关间权限争议的公权（益）性质上论，和解、调解方式在行政机关间权限争议解决方面是没有用武之地的。

私权（益）性质纠纷，是因个人私权行使或不行使而与另一个私权主体引发的纠纷。私权（益）性质纠纷最典型的就是民事纠纷，民事私权是可以放弃、可以自由处分的，除非民事私权的放弃与处分有悖社会伦理或违背国家法律的强行性规定，一般而言，国家对私权处分采取了不干涉主义，极大程度地尊重当事人的自由处分权，对当事人私权及其引发的民事纠纷不作干涉或不作过多干涉，不仅是市场经济条件下应遵循的原则，即便是计划经济体制下，国家也须秉承这一做法。私权空间的被干预将会使私人主体地位丧失，主体独立地位的不存在将导致人不是真正意义的法律关系的主体，而这将是历史的倒退，文明的没落。总之，私权（益）性质的纠纷，在处理过程中，当事人任何一方或双方均有退让的可能，在双方当事人中间进行调解、斡旋的空间是存在的，任何一方或双方当事人的让步，均不会对社会公共利益产生消极影响，不会对社会秩序进行破坏，所以当事人双方的和解或者第三方进行的调解作为对私权（益）性质纠纷的解决方式往往是可以的，并且还因为其有助于未来双方当事人的和谐相处，不动用或少耗费国家公权力资源，所以和解、调解等方式是值得提倡的。法治社会发展的今天，和解、调解作为私权（益）性质的纠纷的解决方式，经由规范化引导，重获了极广阔的发展空间。有的民事纠纷，没有经过和解或调解方式的解决是不可以经由正式说理型机制比如诉讼机制解决的，亦即在法律规定下，和解、调解被视为是民事诉讼解决机制采用的前置性程序。值得一提的是，对公权（益）性质纠纷的处理，和解、调解等解决方式不可选用，与和解、调解实质上相同的别的解决方式比如协调、协商等解决问题的方式也不可以用来解决行政机关间权限争议。

（二）纠纷解决的社会后果或社会影响力

任何纠纷的解决均有一定的社会后果或可以说都有一定的社会影响力，而不仅仅是对纠纷双方当事人产生影响，当然纠纷解决存在社会影响力大小或社会后果轻重程度有区别，这一点是不可否认的客观现实。如果对一件事情的处理其社会后果较重或社会影响力较大、意义较深远，对该问题（该纠纷）的解决就一定要认真慎重，绝对草率马虎不得，否则将会出现更大社会问题，增添更大的麻烦，造成极大的不便，乃至可能会对社会和谐与稳定产生威胁。相反，对一件事情的处理其社会后果较轻，社会影响力较小、意义也不大，或者更妥帖地说对该类纠纷的解决仅有个案意义，仅影响到当事者本人或极少范围的主体，从追求社会效益、节约社会成本角度，一般情况下可采取相对较灵活、较简便易行的处理方式，纠纷解决之刻板的程序运作、规范的对抗制模式并不是完全必需的。比如，绝大多数民事纠纷的解决主要在追求个案公正，其案件解决的社会效果虽不可说没有，但与个案公正解决的效果及追求相比较，笔者认为更值得、更应该追求的是单个民事纠纷的妥当消解，特别是在施以非诉讼机制对单个民事案件进行解决时，对个案妥当处理这一目的的追求及结果的达至很重要，因为民事纠纷的当事人付诸某个纠纷机制解决自己的民事权益争议，理所当然是求得对自己争议案件的妥当处理，不考虑妥当处理本案而顾及太多社会效果，当事人是不会诉求某特定解决机制的。一般而言，民事争议或轻微刑事案件引发的刑事争议，其解决的影响力是针对单个案件发生影响，后果往往及于案件的当事人，对未来的社会关系不发生影响，或者发生的影响极为有限。笔者认为，对该类纠纷的解决，在设计解决机制时，可依次先采取较便易的解决机制，再逐步过渡到较正式、正式的解决机制，具体而言，笔者认为对此类纠纷的解决，从经济理性的角度论，可逐步适用和解，再到调解，再到不太正式的论辩说理机制，最后至正式、严格程序的论辩说理机制。行政交叉或行政空白案件的解决，其结果实质上是对诉争公权力归属的判定，亦即将某项公权力交于某一专门国家行政机关行使，而不赋予另外一个国家行政机关。笔者认为此结果或影响力是巨大的，权力一经赋予，将会影响到与此权力相关的社会公共管理事项，将会决定与此权力相对的被行使管理或被行政服务的相对人，适合的行政机关赋予了恰当的权力，那么该行政机关将会有能力为社会提供优质、高效的行政服务，或对相对人公共管理事项从事尽善尽美的妥当管理，相反将某项公共管理权力赋予不合适、不称职、无相应管理与服务能力的行政机关，可想而知，该行政机关所提供的管理质量、服务结果会是极不尽人意的，如此一来将会妨碍行政的整体效益与质量，损减行政效能。同时对某项行政权力归属的判定一经明确，该权力在一定期限内非经法定机关，经由法定程序不得撤销，亦即一般情况下，这项诉争的权力相对稳定地隶属于所判定机关，所以行政交叉或行政空白的解决看似处理个案，实际上已形成了权力归属判定的依据或法则，如此一来，对行政交叉或行政空白的解决其影响力是深远的，其结果是严重的，这就要求对行政交叉或行政空白的解决在一般情况下其解决机制应该充斥着对话说理，需要更多的人参加到解决机制中来，更大程度地发挥大家的智慧，依靠民主的力量。当然行政交叉或行政空白解决的严重后果及影响力，也决定了对该类争议高效及时解决是十分必要的，因为公共权力没有归属的明确且权威的判定，也就意味着诉争的公共事项处在管理真空状态之下，该无人管的现象显然不利于整体社会的和谐及稳定与健康发展，所以在如何坚持对话说理型解决模式，如何实现较多人员参与，以及参与到何种程度、深度等问题上，应该有相对较灵活的措施，比如对话说理可以采取面对面方式，也可以采取书面形式，也可以使用两者相互配合的形式等。

（三）纠纷当事人（主体）及其关系

纠纷的主体即纠纷当事人及其间的关系对纠纷解决机制的建构，对纠纷解决方式选择的影响是显而易见的。熟人社会下，熟人之间发生的大多数不甚严重的纠纷的解决，往往不必要采取严格而正式的解决程序，一般情况下，只有在非正式解决机制无法解决时，才开始采取正式严格程序、正式的解决机制进行解决。另外，熟人间发生的纷争，往往首先借助内部机制进行解决，或者尽量极尽、充分发挥内部机制的潜力和解纷功力，只有在内部解纷机制不奏效的情形下，才考虑将纠纷的解决求助于外部机制。因为比较而言，内部机制的解决既经济又快捷，也往往更奏效，不大容易出现不良后果，执行起来相对更通畅。相反，毫不相识的当事者之间发生的纠纷，往往一是一，二是二，处理起来必须一步一步按章办事，不相识的当事者之间发生的纠纷也无法构造内部机制，因为他们间的关系疏远，行政交叉或行政空白是公权力间的争议，该类争议影响巨大，对其如何解决、解决结果理性与否意义深远，这就一定程度排除了十分灵活的机制在行政交叉或行政空白解决问题上使用的可行性，但笔者认为，我们并不能因为争议解决机制的正式或争议解决程序的相对严格而否认内部机制在行政交叉或行政空白解决问题上建构的可能。正如上文所论，行政交叉或行政空白，意味着争议的主体即争议的双方当事人不仅都属于国家公权力机关，而且还更密切地属于公共管理或公共服务即行政权行使这一特定机关系统内，它们相互间的关系是比较密切的，有的直接隶属于同一政府的直接领导下，是平权型关系，两者的关系可类比为兄弟姐妹间关系，这就决定了对行政交叉或行政空白的解决应该坚持行政系统内部先行处理原则，只有在行政系统内部机制无法解决，或解决之后争议双方当事人均不满意解决结果提出明确请求或者争议当事人一方不服争议解决结果而提出明确请求时，才启用行政交叉或行政空白的外部解决机制。值得强调的是，同是行政机关内部的不同行政机关之间，它们的关系在不同的政治体制下，在法律确定不同关系的前提下，其关系的松散联系程度也十分不一样，比如在美国等实行联邦制的国家，其不同州之间的关系，乃至中央与各个州之间的关系，实际上它们各自具有极大的独立性，主体地位十分明显突出，一定程度上说它们间的关系甚或可称作外部关系，用行政系统内部机制来处理它们间的权限争议，倒并非一定要先行的，笔者认为可赋之于权限争议当事人自由选择的权利，可以诉请内部机制解决，也可以诉请外部机制解决，两者都选择的可考虑由最先立案的机制解决，若果最先立案的是行政系统内部机制，在内部机制处理结果出来以后的法定时间内，当事人不服内部机制关于权限归属的判定还可以诉请外部机制施以措施。我们国家行政系统内部间的关系也是比较复杂的。普通省级行政区与中央政府的关系，某个省普通地、市、县、乡、镇间的关系，或某个行政单位下（一级政府）的绝大多数职能部门间的关系，是比较密切的，上下级之间甚或是单向的命令与服从关系，不具有隶属关系的平级行政机关之间也多强调合作与协调，对这些关系比较密切的行政机关间发生的行政交叉或行政空白的解决，应该遵循行政系统内部机制先行处理原则，没有经过行政系统内部的处理或者在内部处理机关没有放弃或并不懈怠行使权限争议处理权限的前提下，外部处理机制不得启用。而有的国家行政机关间的关系，比如中央政府与特别行政区政府与民族自治地方政府，以及他们相互之间的关系，海关、外汇监管等中央垂直管理的机构与一般的政府职能部门之间的关系，实行省垂直领导的部门与一般的政府职能部门之间的关系，中央垂直部门与省垂直管理的部门之间，以及中央垂直管理部门相互之间等，这些国家行政机关间的关系一定程度上说并不很密切，对它们之间行政交叉或行政空白的处理可以采取自由选择原则，没有必要强求行政系统内部解决先行原则。

（四）纠纷产生的原因

正如医生看病必须弄清病因再对症下药一样，明确纠纷产生的原因，对纠纷解决机制的建构及纠纷解决方式的选择的影响是不言而喻的。比如同是民事纠纷，因财产权益争议而引发的合同纠纷，其纠纷解决机制要灵活于因亲子关系而引发的民事纠纷，即便在同使用诉讼机制问题上，现行立法对财产合同纠纷案件的处理，赋予了纠纷当事人灵活选择管理法院的权利。再比如因为刑事纠纷，因轻刑犯罪引发的刑事纠纷，其处理方式不同于因重大犯罪而引发的刑事纠纷，轻刑犯罪而引发的刑事纠纷处理方式灵活得多，而重大犯罪而引发的刑事纠纷，纠纷双方当事人即刑事案件受害人与刑事被告人不存在任何自由处分罪与刑的可能空间。当今中国行政交叉或行政空白产生的原因是十分复杂的。总之，笔者认为行政交叉或行政空白在中国最主要的原因是缘于立法原因造成的，要么是针对某一特定的需要，行政权力干预的事项出现了立法空白，要么是在某公共管理事项管理，权限的立法上出现了立法不周延或立法矛盾不科学，或所立之法容易出现理解上的分歧等，对这些问题的解决最终要仰仗立法来破解。虽然在现实情况下，根据我国宪法和机关组织法的规定，有权为行政机关的权限进行立法、有权对公共管理权力进行分配的国家机关既有国家权力机关包括各级（县级以上）人大及其常委会，也有作为行政机关的一级（县级以上）政府，但客观地说，大量的关于行政机关间职权规定与分配的具体立法实际上是由一级（县级以上）政府制定的。站在这个角度上看，对行政交叉或行政空白解决的机关，基于行政系统内部视角应该是一级政府（县级以上），政府的任何职能部门，从现行立法规定来看是不具备解决行政交叉或行政空白能力的。当然县级以上政府可以将相应解决行政交叉或行政空白事务的权力委诸专门设立的代表政府的部门，让该部门以政府的名义解决相应机关间发生的行政交叉或行政空白案件（有的是在现行立法有比较明确规定的情况下，不同的国家行政机关为了自己的部门利益、小团体利益或地方利益而超越职权或滥用职权或者不积极认真行使自己的职权而引发的行政交叉或行政空白，但这种情况下，从我国已经发生的行政交叉或行政空白实践来看，相关机关往往以法律为借口，标榜自己行使或不行使相应行政权力是依法办事的，所以此种情况下争议的解决说到底还是需对法进行清晰解释、明确规定的问题）。

值得进一步强调的是，笔者认为从行政交叉或行政空白产生的原因上推理，解决行政交叉或行政空白的机关是县级以上人民政府，但这仅仅是基于行政系统内部机制而言的，从外部机制而言，我们还必须经由一定的方式，吸收权力机关成员参与行政交叉或行政空白的解决过程中来，让其发挥实质性的影响作用，因为归根结底上论，行政权力的整体是权力机关授予的，是权力机关经由法律形式授予的。如何在外部机制建构时，吸收权力机关的参与，让它们发挥实质性作用，笔者将在下文中展开论述。

（五）纠纷解决的目的

目的是一个十分重要的哲学范畴。学者夏甄陶认为："人是真正通过自己有意识、有目的的活动来创造自己的历史。因为人能把自己的活动过程和活动结果都当作意识的对象加以把握。"① 所以，目的是人类历史发展的原动力，目的推动着人类社会的进步。善良的目的、高尚的动机推动着人类社会的完美和谐。对法与制度或规则的目的，德国法学家耶林指出："目的是全部法律的创造者，每条法律规则的产生都源于一种目的，即一种实际的动机。"② 总之，不论从哲学视角，还是法学视角，目的对纠纷解决机制的建构，对纠纷解决方式的选择的影响是显然的。表面而言，纠纷解决机制建构，纠纷解决方式的择取的最初步最直接目的是为解决特定类型的纠纷，但客观上说纠纷解决机制的建构、纠纷解决方式的选择的目的，远不仅仅是为了单纯解决纠纷，单纯为了解决纠纷并不符合人类活动目的的复杂性，或者说这一目的是十分低等的，不吻合人类活动的特征，不契合人的本性。比如，站在纠纷解决这一单纯的目的而论，诉讼机制中的公开审判模式，尤其是面向社会公开，允许群众旁听法庭，允许记者采访报道等做法措施倒并不是必需的，采取这些做法更重要的目的是扩大诉讼机制解决纠纷的社会效果，对行使纠纷解决权的审判机关进行监督。在诉讼解决机制里，处理纠纷的一审模式可以吸收人民陪审员进行审理，拿出审理决定，这一做法采用的目的，主要也不是为了对纠纷的解决，其更重要的目的是为了增强纠纷解决机制的民主因子，是倡导民主，践行民主的措施。总之，任何纠纷解决机制的建构、任何纠纷解决方式的选择，除了满足该类纠纷妥当解决目的之外，还应该有更高远、更复杂的目的。行政交叉或行政空白解决机制的建构、解决方式的选择，其目的也不应仅仅局限于行政交叉或行政空白的理性高效解决，同样也应该有更宏大的追求、高远的目的。那么其目的应该是什么呢？笔者认为行政交叉或行政空白作为一种客观现象被法律调控是极为必需的，站在法律部门分类的角度解决行政交叉或行政空白的法当属于行政机关组织法的范畴，所以构建行政交叉或行

---

① 夏甄陶：《关于目的哲学》，上海人民出版社 1982 年版，第 3 页．

② 转引自［美］彼得·E.博登海默：《法理学 – 法律哲学与法律方法》，邓正来译，中国政法大学出版社 1999 年版，第 115 页．

政空白的解决机制、选择行政交叉或行政空白的解决方式实质上是服务于行政机关组织法的完善。特别是在我国行政机关组织法极不完善的情况下，将行政交叉或行政空白机制建构、其解决方式选择的目的之一定位为完善我国的行政机关组织法，其意义是深远而现实的。我国目前的行政机关机构设置、职权划分存在职责不清、相互冲突、交叉重叠等不正常现象，具体表现为：有的领域"八顶大盖帽，管着一顶小草帽"，这些管理部门不分主次都要发证、收费、管理，造成政出多门、重复执法；有些领域主管机关不明，权限不清，职责不分，各职能部门都认为多一事不如少一事，形成管理"死角"；有些领域各职能部门各管一段，各自为政，互不通气，缺乏协调。在当今行政管理实践中形成重叠交叉、空白的原因多是因为行政机关组织法方面的问题，表现在行政职能部门的设置相对随意，缺乏严密的组织法规范，不同的组织法规范对同类事项确定的主管机关不一致，职能分工不统一，等等。完备而科学的行政组织法是依法行政的组织保障和法制前提，在行政交叉或行政空白解决机制建构时，必须将行政机关组织法的完善作为其追求的目的之一。行政机关组织法属于宪法性法律，笔者认为行政机关组织法的完备应是权力机关的职责所在，也可以说是权力机关的职权事项。另外，"权利法定"是现代社会实施法治战略国家所普遍遵循的一项原则，所以在规范层面上，权力来源于权力机关所制定的法律，只有法律才是权力存在的合法性基础和运行依据，法律是一切权力的来源①，作为权力之一的行政权力当然也不例外。在当今中国，授予配置行政机关权力的法律主要由《宪法》《地方各级人民代表大会和地方各级人民政府组织法》《国务院组织法》等宪法和宪法性法律从总体上架构的，这些级别的法是具体行政权力内容规定的法规、规章立法的依据，而宪法和宪法性法律的制定、修改、补充完善的权力是属于人民的代议机关，在我国即是属于人民代表大会和人民代表大会常务委员会的权力。所以，为了使行

①叶必丰：《国家权力的直接来源：法律》，载《长江日报》1998年6月8日第3版.

政交叉或行政空白解决机制的建构实现完备行政机关组织法这一目的，无疑说应该邀请权力机关的成员参加到行政交叉或行政空白的解决过程中来，让他们真切地感受到行政交叉或行政空白的现实及其所造成的危害，让他们丰富处理行政交叉或行政空白解决的经验与实践，进而通过此方式，督促权力机关积极作为，为行政机关组织法的完善而开展有效的立法活动。

　　行政交叉或行政空白解决机制的建构、解决方式的选择最终是服务于依法行政或行政法治，所以，笔者认为促进行政法治水准，实现依法行政是行政交叉或行政空白解决机制建构、解决方式选择的更高远目的。依法治国，建设社会主义法治国家是我国宪法所明文确定的基本的治国策略，行政法治是法治在行政机关领域的回应和展开，同时，行政法治是依法治国的核心和至关重要的环节，也是我国厉行法治、建设法治国家的重要举措。在传统的机械消极行政时代，各国普遍奉行政府行政应该消极无为，管得最少的政府就是最好的政府，政府实施无为而治，行政机关实施行政权力的行为，严格遵循法律厘定的边界，决不可逾越边界一步，无法律既无行政，不侵害权利就被视作在对权利进行的消极保护。随着时代的发展，在市场经济时代，社会民众对行政机关的诉求愈来愈多，消极无为行政不再适合社会的需要，所以能动、积极的行政时代到来了，国家必须向公民提供基本的生存照顾，同时也必须为公民的发展、为社会的进步努力作为，行政权因具有比较优势而成为建设福利国家的生力军、排头兵。日本学者南博方认为，现代行政"不仅仅是国家的手足，它肩负着国民所托付的职责，是能动地实施政策的活动体"①。当代时代，行政权一方面不得随意涉足私人自治的事项，侵害公民私人权利，另一方面还必须积极主动地为公民为社会提供周到且高质量的服务，增进公民的福祉。因此在能动行政的时代，行政交叉或行政空白的解决这原本属于行政事项所引发的争议问题，不能不发挥行政机关自身的解纷能力。再者通过行政机关解决行政交叉或

---

　　①［日］南博方：《日本行政法》，杨建顺译，中国人民大学出版社 1998 年版，第 10 页．

行政空白活动，还可以使行政机关真实地体会到依法行政的重大意义，因为依法行政、行政法治均是对行政机关行为的要求或规范，只有让行政机关真实地感受到行政交叉或行政空白对依法行政、对行政法治实现的危害，才可以从另一方面督促行政机关树立依法行政的理念，并在行政实务工作中真正践行法治。为了达到这一目的，行政交叉或行政空白的解决机制不可缺少行政内部机制，或者说行政内部机制作为行政交叉或行政空白解决机制可以促进行政机关依法行政。

（六）纠纷解决的实践及其积累的经验

任何制度的建构都不能脱离或超越现实。制度之间脱离实际，主观进行人为创造，甚至生硬照搬照抄国外的规定是不奏效的，这一点是早已被中国法制发展史所证明了，笔者在此毋庸论证。同理，建构中国的行政交叉或行政空白、选择中国行政交叉或行政空白的解决方式也绝不能脱离中国的实际，尤其是中国的行政交叉或行政空白解决的实际。脱离中国实际的纯理论纯主观主义所创设的争议解决机制一方面在现实生活的纠纷解决实践运用中一定会碰壁无法行得通，另一方面抛开既有的实践经验积累另辟他径，创设崭新的行政交叉或行政空白解决机制也不合乎理性、不经济。实际上，行政交叉或行政空白作为一种客观现象，随着国家行政间分工的出现，在任何国家任何地区都存在，只是在我国专制集权的历史时期，对行政交叉或行政空白的解决完全由行政长官个人意志决定，由上级领导全权处理，不存在现代意义上的相对民主公正的争议解决机制。在新中国成立以后的很长一段时期，我国实行的是高度集中计划经济，上下行政机关间决定与被决定、命令与服从的组织关系与组织原则是必须坚持的，那时，我国行政交叉或行政空白现象并不十分显现于众人面前，行政交叉或行政空白的解决及其过程没有被披露，故而未能引起学界关注。我国行政交叉或行政空白现象公开化继而进入学者研究的视野始自 20 世纪 80 年代中期，在 20 世纪 80 年代前后，针对行政交叉或行政空白的解决，我国中央和不少地方政府也探索了许多实践做法，以期厘定行政交叉或行政空白，维持行政机关整体的协调和谐，以更高效、更优质地为全社会、为大众提供管理和服务。这些实践做法，虽然各有一定的不尽如人意，但都有值得肯定的地方，一定可以成为我国未来崭新、科学、理性、高效、公正的行政交叉或行政空白解决机制建构的现实基础。下面择要简单作一介绍，其目的服务于本文的论证：

其一，领导小组。我国目前的行政执法现状是过于强调条条管理，针对这个问题，有学者以为："长期以来，我国过于强调条条管理，法律、法规所规定的行政执法权需由相应的政府职能部门来行使，这就出现制定一部法律、法规，就设有一个执法部门，增加一支执法队伍的现象，随着法律、法规等越来越多，执法部门就越来越多，队伍也越分越细，形成各部门分类把手，各管一摊的局面，导致部门林立，多头执法的行政管理体制。"[①] 为了解决现实中客观存在的各部门各自为政，相互之间缺乏衔接，少有沟通、配合、协调等弊端，避免有利之事相关不同行政机关争着管，无利之事相关不同行政机关推出去不管的现象，为了更好地整合行政力量，发挥行政机关整体合力的优势，中央和地方各级人民政府在行政执法实践中广泛采取了成立领导小组的做法，统一部署各部门齐抓共管的行政管理事项，协调行政管理执法行为，同时也对执法过程中发生的行政交叉或行政空白现象进行处理，化解行政交叉或行政空白。比如，北京市人民政府在 2003 年 12 月成立了北京市食品安全领导小组，其成员单位包括北京市政府的相关 16 个所属部门和中央与食品安全有关的部门。2005 年 7 月北京市食品安全领导小组正式提升为北京市食品安全委员会，由市政府的一位副市长任委员会主任。领导小组下设食品安全监督协调办公室，作为北京市人民政府常设的负责食品安全综合监督、组织协调和依法组织对重大事故查处的办事机构。食品安全监督协调办公室的主要职能有：研究提出

---

① 石佑启等：《论行政体制改革与行政法治》，北京大学出版社 2009 年版，第 330 页．

本市整顿和规范市场经济秩序的工作建议、协调有关部门开展专项整治工作、督促有关重大案件的查处工作。从北京市食品安全领导小组或委员会以及食品安全监督协调办公室的职能分工和工作职责以及实际运作情况可以看出，通过成立领导小组，统一部署各成员单位的工作，真正做到齐抓共管，在保护食品安全方面起到了重要作用。数据显示，通过食品安全监督领导小组的工作，相关行政机关之间的行政交叉或行政空白现象少了不少，即使有了行政交叉或行政空白现象，领导小组也可以较快速地反应，施以解决。上海市也有类似的做法，2007 年上海市政府成立了产品质量与食品安全监督小组。2007 年 8 月，为切实加强产品质量和食品安全工作，国务院专门成立了国务院产品质量和食品安全领导小组。另外中央政府和地方政府所成立各式各样的领导小组还有很多，不一一枚举。

其二，联席会议。联席会议制度，是没有行政隶属关系的行政机关间为了完成某一方面的工作任务而采取的一种协作方式。在我国，由于立法原因，某一方面的监督管理事项，现行法律法规授予了不同的国家行政机关齐抓共管，但现行法律法规又并未将相互之间权责的界限厘定清晰，不同的国家行政机关在行政过程中，极容易出现职权交叉，发生行政交叉。为了防止权限争议现象的出现，同时也为了在一旦出现行政交叉或行政空白案件时能迅速地定纷止争，联席会议制度作为现实中运行的制度而出现，并被用来解决行政交叉或行政空白案件。通常情况下，联席会议制度在上级人民政府的指导下，由一方行政机关牵头，相关行政机关各方均应参与，以召开会议的形式，以化解权限争议，达成共识，形成协议，用来指导各共同参加行政机关的工作，以使它们能够清晰地分工，密切地合作，共同实现行政管理目标。联席会议下设办公室，承担日常工作，联席会议不定期召开会议，联席会议所议定的事项也以会议纪要的形式印发给有关方面并抄报国务院，联席会议制度对于相关行政机关间权限职责的明确起了重大作用。在地方政府的行政管理实践中，也存在着联席会议制度，湖南省第一次以政府规章的形式确定了联席会议制度。《湖南省行政程序规定》第

16 条提出，行政管理事项牵涉到多个政府相关职能部门的，可以建立由主要部门牵头，其他相关部门共同参加的部门联席会议制度。部门联席会议制度应当明确哪个部门是牵头部门、有哪些相关部门参加、联席会议的工作职责以及工作规则等事项。联席会议协商不成的事项，由牵头部门将相关部门的意见、所说明的理由以及相应的依据明确提出来，汇总之后，报本级人民政府决定。在各地方的行政管理实践中，联席会议制度也越来越受到重视，在此不一一列举。联席会议制度，由于其体现了相关职能部门的协作、配合，同时因为不增加机构编制，也不虚置相关行政机关，在实践中得到了较高的肯定。但联席会议制度的局限性也恰恰在于其协作、合作，有时为了一个争议事项的解决，多次召开联席会议，难免会影响行政效率的提高。另外，联席会议所形成的会议纪要实际上是一种协议，缺乏强制力尤其是没有法律上的强制力和保障实施的机制。总之联席会议的权威性不够和议事的低效率是该制度最大的弊端。

其三，行政诉讼第三人制度。行政诉讼第三人制度具有极丰富的价值功能，除了该制度有利于简化诉讼程序、促进诉讼经济外，更为重要的价值功能是该制度有助于保障第三人的合法权益，彰显了程序公正和程序正义。

如果某一公民、法人或其他组织与行政诉讼案件有利害关系，而无法参加到诉讼中来，其权益受到损害时将无法得到补救。根据程序公正原则的基本要求，如果一个具有法律效力的裁决将要涉及或影响某一公民、法人或其他组织的权利及义务，就必须给予该受影响的主体表明其意见的机会，除非法律有相反的规定。也就是说，在法律没有明确的排除性规定的情形下，未经正当程序，任何机关都不能给公民、法人或其他组织增加义务，也不能限制更绝对不得剥夺公民、法人或其他组织的权利。只有在给予听证的权利时，公民才有机会听取对其不利的证词，提出反驳意见，主张其权利，随时提供对其有利的证据，并为自己所主张的权益陈述意见或者参与辩论。如果公民没有机会参与这个过程，就可能产生以下几种情况：

（1）由于没有利害关系人的参与，原被告双方可能在诉讼中牺牲作为第三人的利害关系人的利益；（2）由于诉讼是在有利害关系人一方不在场的情况下进行的，而原被告双方就一般情况而论只提供能够证明自己主张的证据，可能致使法院无法全面、客观、准确地认定案件事实，进而有可能出现不正确的裁判或处理结论；（3）由于没有利害关系人的参加，在法律适用方面也有可能发生不利于该利害关系人的情况，或者使法院无法对被诉具体行政行为的法律适用进行全面的适用审查。无论哪一种情况的发生，裁判的结果将直接或间接地影响到该利害关系人的权利和义务。然而由于该利害关系人没有参加到诉讼中来，不是本案件的当事人，因而无权提出上诉，更没有办法申请再审而引起审判监督程序，其被损害的权益将无法通过正式法律程序获得补救。总之，行政诉讼第三人制度的确立及其现实适用有助于有效保障第三人的合法权益，有利于实现程序正义，第三人制度具有丰富的价值理性。有学者对行政诉讼第三人制度的价值进行了高度肯定，认为："第三人制度是尊重利害关系人权利的制度，是增强裁判确定性和稳定性的制度，是减少诉讼周折，从而实现诉讼最佳效益的制度。"①

　　学界对行政诉讼第三人制度进行了较深入的研究，其中关于行政诉讼第三人种类的研究，学者们基于不同的根据或分类标准将行政诉讼第三人进行了不同的划分，有一种分类就是将行政诉讼第三人分为类似原告地位的第三人和类似被告地位的第三人，认为所谓类似原告地位的第三人，是指在行政诉讼活动中享有的诉讼权利和承担的诉讼义务与原告类似的第三人，并对类似原告地位的第三人的情形进行了梳理，主要归结为六种情形。所谓类似被告地位的第三人，有学者认为是指在行政诉讼活动中享有的诉讼权利和承担的诉讼义务与被告类似的第三人，主要包括：（1）两个以上的行政机关共同作出行政行为，但是原告仅仅起诉其中的部分行政机关，法院要求原告追加其余行政机关作为共同被告，原告不同意的，法院通知

其余行政机关作为行政诉讼第三人参加诉讼。（2）两个以上行政机关作出相互矛盾的行政行为，未被控告的行政机关应当以第三人身份参加诉讼。[①]在类似被告地位第三人的第二种情形，即可能包含了行政交叉或行政空白案件这一情形，即在行政诉讼过程中，被认为是越权的行政机关或和被诉的行政机关在同一管理事项发生行政交叉或行政空白的机关，在普遍公民、法人和其他组织提起行政诉讼以后，在行政诉讼过程中由法院通知其参加诉讼或者其自己向法院申请参加到行政诉讼中来，由法院来对第三人与被告之间的行政交叉或行政空白作出判断与认定，或者法院在对被诉的具体行政行为进行裁判的同时，也即意味着一定程度上对第三人与被告间争议的行政权限作出了明确判定。

在对行政机关可不可以成为行政诉讼第三人问题的研究上，虽然学术界的看法不太一致，但相对来说持肯定答案观点的学者较多，我国行政法行政诉讼法知名学者罗豪才教授、马怀德教授、杨海坤教授、章志远教授、原最高人民法院江必新副院长等均认为，行政机关在作为行政主体身份出现时，也有可能成为行政诉讼的被告。马怀德教授认为："行政机关亦属于公民、法人或其他组织的范畴，《行政诉讼法》第 27 条规定的公民、法人或其他组织只是行政相对人的一个代称，应包括行政主体，行政主体可以作为行政诉讼第三人参加诉讼。"[②]罗豪才教授认为："在非领导关系的行政机关之间存在着利害关系，对同一原告的同一行为作出与被告互相矛盾决定而又不与被告存在领导关系的行政机关是必须参加诉讼的第三人。由于两个行政机关对原告的同一行为作出了相互矛盾的决定，使原告与其他行政机关之间已存在的行政法律关系同被诉行政行为有利害关系。这种利害关系仅限于不存在领导关系且职能不同的两个行政机关对原告的同一行为作出互相矛盾决定的情况。因为在这种情况下，不同职能的行政机关有各自不同的职权范围，作出行政行为的法律依据也有别，法院对行政行为合

① 王麟、王周户：《行政诉讼法》，法律出版社 2005 年版，第 149–150 页．
② 马怀德：《行政法制度建构与判例研究》，中国政法大学出版社 2000 年版，第 145 页．

法性的裁判，不可避免地要否定其中一个行政行为的合法性，这就使原告与另一行政机关之间的特定行政法律关系成为审查行政行为合法性所必须。而在有领导关系的上下级行政机关之间，由于上级行政机关对下级行政机关享有命令权、指挥权等权力，可以直接改变或撤销下级行政机关违法或不当的行政行为，所以当上级行政机关在对原告某一行为的处理否定了下级行政机关有关行政行为合法性时，属于上级行政机关的权限，下级行政机关应当服从，不存在与上级行政机关被诉行政行为的利害关系。"①笔者认为，随着时代的发展和诉讼理念的变迁，反对行政机关因行使行政职权而可能成为行政诉讼中的第三人的观点已经不合时宜。随着社会主义市场经济体制的逐步确立并日愈完善，随着权力下放的行政体制改革的纵深化推进，各个行政机关也有了自己愈来愈突出的独立地位，也有了各自独立的部门利益、互相有别的地域利益，有了自己的区别于别的行政机关的机关利益，这些均将使各个行政机关相互之间存在法律上的利害关系进而出现争议的概率或可能性逐渐加大，我们没有理由将行政机关排除在行政诉讼第三人范围之外，否则就极可能违背行政诉讼第三人制度确立的目的和宗旨。另外，行政机关可以作为行政诉讼第三人参加诉讼已有了明确的法依据，2017 年最高人民法院《若干问题解释》第 23 条第 2 款明文规定："应当追加被告而原告不同意的，人民法院应当通知其以第三人的身份参加诉讼。"最高人民法院的这一司法解释，肯定了行政机关可以因行使行政职权、履行行政职责而依法成为行政诉讼第三人。就行政交叉或行政空白案件而言，在大多数情况下是因为不同行政机关作出某一具体行政行为所依据的法律、法规、规章种类和效力不同，法院审查实际上也是行政主体是否适格、具体行政行为是否合法的问题。杨海坤、章志远认为："随着抽象行政行为纳入行政诉讼受案范围的可行性的增强，法院对这类行政职权争议案件的审查权就更加没有疑问了。如果不允许行政机关作为行政诉讼第

---

① 罗豪才:《行政审判问题研究》，北京大学出版社 1990 年版，第 158 页.

三人参加诉讼，就无法厘清他们之间的权限，不利于行政案件的审理和依法行政原则的贯彻，也不利于整个社会法制秩序的维护。"①

在我国行政交叉或行政空白解决的实践中，还有不少实际做法，比如近年来为了解决日益严重的行政交叉或行政空白，有些地方政府专门设立了行政执法协调部门，或者由政府的法制部门作为执法协调部门，建构了行政执法协调机制，解决行政交叉或行政空白案件。再比如，有的地方政府，按职能性质将相关部门组织在一起，成为一个新的行政主体，让相关成员部门各自让渡部分职能给新组成的执法委员会，新组成的此行政主体既有权进行综合性执法，也有权处理所组织的行政机关间发生的行政交叉或行政空白。

我国解决行政交叉或行政空白的实践告诉我们，现实中存在的各种解决机制、做法或措施，虽都有其种种不尽人意的地方，但不可否认的是行政交叉或行政空白解决的实践经验和做法也为我们未来科学理性的行政交叉或行政空白解决机制的建构、解决方式的选择奠定了基础，提供了丰富的经验借鉴。笔者认为，在可归纳的经验之中，以下几点是值得肯定的：其一，在行政交叉或行政空白解决机制体系中，行政机关内部解决机制是不可或缺的；其二，内部机制先行处理行政机关间发生的行政交叉或行政空白案件是应该奉行的一个基本原则；其三，行政交叉或行政空白内部解决机制的主导者或权限纠纷的解决主体应该是一级政府，由政府的职能部门来解决行政机关间的行政交叉或行政空白一般情况下是难以奏效的，因为大量的行政事务是由政府职能部门来从事的，因此行政交叉或行政空白也大多发生在政府的不同职能部门之间，让政府的职能部门来处理相对来说难以超然，而政府在这方面则超然得多；其四，行政交叉或行政空白的具体解决方式的选择问题上协商、调解、和解等方式往往不可采取，这一方面因为公权力的不可处分性，另一方面因为协调等的低效率高成本，不

①杨海坤、章志远：《行政诉讼法专题研究评述》，中国民主法制出版社2006年版，第259页．

利于行政法制秩序的迅速稳定，同时随着不同行政机关独立地位的增强，部门利益意识的增强，协商、和解等方式也实难真正解决行政交叉或行政空白；其五，在行政交叉或行政空白解决问题上，司法机关是可以发挥出较大、较实际功效的，经由诉讼方式解决行政交叉或行政空白案件在现实中是完全行得通的。

（七）纠纷主体关系的现状及其未来的发展趋势

在对纠纷解决机制做理论构建时，不得不顾及纠纷主体关系的现状及其未来的发展趋势，因为，纠纷解决的目的并不仅仅是个案的一次性处理，纠纷双方当事人未来还有可能再一次相遇，甚至他们之间未来的和谐共处、齐心协力更重要，意义深远。在这种情况下，构建纠纷解决机制时，必须考虑到这些因素。否则，解决了一次纠纷、争了一口气，可能造成纠纷双方未来的针锋相对或不相往来。一般而言，关系不甚密切、未来也较难再合作的当事人间的纠纷通过中立第三者按严格的正式说理论辩机制解决较奏效，相反可以先采取较灵活些的纠纷解决机制、适用较灵活的纠纷解决方式。20 世纪 80 年代以来，我国的经济体制改革轰轰烈烈，经济体制改革的深入以及其取得的世人瞩目的成就，引起了中国社会的变革与转型，进而直接推动了中国行政体制的改革与创新。为适应经济体制和社会的变化，中国政府在价值观念、职能调整、理顺关系、机构优化、完善机制、活化人力、依法行政等方面进行了一系列的探索、改革与创新。中国人民大学公共管理学院张成福教授将中国政府行政体制改革所取得的重要成就归纳为："通过不断调整和理顺治理关系，初步形成一个协调治理的基本格局。"[1] 在过去时代，受制于高度计划经济体制决定的全国上下一盘棋的思想的影响，行政机关及其工作人员在行政管理工作中发现了需要解决的问题，往往报请上级明示甚至消极静等上级的指令、命令，现在这种情

---

① 张成福：《变革时代的中国政府改革与创新》，载《中国人民大学学报》2008 年第 5 期.

况已经改变，由石亚军教授牵头，薛刚凌教授、傅广宛教授等组成的课题组承担的 2006 年国家社会科学基金重大课题"中国行政管理体制现状调查与改革研究"，课题组在 2007 年 8 月 1 日至 9 月 10 日，对上海市、重庆市、广东省、福建省、湖北省、山西省、吉林省等 14 个省、直辖市做的问卷调查显示，目前地方政府公务员的法治意识已经有了较大水平的提升，在执行上级机关的命令方面，不再如过去一样仅仅是上级命令的严格执行或者"传声筒"，他们开始重视法律在处理工作中所遇到的种种问题包括执行上级命令中的作用。① 在行政机关间的关系中，中央和地方的关系直接影响并制约着行政机关间关系的基本格局。当今学术界将中央和地方的关系归纳为四种模式，分别是单一制模式、联邦制模式、邦联制模式和混合制（又称特别自治）模式。学者们认为，在这四种关系模式中，混合制模式实为单一制模式的一种特殊形式，邦联制模式是历史上曾经出现过的一种行政机关间关系模式，所以在实践中单一制和联邦制模式是今天中央和地方的两种基本关系模式，而就这两种模式而言，如今正呈现出趋同走势。联邦制模式国家由分权向集权方向发展，而单一制模式国家由集权向分权反向发展。学者们一致认为这种中央和地方行政机关关系的发展趋势是市场经济发展的必然趋势，因为市场经济既诉求中央集权要适度，也需要地方适度分权，市场经济所需要的行政机关格局是多元治理的格局。笔者认为，中央与地方之间的合作与多元化治理也是我国社会主义市场经济发展的当然要求和必然趋势，这一要求和趋势也是世界发展潮流使然。

30 年来的行政体制改革，总体上表现为放权让利这一基本特征，特别是 1980 年来"分灶吃饭"财政体制的实施，使地方政府担当了推动地区经济增长的重任，地方政府及其职能部门所掌握的经济决策权和可支配的资源也得到了相应的拓展。如今中央与地方的关系，上级部门与下级部门的关系已不再是过去那种单向度的命令与服从关系，而是具备契约性关系的

---

① 潘波等:《我国纵向府际关系法治化调查报告——基于十四个省、直辖市问卷调查数据的分析》，载《研究生法学》2010 年第 4 期.

性质，对社会公共事务的管理与服务愈来愈出现各级政府、各相应职能部门合作与多元治理的趋势。

行政机关间关系格局的现状，尤其是其合作与共同治理的趋势化，在我们建构行政交叉或行政空白解决机制，选择行政交叉或行政空白解决方式时必须加以考虑。笔者认为，在相关政府主持解决行政交叉或行政空白的机制下，可考虑在坚持合法原则的基础上，充分发挥调解这一纠纷方式的作用。

在本书第二章中，笔者分析了作为现实中国行政交叉或行政空白解决机制之一的权力机关解决机制，在我国是有一定法律根据的。或者说，从我国现行《宪法》《立法法》《地方各级人民代表大会和地方各级人民政府组织法》等规范性法律文件的条文规定及其精神或原则中，我们可以推论得知，权力机关解决机制是可以也应该是我国行政交叉或行政空白解决机制之一。在该部分中，笔者分析了行政交叉或行政空白之权力机关解决方式的优势，并对该解决方式的劣势进行了较深入细致的学理思考。在本章中，笔者专门论证了纠纷解决机制建构与纠纷解决方式选择的决定性因素，从行政交叉或行政空白的产生原因、行政交叉或行政空白的类型上论证，笔者认为，行政交叉或行政空白解决机制体系中绝对不可或缺权力机关解决机制。在本章中笔者从理论上，并结合中国违宪审查制度的规定及其实践，从着力避免或克服权力机关解决方式可能出现的弊端或劣势而充分发挥该解决方式优势之目的出发，构建我国的行政交叉或行政空白之权力机关解决机制。

一、违宪审查制度与行政交叉或行政空白的解决

权力机关解决机制存在的根据之一就是我国现行法律所规定的违宪审查制度，中国违宪审查制度的运作实践及其所涉及的操作技法，可以为我国行政交叉或行政空白之权力机关解决机制的建构提出可资借鉴的经验，所以笔者将在本部分中，对我国的违宪审查制度作一介绍，并分析该制度与行政交叉或行政空白及其解决的牵连关系。

（一）我国违宪审查制度及其发展完善

宪法学界对中国现行违宪审查制度的研究已经取得了较丰硕的理论研究成果，在该课题的研究上已达成了不少共识。主要理论分歧在于如何构建契合中国现行宪政体制的中国特色的违宪审查制度这一问题上，宪法学界关于违宪审查制度的研究成果对我们构建行政交叉或行政空白之权力机关解决机制这一崭新的机制具有针对性的启发意义，笔者在此针对宪法学界对该问题的理论研究成果作一总结，并谈谈自己的见解。

1. 我国的违宪审查制度介绍。真正地从制度视角来构筑我国违宪审查制度的宪法是现行宪法，即 1982 年《宪法》。1982 年《宪法》在建立中国特色的违宪审查制度方面规定了多个方面的原则和制度：1982 年《宪法》在序言部分庄严宣称宪法不仅是法，而且是国家的根本大法，任何其他法律都不得与宪法相抵触，这就为其他法律、法规、规章及抽象性文件是否违宪提供了判断的依据；1982 年《宪法》在第 5 条明确规定了宪法作为根

本法的权威法律地位以及宪法在保障法制统一中的作用，从而为违宪审查制度的具体运行提供了一个基本的法律标准；1982 年《宪法》规定了全国人大及其常委会有权监督宪法的事实，在第 67 条规定了全国人大常委会监督国务院、中央军事委员会、最高人民法院和最高人民检察院的工作，从而确立了对法律适用过程中进行违宪审查的可能性；1982 年《宪法》第 89 条第 1 项，针对国务院规定行政措施，制定行政法规，发布决定和命令提出了合宪性要求，在第 100 条明确规定了对制定地方性法规提出了不同宪法相抵触的合宪性要求；1982 年《宪法》规定了宪法解决机制、备案制度等相关违宪审查机制的制度。学界认为："1982 年宪法对于中国的违宪审查制度是做了比较全面和系统的规定的，应当说，根据 1982 年《宪法》的相关各项规定，我国的违宪审查制度在制度层面基本建立起来了。"①1982 年《宪法》虽然确立了中国的违宪审查制度，确立了对违宪问题的处理方式以及明确了违宪所带来的法律上的后果，但客观地说，1982《宪法》所确立的违宪审查制度化并不高，其表现主要在相关违宪审查提请的主体对违宪审查案件如何处理的程序性规定等方面缺乏规定；各项相关违宪审查的制度之间缺乏必要的衔接等，这些制度弊端的客观存在致使在现实社会生活实践中，实际上无法真正启动违宪审查制度。

对我国 1982 年《宪法》所构筑的违宪审查制度进行较大完善，使我国的违宪审查制度向完善化方向迈出巨大一步的是 2000 年制定的《中华人民共和国立法法》（下称《立法法》）。《立法法》在第 90 条用了较长篇幅对1982 年宪法所勾勒的违宪审查制度向着操作化方向发展作了推进。具体表现在：其一《立法法》确立了违宪审查的启动。国务院、中央军事委员会、最高人民法院、最高人民检察院和各省、自治区、直辖市的人民代表大会常务委员会，可以通过向全国人民代表大会常务委员会书面提出进行违宪审查的要求和方式启动违宪审查程序，另外，其他国家机关和社会团体、

---

① 莫纪宏：《实践中的宪法学原理》，中国人民大学出版社 2007 年版，第 700 页.

企事业组织以及公民可以通过向全国人民代表大会常务委员会书面提出意见进行违宪审查的建议的方式启动违宪审查程序。其二,《立法法》进一步明确了违宪审查的具体对象。根据《立法法》的规定,违宪审查的对象限定行政法规、地方性法规、自治条例和单行条例上,这就避免了违宪审查对象的不确定性和范围的过于泛化。其三,规定了违宪审查活动由专门机构进行、违宪审查必须有结论。根据《立法法》的规定,对于适格主体书面提出的违宪审查要求或书面审查建议,应当由全国人大的专门委员会进行审查,该专门委员会对这些要求和建议必须认真地加以研究并必须提出具体的法律意见,对这些要求和建议作出一一正式的答复和结论。

2. 我国现行违宪审查制度存在的问题。对中国现行违宪审查制度的评价,胡锦光教授总结为一句话:"中国存在违宪审查制度,但是还不够完善。"① 我国现行违宪审查制度存在的问题主要有以下方面的表现:

第一,没有关于违宪审查权行使主体的明确规定,从而造成了违宪审查案件谁都可以管但实际上谁都不管的局面。从我国现行《宪法》的规定看,在我国违宪审查权行使的主体包括全国人大及其常务委员会、国务院、地方各级人大、县级以上各级人大政府,等等。违宪审查权作为确保一个国家法制统一的一种极高极威严的权力,却有如此众多的机关分散行使,显然是无法达到违宪审查制度设置初衷的,该关于违宪审查权行使主体的散乱规定也实际上会造成违宪审查制度的闲置,使违宪审查制度成为"摆设"。

第二,宪法的高度概述性,使违宪审查制度缺乏具体的操作过程指导。宪法的可适用性被公认为是违宪审查制度建立的前提,因为宪法只有在适用中或者说只有在具体适用的实际执行过程中,才能发现法律、法规、规章及其他规范性文件或行为与宪法规定、宪法原则、宪法精神是否相一致。所以宪法适用才可以发现违宪,违宪审查制度的实质就是发现违宪、证明

---

① 胡锦光:《违宪审查比较研究》,中国人民大学出版社 2006 年版,第 347 页.

违宪并进而纠正违宪，宪法的高度概述性，即便法律、法规、规章或其他规范性文件等与宪法相悖，也不易发现。执法—司法实践中用宪法条文规定的具体内容来作为处理根据也十分少见。笔者认为，宪法的高度概括性使得我国的违宪审查制度没有根基，实践运行起来也障碍重重。

第三，缺乏程序性具体规定，使违宪审查制度运行不畅。法的适用的基本特征和应遵守的要求之一就是必须严格依照法定的程序进行活动，程序合法是任何公权力运行的基本要求，同时法定的程序也为公权力的具体如何运行提供了操作步骤、方式和方法。只有遵循严格的程序性规定，才能准确、有效地将法律规范运用于具体的法律事实中，也只有遵循了严格的程序性规定，法律适用的结果才有了正当性，才有了权威性和不可置疑性。违宪审查制度作为对争议的法律、法规、规章及其他规范性文件或特定行为是否违反宪法规定的一种审查活动，是一种特别的法律适用活动，同样需要一定的程序作保障。我国现行《宪法》及《立法法》虽然有了违宪审查提出主体、提请方式的规定，但总的看来程序性规定还十分贫乏，缺乏针对哪些宪法性争议可以提起违宪审查、违宪审查的机构通过什么方式、在多长期限内作出审查决定等的规定。现行《宪法》及《立法法》虽然规定了事前审查和事后审查相结合的违宪审查方式，但对于事前审查的程序却未作规定。这些程序性规定的缺乏，使我国违宪审查制度的法制化程度还很低。

第四，监督方式单一，违宪制裁措施的制裁性不够强，使违宪审查制度缺乏应有的严肃性和强制性。法律制度具有必要的严肃性和强制性是法律制度能够被遵守的必要条件之一，也是法律制度不同于伦理、道德、风俗、习惯等社会规范的基本标志之一。我国现行的违宪审查制度只是侧重于对法规、自治条例、单行条例等特定规范性文件是否合宪进行监督，对现实生活中发生的具体违宪行为则监督不力，特别是对公民基本权利的宪法保障严重不足。同时现行《宪法》和《立法法》所规定的违宪制裁措施的制裁性不强，或者一定程度上说不具有实质意义上的制裁性，特别是对那些导致国家、集体重大损失，严重损害公民个人基本权利的违宪行为，仅仅对主要负责人或直接负责人进行罢免，显然达不到警戒类似行为、制止类似行为的作用，不足以维护宪法的威严。我国现行国家赔偿法在关于国家赔偿范围的规定上，仅仅规定了刑事赔偿（司法赔偿）和行政赔偿两大组成部分，却没有违宪立法行为所造成的赔偿的规定。《行政复议法》和《行政诉讼法》等法律虽然对公民、法人或其他组织的合法权利受到行政机关及其工作人员行使职权行为侵犯时的救济手段作了明确的规定，但对来自最高国家行政机关的侵犯，对来自抽象行政行为的侵犯，对来自法律明文规定不能通过行政复议、行政诉讼和行政赔偿等渠道救济的具体行政行为的侵犯，都没有规定如何寻求救济。在宪法监督实践中，当国家机关或其工作人员侵犯了公民的基本权利和自由时，宪法只规定了公民有权向有关国家机关进行申诉、提出控告或检举揭发的权利，而未规定受害人有关控诉的权利。由国家机关主动纠正自己的错误，并真实完备地给受害人提供救济，效果显然有限。有学者认为："只有通过宪法确认公民的宪法控诉权或宪法诉愿权，才能有效地保障公民免受公共权利的侵害。"①

3. 我国违宪审查制度的发展完善。现代国家随着社会的发展，在国家和社会事务的管理上越来越要求缜密，以适应社会日益复杂化的需要。只要我们认真地考察一下，就不难发现，在国家和社会的管理上存在粗放型和缜密型两种形态，并且表现为后者是前者的发展趋势和归宿。一般说来，在国家建立之初，由于国家和社会面临的主要任务是巩固新生政权和着手实施初步的社会发展计划，还顾不上规划和实施社会各方面事业的进一步全面发展。从世界各国看，大多数国家都经历了这样一个发展阶段。与这个发展阶段相适应，许多国家的宪法都不够完备，有的甚至认为，只要在宪法上简单地规定几条国家组织的方式，以及公民的基本权利和义务就足够了，在宪法监督制度方面，通常都处在初创、探索阶段，很不完备。在

① 林广华：《违宪审查制度比较研究》，社会科学文献出版社 2004 年版，第 187 页.

西方国家，除了美国较早地发展了专门的司法审查制度以外，其他国家直到第二次世界大战以后，才逐步建立和发展起来宪法法院制度和宪法委员会制度。之所以会出现这样的状况，是因为国家和社会在粗放式的治理下，还没有提出加强和完善强有力的宪法监督制度的迫切需要。但是，随着各国政治格局、社会结构的巨大变化以及经济、文化、科技等事业的飞速进步，社会日趋复杂化，在这种情况下，原先那种粗放式的治国方略已经不能适应新形势的需要了。于是，不少国家都逐步实现了由粗放式治国到缜密式治国的转变。表现在宪制建设方面，除了在宪法上规范的内容较以前更广泛、更详密、更具体以外，还创立和完善了各种宪法监督体制，加强了宪法实施的监督。这就是为什么在最近 40 多年来，各种形式的专门的宪法监督机关得到很大的发展和加强，众多的国家建立和完善了司法审查制、宪法法院制和宪法委员会制等宪法监督形式，并且在实际上也不同程度地加强了宪法监督工作的根本原因。

可见，宪法监督体制的完善程度是受治国的粗放式或缜密式制约的。国家在粗放式的治理下，可以建立比较简单的宪法监督形式，而在缜密式的治理下，必然要求较为严密的宪法监督形式。在后一种情况下，如果继续沿用简单的宪法监督形式，势必造成宪制建设落后于形势的状况，出现各种不协调或矛盾的局面，久而久之，就会影响国家的管理和社会的进步。这种情况已经被一些中外国家的宪法监督实践所证明。

中国经过 70 多年的实践，已经取得现代化建设的辉煌成就，现正处于新的历史发展时期，同样面临着由粗放式治国向缜密式治国的转变。为了适应这种转变，中国的宪法监督体制也要相应地健全起来。如果说，在 20 世纪 50 年代确立的那种粗放式的宪法监督体制还能适应当时的粗放式治国的需要的话，那么，那种粗放式的宪法监督体制无论如何不能适应现在需要缜密式地组织和进行社会和国家现代化建设的需要了。目前的宪法监督体制虽然比 20 世纪 50 年代有进步，但客观地说，进步并不显著，除了增加全国人大常委会有权监督宪法实施的规定以外，其他方面变化不大。全国人大和全国人大常委会究竟如何行使宪法监督权，对立法、行政决议和行为，行政法规、地方法规怎样进行监督，通过什么样的程序进行审查，怎样处理违宪事件，违宪的法律、政治、行政的后果是什么，公民的基本权利受到损害在一般法律没有规定救济措施的情况下如何得到宪法救济，在中国要不要建立宪法诉讼制度，谁是宪法诉讼的主体，什么机关是受理宪法诉讼的机关，等等。所有这些具体制度上的问题，在宪法监督制度上有待完善。社会各方面以及一些干部、群众对中国的宪法监督制度之所以存在疑虑和误解，一个重要的原因就是宪法监督制度过于粗放，作用发挥不出来。我们应该严肃认真地对待这个问题，不要满足于现有的粗放式的宪法监督体制，更不能陶醉于它还没有显示出来的优越性，而是要面对现实，清醒地认识到目前宪法监督体制在总体上的粗放形式和不完备形态，锐意改革和进取，争取尽快完善现行的宪法监督体制，使之进一步法律化、制度化，以适应缜密式治国的需要。

针对克服我国违宪审查制度的弊端以发展完善我国的违宪审查制度，学者们也进行了深入论证：

第一，关于违宪审查模式的发展完善。在综合考虑各国违宪审查制度模式的基础上，我国学界在应该选择何种模式来发展完善我国的违宪审查制度的问题上观点纷呈：有实行司法审查制，即建议由普通法院行使违宪审查权；有宪法法院审查制，即主张设立专门性机构宪法法院来负责违宪审查；有复合审查制，即主张由最高权力机关和司法机关共同承担违宪审查职责；有宪法委员会或宪法监督委员会制，即主张在全国人大之下建立宪法委员会或宪法监督委员会来行使违宪审查权等。在任何一种违宪审查模式之下，在具体如何设计违宪机关的职能，如何确定违宪审查机关的地位等问题上，仍没有达成统一共识。

笔者认为，在我国，要完善违宪审查制度，首先应当从建立和健全违宪审查机构入手。根据现行《宪法》和《立法法》的规定，在我国享有违宪审查权的国家机关不少，但全国人大常委会是受到明确授权的违宪审查机关。全国人大常委会以外的其他国家机关是否明确享有违宪审查权，并没有明确的宪法和法律依据。正如上文所论，违宪审查制度是确保一个国家法制统一的制度，在我国这样一个实行单一制的社会主义国家，违宪审查制度的重要性无论如何强调都不过分，所以笔者认为，从保证违宪审查制度的权威性角度论，绝对不可扩大违宪审查权掌控主体的范围。

但是，从目前全国人大常委会的组成以及活动方式来看，全国人大常委会要能够按照宪法和法律的规定较好地行使违宪审查权，还存在一些问题。首先，全国人大常委会的组成人员过多，遇到比较复杂的违宪判断问题时，可能会争论不休，很难达成一致意见；如果要达成一致意见，就必须采取投票多数决定的方式，这种违宪审查的方法效率不高。其次，全国人大常委会组成人员构成复杂，有的人员缺少必要的法律知识背景，尤其是缺乏宪法学知识训练，对于涉及法规、规章和行为的合宪或违宪等重大的法律问题的判断，恐怕难以胜任。再次，全国人大常委会一般是每两个月举行一次会议，因此，其工作方式不利于及时开展违宪审查活动，容易耽误审查期限影响公民的权利实现。最后，全国人大常委会自身的立法任务太重，要是再承担额外的违宪审查任务，恐怕不堪重负。所以，基于上述理由，虽然可以在法律地位上确认全国人大常委会享有违宪审查权，但是，可以在全国人大常委会下面设立一个常设机构来负责处理与违宪审查相关的日常事务，特别是要通过常设的违宪审查机构来处理日常收到的大量提请违宪审查的要求和建议，负责对一般性的问题进行直接答复。目前基于《立法法》等相关法律文件的规定，依靠全国人大常委会法制工作委员会或者是专门委员会进行研究和审查的方式并不可取，因为违宪问题具有专门性，不能按照一般的违法审查程序来对待。建立由职业的宪法学者或者是资深的法学专家组成的违宪审查机构，可以确保全国人大常委会在正式行使违宪审查权的时候有效地行使职权，及时地解决问题，以及作出高质量的宪法判断。这样的违宪审查机构，特别是对可以确认为合宪的，直接给予提请审查者相应的答复意见。只有在涉及受审查的事项可能存在违宪问题时，才应当将这样的重要问题提请全国人大常委会依据法律程序来决定是否存在违宪。因此，笔者建议，涉及行政法规、地方性法规违宪的，应当由专门的审查机构经过初步审查和提出处理意见后交由全国人大常委会决定，而对于一般规范性文件违宪或者是适用法律的行为违宪的，都可以由专门的违宪审查机构来直接处理。全国人大常委会下设的专门负责违宪审查事项的机构应当是具有正式法律地位的法律机构，可以以全国人大常委会下属专门委员会的方式设立，并以此区别于全国人大下设的、在闭会期间受全国人大常委会领导的专门委员会。该违宪审查机构性质是常设的法律机构，专门处理特定的违宪审查事项。另外该违宪审查专门机构可以就需要提请全国人大常委会作出正式的宪法解释的事项提出相关的处理意见。

第二，明确违宪审查的处理程序。违宪审查制度能否在实际中有效地运行，除了要有明确的机构负责违宪审查工作之外，还需要有一套明确、具体的法律程序来进行违宪审查。这样的程序应当从提请审查程序开始，到正式作出违宪审查结论、公布违宪审查结果为止。之所以要这样设计，关键在于要保证违宪审查活动具有有序性、公正性、公开性和公平性的特点。违宪审查活动，不论是由专门的违宪审查机构来负责处理一般的违宪审查事项，还是由全国人大常委会决定重大的违宪审查事项，违宪审查的整个过程必须遵循严格的法治原则，要有一定的可预期性。违宪审查活动要纳入正式的法律程序，要通过程序公正来取信于民，特别是要通过程序公正来增强社会公众对违宪审查机构所进行的违宪审查活动的信任感和对违宪审查结果的期待感。

目前我国在违宪审查的程序方面，还缺少必要的制度规范。例如，《立法法》第90条规定了国务院等国家机关可以提起违宪审查的要求，其他国家机关和公民可以提起违宪审查的建议。但是，该法并没有说明，全国人大常委会作为有权受理违宪审查请求的国家机关，应当如何答复提请违宪审查的当事人相关的处理结果。全国人大常委会是通过何种程序来审查被申请进行违宪审查的对象的，是如何得出合宪或违宪的结论的，更是没有任何法律或者是规范性文件对此作出明确的规定。因此，基于现有的违宪审查制度，可以提起违宪审查的要求和建议，但是，全国人大常委会如何处理就无从知晓了。以"三博士上书"为例，尽管后来国务院实际上废止了《收容遣送办法》，但是，作为有权进行违宪审查的全国人大常委会并没有对"三博士上书"作出正式的答复，所以，很难让人准确地判断全国人大常委会对"三博士上书"的态度。至于说全国人大常委会是否存在必须进行违宪审查的责任，不管这种责任是法律性质的还是政治性质的，都因为没有明确的法律依据而无从知晓。因此，这在实际中无形地降低了社会公众对全国人大常委会行使违宪审查权的期待，很容易使社会公众形成全国人大常委会在违宪审查问题上的态度是消极的不作为的看法。所以说，当前在我国完善违宪审查制度，除了建立相关的违宪审查机构之外，第二位的任务就是通过法律的形式来确定违宪审查的程序，使得违宪审查是一种可以通过程序保障来具体实现的监督宪法实施的活动。如果没有程序制度的保障，我国的违宪审查制度只能停留在制度承诺的层次上，而无法在实践中付诸实施。

另外学者还对违宪审查提请的要件、违宪审查的受案范围即违宪审查的对象等理论和现实问题提出了发展完善的建议，由于和本部分内容的写作关系不大，笔者在此不一一陈述。

（二）违宪审查制度与行政交叉或行政空白的解决

学界一般认为："违宪审查是指特定的国家机关对某项立法或某种行为（通常指国家机关的行为，有些国家还包括政党行为，例如德国宪法法院可审查政党的组织和行为）是否合宪所进行的具有法律意义的审查和处理。"[1] 从对违宪审查内涵的刻画上，我们可以知道违宪审查的客体是某项

---

[1] 林广华：《违宪审查制度比较研究》，社会科学文献出版社2004年版，第17页．

立法或某种特定的行为。这里的某项立法，一般而言既包括法律，又包括法规和规章。这里的行为重在指国家机关的行为。违宪审查评判的标准是判断被审查的客体即某项立法或某个行为是否合乎现行宪法，既包括是否合乎宪法条文的规定，又包括是否合乎宪法的精神和宪法的原则。违宪审查是为了防止一般法律和国家机关及其领导人的行为违宪而设立的一项专门性制度，其目的在于惩治违宪行为，保障作为母法、根本大法地位的宪法的实施，确保国家权力格局按照宪法设置的格局运作而不错位，不越位。确保国家权力与公民权利之间按照宪法厘定的界限，各自充分享有自己的权力（利），而不相互挤占，构筑一个公权力与私权利和谐共处、共同促进的宪政局势。违宪审查的主要内容是审查和裁决法律、法规及规章和国家机关、国家机关工作人员等的行为是否合乎宪法。违宪审查制度所规定的违宪审查的范围在不同国家有宽窄之别，但大多数国家均将行政交叉或行政空白作为违宪审查制度作用的范围之列。从理论上论证，国家机关之间的权力界限，应该是泾渭分明的，但在现实生活中，由于各个国家机关之间存在权力交叉关系，国家机关权力的边界实际上很难划清。权力机关与行政机关之间权力的界限、行政机关与司法机关之间权力的界分、司法机关与权力机关之间权力的分水岭等有时并不是可清晰界分的。另外，各个类别的国家公权力与公民私权利的关系，以及作为国家公权整体的权力与作为普通私权整体的权利区分的边际又在何处，通过立法试图一劳永逸地清晰界定是十分困难的，也是无法行得通的。而且随着社会的发展，随着科学技术的进步，社会问题必将越来越多，社会关系必将越来越复杂化，不断出现的越来越多的社会问题要求越来越多的、宪法未曾规定的新型权力，愈来愈复杂的社会关系也诉求国家公权力包括社会性权利对它们进行较好的调节或妥当的干预。因此，随着社会的发展，国家机关之间必然产生行政交叉或行政空白。行政交叉或行政空白，包括国家立法机关与国家行政机关之间的行政交叉或行政空白、行政机关与司法机关之间的行政交叉或行政空白、立法机关与司法机关之间的行政交叉或行政空白，也包括行政机关之间的行政交叉或行政空白，包括法院与法院之间的行政交叉或行政空白、中央与地方之间的行政交叉或行政空白，也包括不同地方之间的行政交叉或行政空白，比如省、市、县、乡等的行政交叉或行政空白。在意大利，意大利宪法明文规定，意大利宪法法院依照宪法规定裁决国家各权力机关之间、国家与地区之间、不同地区相互之间发生的行政交叉或行政空白案件。另外，奥地利宪法、德国宪法、俄罗斯宪法、英国宪法等也均有类似规定。实际上，从违宪审查的内涵和违宪审查制度的适用范围上论，违宪审查制度与行政交叉或行政空白解决存在密切关系。在国外不少国家和地区，行政交叉或行政空白制度本是违宪制度的子制度，换句话说，在那些国家和地区，行政交叉或行政空白是通过违宪审查制度进行处理的。

当然，不同的国家和地区，基于其政治体制、法律文化传统、法制发展状况等方面的区别，违宪审查制度的适用范围及运作程序上也有较突出的差异。我国的违宪审查制度在当下中国国情下，笔者认为，其受案范围不可以一下子太宽泛，我国的违宪审查制度的适用范围可界定在对其他具体解纷机制的有机补充的地位，通过对重大疑难性违宪行为和事件的违宪审查逐渐积累我国的违宪审查实践经验，待时机成熟时，经验积累到一定的较丰富量之后，再扩充其适用范围。上文笔者对行政交叉或行政空白的类型作了一定划分，其中第一层面或第一类型的行政交叉或行政空白应该可以也必须纳入违宪审查机制。即在现行立法出现了空白之时，争议国家行政机关在没有任何法律依据的前提下，对某事项、某领域行使管辖权而出现的行政交叉或行政空白，或者相关行政机关在有所在地方、所在部门地方性规范性文件或部门性规范性文件规定，而缺乏国家立法机关法律或者地方立法机关法规明确授权的情况下，行使或不行使行政权而与其他国家行政机关发生的行政交叉或行政空白，对此层面的行政交叉或行政空白更重要的解决办法在于权职授予或不授予的问题而不是权责界分问题，所以笔者建议通过违宪审查机制，由权力机关进行解决较为妥当，因为对此类型行政交叉或行政空白的解决实际上是在将某事项、某领域纳入公权力管制项下，事关公权力的正当性，也可以说，事关国家权力机关的正当性。一定程度上论，国家权力与公民权利之间存在此消彼长的关系，当然，法治发达、民主先进的国家和地区，国家公权力与公民私权利应该是彼此促进，共荣共强的关系，但此实为理想或追求，在当今时代，法治与民主在进步过程中，尚没有完全如人愿的情况下，国家权力的张扬，将一定程度减损公民私权利，但即便撇开国家公权力与公民私权利的关系而论，拓展国家公权力的行使空间也必须存在正当性根据，经由正当程序。总之，笔者认为第一层面即在现行立法空白情形下而出现的行政交叉或行政空白，对这种行政交叉或行政空白的解决一定应是十分慎重的，甚至严重点来说，是事关国家权力何以能正当存在并保持长久的重大理论和实践问题。所以笔者认为对此类行政交叉或行政空白的解决必须通过违宪审查机制，由最高国家权力机关解决。

二、行政交叉或行政空白之权力机关解决机制具体构建

构建我国的行政交叉或行政空白之权力机关解决机制，必须从我国的国情出发，从我国现行的政治制度出发，从我国现行《宪法》和《立法法》等法律所确立的违宪审查制度的原则和基本框架出发，着重考虑如何予以完善，不可轻易在理论上去瓦解某个既定的制度，即使该制度也仅仅是一个雏形还十分不成熟。实际上，我国现行《宪法》《立法法》，甚至《法规规章备案条例》《规章制定程序条例》等法律规范对我国的权力机关解决行政权限（是对中国的违宪审查制度）是有一定初步规定的，笔者在此想进一步说明在构建中国行政交叉或行政空白之权力机关解决机制时，在立法技术上不可完全不顾及我们已有的相关规定，要对这些规定认真分析，可行的应该使之成为新制度的构成因素，如此不仅可以节约制度创建的成本开支，还可以保障我们所建构的法制与旧有规定的衔接，从而切合法制连

续性的、稳定性的原则要求，也才可能使新建构的权力机关解决特定类型的行政交叉或行政空白制度实际运行，发挥应有功效。当然，我们在建构中国的权力机关解决特定行政交叉或行政空白机制时，还需要借鉴别国关于权力机关违宪审查制度方面的有益规定。基于此考虑，笔者对我国行政交叉或行政空白之权力机关解决机制提出如下初步的构建设想：

（一）行政交叉或行政空白的解决主体

基于上文所论行政交叉或行政空白之第一种类型的争议的处理，一定程度上说实质是对公权力与私权利边际的一种界分、是对不同公权力即立法权、行政权、司法权间范围的划分，也是具体对某事项公共管理或服务性质的公权力即行政权归属于何类行政机关的厘定或判断。所以对行政交叉或行政空白之第一种类型的争议也就是在法律空白情形下出现的行政交叉或行政空白案件的处理影响巨大，因此理性、高效权威而不可挑战或无可置疑地解决该类行政交叉或行政空白意义重大且深远，应该让地位极高、十分权威的专门机关来专司该类行政交叉或行政空白的消解，清晰争议权限的归属，只有这样解决方案才拥有权威性和正当性。故而笔者认为，在我国应该也只能由最高国家权力机关（具体指最高国家权力机关的常设机关亦即全国人大常委会）作为第一种类型行政交叉或行政空白的解决机关。所以，应当建立起由职业的宪法学者或者是资深的法学专家组成的专门的违宪审查机构，由专门的违宪审查机构来具体解决在立法空白情形下出现的行政交叉或行政空白案件。该行政交叉或行政空白专门解决机构表面上担负着特定种类的行政交叉或行政空白案件的处理职责，实际上在负责保障宪法秩序和保卫公民权利的双重任务，因此笔者认为，该解决行政交叉或行政空白的权力机构的成员应该由全国人大常委会全体成员在全国人大代表中选举有相应知识的成员组成，对全国人大常委会负责。这种设置方案既契合中国的政治体制——人民代表大会制度，不动摇全国人大常委会常设机关的地位，又确保了行政交叉或行政空白专门解决机关具有较高地位和权威。全国人大常委会下设的专门负责违宪审查事项的机构应当是具有正式法律地位的法律机构，可以以全国人大常委会下属专门委员会的方式设立，并以此区别于全国人大下设的、在闭会期间受全国人大常委会领导的专门委员会。正如上文所论，该行政交叉或行政空白解决专门机构是常设的法律机构，专门处理特定的违宪审查事项。另外该违宪审查专门机构可以就需要提请全国人大常委会作出正式的宪法解释的事项提出相关的处理意见。

（二）行政交叉或行政空白解决的提请主体

全国人大常委会专司特定类型行政交叉或行政空白的解决机构虽然可以主动依职权启动权限争议解决程序，但大多数情形下，在法律空白情形下发生的行政交叉或行政空白案件，该机构并不能全部知晓。再者即使行政交叉或行政空白专门解决机关能够全部知晓，作为行政交叉或行政空白解决机制其设置的目的还应该包括对相关当事人主体合法权益的维护之目的，所以应该允许一定的主体有权向行政交叉或行政空白专门机关申请诉求其启动权限争议解决程序。提请最高国家权力机关的行政交叉或行政空白解决机构要求解决行政交叉或行政空白的主体，应该与行政交叉或行政空白案件有一定的利害关系，否则该主体就不具备提请的资格。对提请主体加以一定的资格限定是十分必要的，有了一定的资格限定，才可能防止因滥申请而导致的专门解决机构疲于应付，无端耗费国家公权力资源，同时有了一定的资格限制也将使提请者的申请会有一定的根据和理由，同时提请者也才会有提供证明资料支持自己申请的动力和积极性，从而也将有助于行政交叉或行政空白专门解决机构未来对诉争权限归属的妥当厘定。总之笔者认为对提请主体做一定的资格限定，规定只有具备法定资格的主体才有权提请权力机关的专门解决相关争议的机构解决行政交叉或行政空白，但同时笔者也认为，对提请主体资格的限定不可过于严苛，否则将不利于专门解决机构发现行政交叉或行政空白案源，解决行政交叉或行政空白，维护公法秩序的稳定，也必将无助于法律空白的尽快弥补，对我国法制体系的进一步完善发展不利，进而也必将不利于我国法治国家的真正实现。笔者认为在权力机关解决行政交叉或行政空白机制初建并刚刚付诸实施的一段时期，适当放宽对提请者资格的限制对该机制的宣传和该机制的完善不无裨益，基于此考虑，笔者建议提请权力机关专门机构解决行政交叉或行政空白解决的主体，范围应该较广泛。具体包括以下几类主体：其一，为行政交叉或行政空白的直接利害关系人，即发生行政交叉或行政空白的各行政机关均有提请行政交叉或行政空白解决的权利。其二，因行政交叉或行政空白而使其合法权益受到影响的公民、法人或其他组织。此种情况下的公民、法人和其他组织虽不是行政交叉或行政空白的双方当事人之一，但却与行政交叉或行政空白行为存在法律上利害关系，对行政交叉或行政空白权限归属的判定会影响到该公民、法人或其他组织的权利和义务或者使其既定的行政法律关系受到影响，为保障基本的公正，所以应赋予该公民、法人或其他组织提请解决特定行政交叉或行政空白的权利。当然，若果该公民、法人或其他组织已经受到了该争议行政机关某一方或双方的具体行政行为的影响，与具体行政行为有法律上的利害关系，具备了提起行政诉讼原告的资格或者具备了申请行政复议申请人的资格时，该公民、法人或其他组织只能依法提起行政诉讼或者依法申请行政复议，而不得提请权力机关解决行政交叉或行政空白，在这一问题上笔者认为秉持救济穷尽原则是有必要的。其三，地方团体。在特定情况下，为了维护团体的利益或团体成员的利益，地方团体也可以享有政府间争议解决的请求权。笔者认为此种设定有利于培育我国的社团，促进社团建设，以助于国家、社会与个人的良性互动，具有推动基层民主发展完善的功效和价值。其四，现行《立法法》所规定的享有违宪审查启动权的特定国家机关，如国务院、中央军事委员会、最高人民法院、最高人民检察院和省、自治区、直辖市的人民代表大会常务委员会也有权提请解决行政交叉或行政空白之权力机构的专门机构解决因法律空白而引发的行政交叉或行政空白。笔者认为违宪审查涵盖此种情形下的行政交叉或行政空白，或者可以说此种情形下的行政交叉或行政空白本身涉嫌违宪，应该经由违宪审查机制处理，当然享有违宪审查启动权的特定国家机关也就因此有了提请权，是适格的提请主体之一。

（三）行政交叉或行政空白案件的受案范围

受案范围在这儿是指全国人大常委会专司行政交叉或行政空白解决的机构可以受理并解决的行政交叉或行政空白案件的范围，其牵涉到与行政系统和司法机关在解决行政交叉或行政空白的分工。一般情形下，行政机关间出现的行政交叉或行政空白案件由行政系统内部先行处理，在处理之后当事人不服的可以向司法机关起诉，继而启动诉讼机制解决诉争的行政权限的归属，由司法机关裁定纷争。全国人大常委会专司行政交叉或行政空白解决的机构可以受理行政交叉或行政空白案件是特定类型的案件，也就是笔者上文所述的在法律空白的情形下出现的行政交叉或行政空白。该类行政交叉或行政空白如果具体再理论划分的话，笔者认为基本上有两小子类行政交叉或行政空白：一类是针对某事项、某领域或某对象，现行立法根本没有任何法律做一规范，将其纳入公权力规制之中，既没有国家立法机关所制定的法律，也不存在地方权力机关制定的地方性法规，同时也没有行政机关的行政法规或行政规章，也不存在任何规范性文件，绝对处于规范的真空状态之下，在此情形下出现的行政交叉或行政空白。源于立法的滞后性和社会生活的无穷尽发展以及人类认识能力的局限性和未来对事务现象认识水平的持续提高和改变，这类行政交叉或行政空白出现的可能性在理论上是存在的。另一类是针对某事项、某领域或某对象，虽没有国家法律做一规范，将其纳入公权力规制之中，但最高国家行政机关的行政法规、行政决定、行政措施、行政命令等规范性文件将其纳入行政权规制之内，而最高国家行政机关的行政法规、行政决定、行政措施、行政命令等制定行为或所制定的行政法规、行政决定、行政措施、行政命令没有最高国家权力机关或其常设机关的特别授权；或者针对某事项、某领域或某对象，没有国家法律做一规范，将其纳入公权力规制之中，也不存在最高国家行政机关的行政法规、行政决定、行政措施、行政命令将其纳入行政权规制之内的情形，而较低级别的行政机关通过行政规章或其他规范性文件将其纳入自己部门或地方行政管辖之下等而出现的行政交叉或行政空白。此种类型的行政交叉或行政空白在现实生活中也有出现的极大可能性，因为和立法权、司法权等其他类公权力相比，行政权往往具有积极主动性，带有明显的扩张性，再加上自 20 世纪以来行政权因应社会需要张扬其高效服务于社会、造福于民众的特性，愈加积极的状况，此类型的行政交叉或行政空白出现的可能性更大。再一类就是针对某事项、某领域或某对象，国家最高权力机关以法律做一规范，将其纳入公权力规制之中，但并未对其作归属于何类公权力规制的明确的情形下出现的行政交叉或行政空白。上述分类可能在逻辑上存在一定的交叉，甚至可能不周延，但笔者试图明晰在法律空白情况下的行政交叉或行政空白在现实中国和外国的社会生活实践中是存在且可以分类化研究的，该分类化研究不仅对行政交叉或行政空白的理性、高效解决有益，更将有助于法制体系的完备、发达。因法律空白而出现的行政交叉或行政空白既包括积极的行政交叉或行政空白也包括消极的行政交叉或行政空白。不论是积极行政交叉或行政空白还是消极行政交叉或行政空白，行政交叉或行政空白解决的提请主体只可针对某一具体事件向最高国家权力机关的专司行政交叉或行政空白解决的机构提出申请，不可要求行政交叉或行政空白解决机构泛泛地认定某个国家行政机关的职权职责范围，另外有必要再一次强调的是该所申请解决的行政交叉或行政空白当然是因法律空白情形下出现的。

（四）行政交叉或行政空白案件的管辖

管辖制度是纠纷解决制度中不可或缺的重要制度，对纠纷的解决不作该由何机关、部门受理与处理即管辖方面的明确，提请主体将面临告诉无门的窘境，也极易出现相关主管机关相互推诿或相互争抢管辖权而损害法治进步的情形。此行政交叉或行政空白的管辖是指在出现此类行政交叉或行政空白案件时，由权力机关的哪个机关、机构来处理或解决的问题。相较于诉讼法上的管辖制度和行政复议法确立的管辖制度等而言，此管辖是单一而明了的。不论何种类型的行政交叉或行政空白，也无论该行政交叉或行政空白发生在哪类国家行政机关之间，只要是源于法律空白而出现的行政交叉或行政空白，因为对其处理解决的深远意义及巨大影响，考量该类型行政交叉或行政空白解决的实质或本质，笔者认为有权力、有资格对其行使管辖权作出解决的，只能是最高国家权力机关所设立的行政交叉或行政空白专门解决机构。对该类行政交叉或行政空白的管辖作如此安排的理由，笔者在上文已经论述，在此不再赘述。

（五）行政交叉或行政空白解决申请的提起与受理

具有提请权力机关解决行政交叉或行政空白资格的主体，必须在法定的期限内，向最高国家权力机关专设的行政交叉或行政空白专门解决机构书面提出处理申请，并附有与行政交叉或行政空白相关的所有事实证据和相关的所有规范性文件材料；行政交叉或行政空白解决提请主体在提交申请时还必须提交证明自己具备提请权力机关解决行政交叉或行政空白法定资格的证据材料。权力机关之行政交叉或行政空白专门解决机构对该申请进行审查，并在法定的时限内作出受理与否的决定。对行政交叉或行政空白解决申请的审查应采取合议庭形式，由行政交叉或行政空白解决专门机构负责人指定三名专职解决人员具体负责，受理与否决定的作出采取少数服从多数的民主原则，无法形成多数人意见的情况下，由行政交叉或行政空白解决机构负责人召集相关解决机构集体讨论决定。经过审查认为，如果提请行政交叉或行政空白解决的主体具有行政诉讼原告资格或行政复议申请人资格，同时并非是在上文所述的法律空白情形下出现的行政交叉或行政空白，此时行政交叉或行政空白提请审查机构应告知申请人经由行政诉讼或行政复议途径寻求救济并由人民法院或行政复议机构一并解决行政交叉或行政空白；经过审查认为不符合行政交叉或行政空白受案范围或其他相关条件的话，则作出不予受理的决定。如果行政交叉或行政空白解决主体不受理提请主体的行政交叉或行政空白解决申请，提请主体可以在法定期限内向全国人大常委会提出申诉，由全国人大常委会在法定期限内作出是否受理的最终裁定，若果全国人大常委会认为应该受理并解决的话，它可以指令权限争议专门解决机构在所限定的期限内予以立案并依法作出解决方案；如果全国人大常委会同样认为不予受理的话，可以驳回提请者的申请，提请者不可以再经由权力机关解决机制处理所提请的问题。全国人大常委会和全国人大常委会行政交叉或行政空白的专门解决机构对提请者的申请采取书面审查为主的方式，只有在证据材料抵触较明显或其他需要核实的时候才可以通知提请人予以补充证据材料。另外，全国人大常委会专门解决行政交叉或行政空白的机构有权积极主动行使上文所说法定类型的行政交叉或行政空白案件的解决权，其所发现的案源或接到民众检举、揭发、举报等获得的案源有可能属于在法律空白情形下出现的行政交叉或行政空白案件的话，对该案件具备不具备权力机关解决的条件，也应该经过审查程序过滤，不得直接交由解决机制解决。总之，权力机关解决行政交叉或行政空白机制的启动不得轻易和随意，应该严肃和慎重，否则将可能使该解决机制的权威性受到贬损。

（六）行政交叉或行政空白的具体审理程序

无疑权力机关专门解决行政交叉或行政空白的机构对行政交叉或行政空白案件的审理是其行政交叉或行政空白解决过程中最重要的环节。在该中心环节中，具体有以下几个方面的问题需要在构建机制认真考虑：

1. 审理的组织形式。此处的审理组织形式是指对某个具体的行政交叉或行政空白案件代表权力机关对案件作出解决的特殊临时性机构，正如法院对具体个案进行审理和作出裁判的合议庭或独任庭一样。权限争议提请审查机构对已受理的申请，应在法定期限内将申请书副本分别送达权限争议的被申请主体和相关的利害关系人主体，被申请主体和相关利害关系人主体必须在法定期限内作出书面答辩意见，同时必须提交与该行政交叉或行政空白案件有关的一切事实证据及规范性文件材料根据等，在接到被申请主体和相关利害关系人主体提交的答辩书和相关材料后，行政交叉或行政空白提请审查机构也应该在法定时限内将这些材料的副本送达行政交叉或行政空白解决提请主体，提请主体有权作出反答辩并再次提交补充性相关材料。行政交叉或行政空白提请审查机构在接到行政交叉或行政空白双方（及相关利害关系人主体）所提交的所有材料后，完成了上文所说的程序后，将情况向全国人大常委会行政交叉或行政空白专门解决机构作出汇报，行政交叉或行政空白专门解决机构应当在法定期限内组成对该行政交叉或行政空白案件的具体解决机构。由于该类行政交叉或行政空白案件一般较为复杂，且社会影响也较大，当属于重大、复杂或疑难的案件，同时对该类行政交叉或行政空白案件的解决影响深远，所以，对其解决应当采取合议制形式，在人数上可考虑为 5 人以上的单数。行政交叉或行政空白案件的当事人及其利害关系人有权对具体解决成员申请回避，但必须提交相关证据证明被申请回避成员具备法定的回避事由。对法定回避事由的把握可以参照诉讼法律制度关于回避事由的规定。

2. 审理的思维路径和审理标准。全国人大常委会行政交叉或行政空白专门解决机构对所受理的行政交叉或行政空白案件进行审理，实质上是对诉争的权限性质的界定，首先它必须界分该诉争的权力是否当属于公权力，如果它认为不是公权力而应该属于私权利，是自治权的范畴，那么可以直接施以裁判，作出该诉争的权利不属于任何国家机关包括行政交叉或行政空白当事行政机关管辖范围的裁判，该裁判一经作出立即生效，是最终的处理结论。如果它认为诉争的权力应该纳入公权力项下，不可允许私人自治处分，继而再界分该诉争的公权力应该属于哪种性质的公权力，是行政权、司法权还是权力机关自己掌控的权力；此后对属于行政公权力项下的诉争权力再评判当否由诉争的行政机关行使，只有在明确了诉争的行政公权力由该诉争的行政机关行使之后，才最后厘定它们各自的权力行使空间界限。在此过程中所作出的各种判定均不具有法律效力。在行政交叉或行政空白是因为法律绝对真空情形出现的，权限争议具体解决机构对问题的解决以宪法和全国人大、全国人大常委会制定的法律的具体规定及其基本原则、精神为审理和裁断标准，并本着公正基于对社会发展现状及未来趋势的把握裁断行政交叉或行政空白。当并非在法律出现绝对真空情形下出现的行政交叉或行政空白，行政交叉或行政空白解决机构在解决相关案件时，主要是针对授予行政机关权限的规范性法律文件的合法性、合宪性进行审查。在具体审查内容上，行政交叉或行政空白解决机构既需要对授权性规范法律文件是否违背宪法和较高层级的法律规范的规定、是否违背宪法的基本原则、是否违背宪法的基本精神进行审查；又要对授权性规范法律文件是否依照法定程序制定进行审查；同时还必须审查授权性规范法律文件制定的机关是否为有权机关。相关解决机构对行政交叉或行政空白案件的审查以宪法和本级及上级国家权力机关制定的法律、法规为依据，在没有明文依据的情况下，可以依次以宪法的基本原则、宪法的基本精神、法律的基本原则、法律的基本精神为依据。如果权限争议的解决牵涉到法律、法规效力的审查与认定，而解决主体依法无权对该法作出解释或评判时，解决机构须依《宪法》《立法法》之规定，报全国人大常委会解释后，再对诉争权限的归属作出裁断。其专门解决机构对诉争权力属于公权力、属于某类公权力、属于诉争某个具体行政机关还是属于别的其他国家行政机关的裁断均必须明确说明具体详尽的理由，然后连同案卷、证据材料一并交由全国人大常委会，由全国人大常委会在法定时间内作出最终权威性判断，全国人大常委会对诉争权限归属先作出判定，如果是因为立法因素而造成的行政交叉或行政空白，全国人大常委会可以建议全国人大启动立法程序，或属于自己权力范围内的话由自己通过立法或修改相关法律以消解此类问题。

3. 审理方式。笔者认为，该类行政交叉或行政空白案件的审理大多数是规范性法律文件的审查，即使在规范性文件缺乏时对行政交叉或行政空白的解决实际上也是对诉争权力当否立法厘定以及如何厘定的问题，所以采取诉讼型对抗制模式，让当事人及相关利害关系人到庭质证展开言辞辩论显得没有必要，同时再因为对该类型解决的机关仅有全国人大常委会专门设立的行政交叉或行政空白专门解决机构，让当事人及利害关系人面对面到庭辩论也不具有可行性。所以其解决机构一般情况下通过书面方式，对行政交叉或行政空白案件进行解决。有必要时，解决机构可以向相关主体及其他组织和公民个人等调查收集证据。如果行政交叉或行政空白案件牵涉专业性、技术性较强问题需要解决时，行政交叉或行政空白解决机构必须将该问题交由有资质的专家出具具体意见，然后，以之作为解决的证据之一再对行政交叉或行政空白进行解决。当然，如果行政交叉或行政空白案件影响范围很广，牵涉对重大公益的处分，其解决机构在具体解决之前，应该充分听取有关当事人及利害关系人的意见，必要的时候可以举行行政交叉或行政空白解决听证会，应在听证会前至少一周将听证会的日期、地点和听证的内容通知当事人及利害关系人，除非涉及国家安全、外交、军事等敏感问题，听证会应该公开举行，并提前一周左右的时间将听证会的时间、地点、题目刊登在某些主要报纸上，并通过主流媒体向社会告知，欢迎民众旁听听证会予以监督。如果行政交叉或行政空白案件的解决适用听证会模式，当事人及利害关系人可以委托1-2名代理人包括律师参与，为其提供法律方面或技术方面的支持和服务。

在本章结束之际，笔者强调以下几点：第一，行政交叉或行政空白解决机构对权限争议案件的具体解决，必须遵循民主集中制原则，最大限度地发扬民主。有必要的话，笔者建议行政交叉或行政空白解决机构最好对该行政交叉或行政空白案件牵涉地域的那些已经受到权限争议案件影响，或者可能受到未来因行政交叉或行政空白重新厘定而招致影响的相关民众进行问卷调查，倾听他们的意见和建议，并将其反馈结果认真归总，使之作为解决方案作出的重要依据和根据之一，笔者认为如此的处理才可以确保对行政交叉或行政空白的解决方案既具有正当性、权威性又富有合理性、科学性，同时还具有高度的民主性和极大的现实可行性。第二，因为最高国家立法机关无论在何种社会形态中，无论在何类政治体制下，在国家的政治生活和法律生活中都起着重要作用，在现代法治社会、法治国家理念下，更拥有无可匹敌的至高地位，所以我国全国人大常委会在行政交叉或行政空白解决机构所作出的权限归属评判结果基础上作出的最后评断，具有最终法律效力，绝对不可以再设计所谓的纠错机制，冲击评判的既定力，导致法律秩序始终处于无法稳定状态下。第三，为防止冲击既定的法治秩序和社会关系，笔者建议，权力机关对争议的行政权限所作出的归属裁断一般不应具有溯及力，这一规定是切合法律效力基本原则的，也是实情下公正原则的要求。

第六章　行政交叉或行政空白之行政机关解决机制建构

在本书的第二章中，笔者对我国行政交叉或行政空白解决之行政机关解决机制进行了评介，剖析了现行行政机关解决机制所蕴含的价值理性或制度优势，同时也清醒、客观地分析了该机制所固生的缺陷弊端。笔者认为，该机制的弊端完全可以在民主、公开、公正理念的指导下，通过科学、理性、规范化程序的重新构建措施来极大程度地克服。比如，针对行政机关解决机制规范化、制度化不足这一缺陷，我们完全可以通过行政机关间权限争议解决机制的法制化举措来克服，法治社会发达的今天，对重大社会关系的处理用法律进行规范不仅是可行的，而且是必要的；再比如，针对作为内部解决机制之行政机关解决机制的权威性、公正性缺失这一弊端，我们完全可以通过特设行政交叉或行政空白解决之专门行政机关，并且通过法律规范明确赋予该机关独立的法律地位，使其相对超然于其他具有对外管理职能的行政机关，同时对该机关解决行政交叉或行政空白的程序进行理性构建等举措来克服。总之，笔者认为，行政机关解决机制不仅是目前中国而且也是世界他国最经常最普遍适用的解决行政交叉或行政空白的首选机制，一定有充足的理据和十分现实的决定因素，该机制不仅不可以废弃，而且在实际解决行政交叉或行政空白的实践中，还应该注重更充分地发挥其优势，将该机制作为解决绝大多数行政交叉或行政空白案件的先行机制。针对行政交叉或行政空白解决之行政机制建构，笔者在本书第二章的基础上进一步展开论述，将在本章中着重分析以下几个方面问题：行政机关解决行政交叉或行政空白机制缺陷的克服；行政裁决及其与行政交叉或行政空白的解决；行政裁决机制的具体建构等。

一、行政机关解决机制缺陷的克服

通过行政系统内部机制解决行政交叉或行政空白存在最大的劣势，笔者在上文中列举了该机制所固有的劣势，主要表现在：其一，内部解决机制制度化、规范化严重不足；其二，内部解决机制过分仰仗上级行政机关的行政权威，自主性、正当性缺失；其三，内部解决机制的公开性不够，公正性缺失；其四，内部解决机制无法确保行政交叉或行政空白解决的及时性、高效性与权威性；其五，内部解决机制有悖法治理念，违反司法最终解决原则等。实际上，仔细推敲，我们完全可以得出这样的结论，这就是，内部机制的缺陷仅仅是现行内部机制所带有的缺陷，通过对内部机制的重新构建，这些缺陷是完全可以一一避免的。

（一）规范化、制度化不足缺陷之克服

毫无疑问，制度是人类社会的重要组成部分，也是人类社会区别于其他事物的一个重要标志，同理延伸，笔者认为，对以下判断也不应该存在异议，这就是：规则作为人类交往中形成的交往模式，是交往关系固定化、模式化的结果，是人类在长期交往中逐渐形成的，规则规制着人的交往行为，使之协调、统一。它是人们用以识别交往行为的性质、评价交往行为的合理性的公认的标准，它能指导人的交往行为，使之有一个正确的方向解决交往中可能发生的纠纷。因此，人类交往不可能没有规制，或者可以说规则是交往的必不可少的构成部分。概而言之，规则是制度最主要的部分，它是人类交往的构成要素之一，它能够使人类交往保持合理性、有效性和持续性。

人类交往的复杂性、多样性决定了因交往而产生的规则、规范的种类是繁多的，一定程度上可以说有多少种交往就有多少种交往规则，而且即使是同一种交往，因交往所及地区的不同、所牵涉文化习俗的差异等因素，交往的规则也会有所不同，人们所谓的"十里不同俗"，就是这一差异的真实生动写照。法学理论上，我们可以把人类交往规则划分为技术性规则（规范）和伦理性规则（规范）两大类。技术性规则（规范）是规范人与自然界或人与物交往的规则，它们按照所发生交往物的本性和运动规律来指导和限制人的行为，使人少受伤害、少出差错而多有成效，以确保人与自然、人与万物的和谐，最终服务于人类社会及人类自身的美好和幸福。伦理性规则（规范）是调整人与人的交往关系的规则，或者可以说是调整社会关系的规则，它可以使人与人彼此之间减少矛盾和冲突、保证人们彼此之间一旦发生矛盾和冲突能够理性解决，而不至于两败俱伤，其目的是服务于人与人之间的和平、和谐、公平相处，以使人类社会和人类本身能够更好地发展，更加紧密地团结，发挥人类的整体力量、集体智慧，创造出更多的物质财富和智力性成果，进而促进社会和人类的美好幸福及可持

续发展。由于技术性规则（规范）和伦理性规则（规范）所追求的最终目的是一致的，所以随着人类社会的进步发展，人类文明的昌盛与繁荣，愈来愈多的技术性规则（规范）得以伦理化或社会化而成为伦理性规则（规范），在发展趋势上表现为技术性规则（规范）向伦理性规则（规范）靠拢的发展态势，当然，二者之间存在的差异也是客观的。另外，人类交往的伦理性规则（规范），作为直接规范着、调节着人与人之间关系的规则，与人的交往显然更加直接，伦理性规则（规范）又可以细分为许多子类，比如道德规范、宗教戒律、文化体育规则等。

法律也是人类社会规则体系中的一种规则和制度，所不同的是，法律是有别于其他社会制度和规则的一种特殊的制度和规则，法律规则的特殊性表现在以下几个方面：

其一，法律规则是由国家公权力机关所认可或制定的，而不是由一般的普通私人权利主体或一般的社会性权利主体所制定或认可的，从其产生的主体上看，法律规则具有高度的权威性、更大的强制力、更宽阔的涵盖面、效力位阶较高。

其二，法律规则的形成过程反映了交往理性，体现了协商民主，这就确保了法律规则的规范性、严肃性。表面上看法律规则是统治阶级意志的体现，是政治权力的一个方面或组成部分，是立法权作用的结果，或者说是主权者的命令。实质上法治状态下法的形成并非如此，亦即法并非是主权者的主观任意，法的产生首先需要所在社会的大多数人们形成共识，即形成共同的政治社会理想和价值观念，法是通过人们长期的交往和长期的政治斗争才能逐渐形成的。在以往的社会里，其形成的标志是表达这一社会共识的政治人物的观念吸引了人们，其支持者形成一种政治势力，他们在政治斗争中得到人民的支持并取得了胜利，夺得了政治权力，然后他们把自己的政治社会理想和价值观念规则化、制度化，这就是我们所说的法律规则和法律制度。在现代民主制社会里，这种共识的形成主要是在拥有立法权的议会中进行。在这种为大家所认可的场景中，社会的各种利益群体的代表在充分表达各自的愿望和意图的前提下，按照法定的民主程序，进行平等协商，求同存异，从而获得共识，并使之规则化、制度化。[1]法律规则形成过程的严肃性、庄重性，致使法律规则相对于其他社会规则而言，更为严肃而规范，其规范化、制度化的程度最高。

其三，法律规则是从其他社会规则中提炼出来的，应该是更优势的社会规则。在法律规则的发展史上，法律规则并不是人类社会一开始就有的，萌芽状态的法律规则是原始社会中原始人在长期交往中所形成的原始习惯，马克思主义法学认为法经历了一个由原始习惯至习惯法进而发展到如今成文法律规则的演进过程。实际上，绝大多数的法律规则是从人类交往规则中的道德规范、宗教戒律、技术性规范中提炼出来，使之上升为法，作为派生的规则，法律规则应该更具有优越性。

其四，法律规则更具有普遍性。一方面和个别性具体规范相比，法律规则所作用的效力不是一次性的，同时它也并不是以具体的人、具体的事为其规制的对象，法律规则所规制的是一类人或所有的人。另一方面在其他社会规则与法律规则相冲突时，现代社会状态下，其他社会规则要让位于法律，法律规则具有优先性，与法律规则相抵触的其他社会规则是无效的。所以与其他社会规则相比较，法律规则具有普遍性。

另外，法律规则还具有确保规则不因人而异，更有利于保持社会秩序稳定的功效；具有利用公权力有效保护合理的交往、协调各种交往的关系和解决它们之间的矛盾，使交往具有公正性和合法性的功效等。

缘于法律规则相较于其他社会规则所具有的特殊性或优越性，当今世界绝大多数国家均致力于社会国家生活重要社会关系的法制化建设。[2]行政交叉或行政空白的解决关系行政系统内部关系的和谐，直接影响行政机关行政的效率，影响行政相对人合法权益的保障，影响行政机关向社会、向

---

① 严存生：《法的"二体"和"多元"》，商务印书馆 2008 年版，第 81—82 页.

② 当然在法制化建设的基础上的，确保静态的法律制度得以完全实施及实现的厉行法治也是十分重要的，但毫无疑问，法制化是前提和基础.

民众提供服务的质量优劣或进行行政管理的社会效果好坏。笔者认为，对行政交叉或行政空白理性解决这一问题的重要性，无论怎么强调都不过分。所以行政交叉或行政空白的解决（包括对行政解决机制）进行立法规制是必需的，未来有必要对行政机关解决行政交叉或行政空白机制进行立法规制，如此一来，就完全可以克服内部机制规范化、制度化不足的缺陷，完全可以实现行政交叉或行政空白之行政机关解决机制的规范化和制度化。

新中国成立以来，我国十分重视法制建设，开始建立并逐渐健全反映人民群众愿望和要求的社会主义法律制度，尤其是 1978 年党的十一届三中全会以后，我国的民主与法制建设步入了平稳高速发展的快车道，今天，中国特色社会主义法律体系已经形成。在中国共产党第十五次全国代表大会上，提出了"依法治国，建设社会主义法治国家"的目标，2004 年宪法修正案，"实行依法治国，建设社会主义法治国家"明文入宪，法治已经成为我国治国安邦的基本国策，体现在行政领域，行政法治是依法治国在行政领域的表现。20 世纪 80 年代中后期，我国开始探索依法行政的中国路径，各行各业陆续出台了一些践行依法行政的规范性文件。1999 年 11 月，国务院发布了《国务院关于全面推进依法行政的决定》，此后各级政府及其各职能部门开始加强制度建设，严格行政权力的行使，强化行政执法责任制，使我国政府及其各职能部门依法行政的能力和水平有了大幅度提高。2004 年 3 月，国务院又出台了《全国推进依法行政实施纲要》，此纲要提出经过 10 年左右坚持不懈的努力，基本实现建设法治政府的目标，使我国的行政管理体制更加合理科学，增强我国各级政府及其职能部门的依法行政的能力。站在行政法治视角，我国的行政法治水平近年来的确有了长足发展和大幅度提高，而且我国政府还一如既往地加强和推进我国政府法制化建设的水准，提升政府规范化建设的能力。2021 年 4 月，中共中央办公厅、国务院办公厅印发了《关于加强社会主义法治文化建设的意见》，其中有"到 2035 年，基本形成与法治国家、法治政府、法治社会相适应，与中国特色社会主义法治体系相适应的社会主义法治文化，基本形成全社会办事依法、遇事找法、解决问题用法、化解矛盾靠法的法治环境"。因此，我们完全有足够的根据认为，在不久的未来，行政交叉或行政空白的行政解决如何进行、应遵守何原则、通过何方式、历经哪些步骤、在多长时限内解决、由何主体进行解决、解决的效力如何等问题，一定会付诸立法，实现法制化。总之，从法规制定和行政法治两方面看，现行行政机关解决行政交叉或行政空白机制所带有的规范化、制度化不足的缺陷是完全可以克服的。

（二）不独立、不中立缺陷之克服

任何纠纷解决机构，均必须相对超然独立于纠纷双方当事者之外，与所解决的纠纷应该不存在任何利害关系，否则该纠纷解决机构解决纠纷的活动及其解决方案必将受制于法律和事实之外的其他因素，考虑其他不应该考虑的问题，而不能公正地解决纠纷，其对纠纷解决的方案也一定不具有公信力，没有正当性。行政交叉或行政空白的解决，也绝不例外，解决行政交叉或行政空白的机构也绝对不可以不独立、不中立于产生行政交叉或行政空白的各个行政机关之外。笔者以为，我们完全可以通过设立专门的行政交叉或行政空白解决机构，为其配备专业的解决行政交叉或行政空白的人员来达到这一要求。

机构的专门化是指解决行政交叉或行政空白的行政机关不具有对外行政的权力，其仅仅具有监督并保障政府及政府职能部门依法行政的权力和职责，这个机关虽然隶属于行政机关系统，但它本身具有独立性，完全依赖事实和现行有效法律规定，或在法律没有明确规定情况下依据法律精神、法律原则，依据党的政策、民族风俗习惯等作出决定，不受外界的任何干扰。解决行政交叉或行政空白的行政机关不具有对外行政的权力，是因为如果该机关具有了对外行政的权力，就可能与其他行政机关在行使行政职权时发生行政交叉，如此由它来解决行政交叉或行政空白，显然有违起码的形式正义。该解决行政交叉或行政空白的行政机关既可以专门设立，也可以由现在的政府法制部门来承担解决行政交叉或行政空白的职责而不必另行专门设立。笔者倾向于由现在的政府法制部门来履行解决行政交叉或行政空白的职权。这是因为，其一，在现实解决行政交叉或行政空白的实践中，往往由政府的法制部门来处理，所以这一做法较契合实际情况；其二，行政交叉或行政空白的解决首先就是必须对争议的行政机关的法定职权进行清晰的认识，进而看该行政机关有没有超越法定职权的范围。在我国现在的行政机关体系内，政府的法制部门较熟悉行政组织方面的法律法规，对行政管理方面的法律、法规也较熟悉，由政府法制部门来解决行政机关间发生的行政交叉或行政空白应该会更合法更公正；其三，行政机关间发生了行政交叉或行政空白，一定程度上意味着依法行政方面出现了问题，必须对这一现象施以法制监督，所以笔者认为解决行政交叉或行政空白的活动过程，一定程度上就是对行政权力的运行进行法制监督的活动过程，而在我国现行体制下，政府的法制部门承担着行政法制监督的职责，长期履行政府法制监督的实践，使其积累了一定的解决行政交叉或行政空白的经验，所以由政府法制部门来解决行政交叉或行政空白会更妥当更合适；其四，政府的法制部门作为办事机构，超越于其他职能部门，相较于其他行政机关而言，更能代表行政机关或各级人民政府从全局考虑，以大局为重来妥善处理行政交叉或行政空白；其五，专设特定的解决行政交叉或行政空白的行政机关显然会增加编制增加成本，对我国目前的体制产生一定的不利影响。当然，由政府的法制部门来解决行政交叉或行政空白，目前看来也有不利的方面，最主要的问题是我国的政府法制部门被视为政府的法制工作机构，其主体地位的独立性不强，往往有职无权，这也是我国政府法制监督不力、监督效果不尽如人意的重要原因。笔者建议，在立法上必须明确政府法制部门的独立的行政主体资格，充实其法制监督的权力，拓展其对行政法制监督的新领域、增强其法制监督的新方式，同时对其法制监督权力和监督方式的运行构建科学的监督机制。如此一来，我国的政府法制部门一定会大有可为，也必定能大有作为，成为保障政府及其职能部门依法行政的坚强柱石，从而，由政府的法制部门解决行政交叉或行政空白也一定不会出现不便。

人员的专业化是指行政交叉或行政空白解决的具体人员，具有极高的专业化水准，有足够的能力和完全的资格，解决行政交叉或行政空白。解决争议的人员具有专业化水平，是其对该争议正确解决的基础和保障，从而也是确保解决结果具有社会公信力的条件，只有由足够能力和完全资格的专业化解纷人员解决纷争，其解决结果也才具有权威性和值得被遵行性。解决行政交叉或行政空白的人员具有专业性，一方面要求解纷人员具有专业的行政管理或公共行政方面的专业知识，经历过这方面专业知识的正规化训练，同时另一方面还必须要求解纷人员具有较长期的行政机关执法实践经历，甚至可谓是行政执法领域的专家，再一方面就是必须要求解纷人员具有法律专业方面的专门知识，经历过专业的法学训练和学习，取得了法学本科学士乃至以上的学位证书，同时还有一定的法律技能方面的训练。为了达到这些标准和资格的要求，笔者建议设立行政交叉或行政空白行政解决人员准入制度，提高成为该类人员具备解纷资格的准入门槛。另外，随着国家社会生活的日新月异，随着科学技术的进步，随着信息化时代的到来与深入，行政行为的方式、内容也必将发生变化，行政执法人员的思维及操作方法手段、管理与服务措施也必将发生变化，所以行政交叉或行政空白的行政解纷人员解决行政交叉或行政空白的策略、技能等也只有适应这些变化，才能跟上时代的节拍，通畅妥当地解决行政机关间有可能发生的行政交叉或行政空白。所以笔者认为，必须建立行政解纷人员的外调和培训机制，可定期地选派解决行政交叉或行政空白行政机关的解纷人员到行政执法部门挂职锻炼，可以定期不定期地聘请来自行政执法实务工作部门的执法人员讲讲行政执法活动，传授行政执法经验，谈谈行政执法体会等，如此，才可以不断提高行政交叉或行政空白解纷人员的整体素质和水平，确保其对行政交叉或行政空白案件处理的高质量和高效率。

（三）公开性不够、公正性不足缺陷之克服

程序正当原则是行政机关解决行政交叉或行政空白活动应遵循的原则，也是其核心原则。所谓程序正当原则，此处特指解决行政交叉或行政空白之行政机关在解决行政交叉或行政空白活动中所遵循的步骤、所采取的手段应当是正当的，应当是符合理性的、情理的，尤其是在影响纠纷当事者的合法权利，对其产生不便或消极影响时，更应该注重保障相关当事者的程序权利。

程序的价值为西方众多的法律人士所认识。美国大法官福兰克·弗特这样说："自由的历史基本上是奉行程序保障的历史。"[①]西方的一句法律格言也说："程序决定着公正。"美国大法官道格拉斯评论美国的权利法案时也指出："权利法案的大多数规定都是程序性条款，这一事实决不是无意义的。正是程序决定了法治与恣意的人治之间的基本区别。"[②]英国的韦德爵士也有这样一段话："随着政府权力持续不断地急剧增长，只有依靠程序公正，权力才可能变得让人能容忍。……程序公正与规范是自由不可或缺的内容。苛严的实体法如果公正地、不偏不倚地适用是可以忍受的。宁可生活在用普通法程序适用的俄国法律之下也不愿生活在俄国程序法适用的普通法之下。……"[③]这些话对于程序重要性的强调的确并不为过。罗尔斯认为："公正的法治秩序是正义的基本要求，而法治取决于一定形式的正当过程。正当过程又主要是通过程序体现出来的。"[④]笔者认为，在行政法领域，程序的价值尤其重要，因为行政程序是克服行政专横的有利武器，是对官

---

① 转引自季卫东：《法律程序的意义——对中国法制建设的另一种思考》，载季卫东：《法治秩序的建构》，中国政法大学出版社 1999 年版，第 9 页.

② 季卫东：《法律程序的意义——对中国法制建设的另一种思考》，载季卫东：《法治秩序的建构》，中国政法大学出版社 1999 年版，第 3 页.

③［英］威廉·韦德：《行政法》，徐炳等译，中国大百科全书出版社 1997 年版，第 93 页.

④［美］约翰·罗尔斯：《正义论》，1971 年英文版，第 239 页. 转引自湛中乐、王敏：《行政程序法的功能及其制度——兼评行政处罚法中程序性规定》，载《中外法学》1996 年第 6 期.

员恣意妄为的必要限制，是保护相对人合法权益的基本保障。

程序虽然很重要，但程序本身也存在一个是否正当、是否合理的问题。正当的法律程序一般会带来公正的结果，并且使人们对该结果欣然接受；反之，不正当的程序带来的是不公和对抗。王名扬教授指出："一个健全的法律，如果使用武断的专横的程序去执行，不能发生良好的效果。一个不良的法律，如果用一个健全的程序去执行，可以限制或削弱法律的不良效果。"①

那么，程序正当与否的标准是什么？笔者认为对程序正当与否的考察，主要是基于程序本身的特点，即程序本身的过程性、交涉性、科学性和技术性，从以下两个角度考虑：

1. 从形式上来考虑，正当的行政程序应当具备这些特性：中立性、可操作性和透明性。

其一，程序的中立性。正当的行政程序应当能保障程序的主持人做到不偏不倚，不和当事人单方面接触。"任何人不能担任自己案件的法官。"普通法的这一戒律意在确保各方当事人受到平等的对待。和行政程序的法律结果有利害关系的人不能成为案件的主持人。案件主持人不得与各方当事人有利益上的联系。回避制度是程序中立性的重要保障。

其二，程序的可操作性。程序的存在价值就在于为法律行为提供明确的指引。行政程序的任何规范应当符合法律规范的基本构成要件，要有明确、具体、相互衔接而非抽象的行为模式，以及违反程序的法律后果的规定。行政程序规范还应当步骤明确有序，以有效地控制行政官员的专横和恣意。

其三，程序的透明性。行政程序应当是公开的，行政程序的诸要素应当能为公众所知晓，以便接受公众的监督，确保行政程序正当性的实现。

2. 从实质上来考虑，在行政程序法的领域，大体而言，正当的行政程

①王名扬：《美国行政法》，中国法制出版社 1995 年版，第 41 页．

序是充分保障行政相对人程序权利的程序；反之，不能充分保障行政相对人的程序权利的行政程序则是不正当的、武断的、专横的。

在法律程序中，实际上蕴含了当事人的各种权利。当然，这些权利主要是一些程序性的权利，并不直接涉及当事人的自由或财产。以行政程序为例，程序正当原则要求任何一方当事人均应享有各种程序权利：①事前的通知和听证的权利；②获得审判形式的听证的权利；③律师辩护权；④由公正无私裁决人进行裁决的权利；⑤获得调查结果和结论的权利等。相应地，行政程序法应当设定各种具体制度来保障行政相对人的程序权利：听证制度、证据制度、回避制度、告知制度、说明理由制度等。可以说，行政程序法的各项基本制度都体现了正当法律程序的要求，程序正当原则贯穿于行政裁决行政交叉或行政空白案件的全过程。

正当程序原则是行政程序法的基本原则，贯穿于行政程序法的始终。作为一项基本原则，正当程序原则体现为以下几个具体原则：

1. 程序公开原则。程序公开原则是指行政主体在实施行政行为过程中，除法律规定的情形外，必须将行政行为向行政相对人及社会公开。它包含如下内容：①行政过程公开。行政过程公开并不是要求行政主体将整个行政过程都让行政相对人参与或者了解，而是在行政程序中几个对行政相对人的合法权益有重大影响的阶段，让行政相对人有参与或者了解的机会。②行政决定公开。行政主体作出影响行政相对人合法权益的决定时，必须向行政相对人公开，从而使行政相对人获得行政救济的权利和机会。"阳光是最好的防腐剂"。在此再一次引用休厄大法官的这段话并非多余，"公平的实现本身是不够的。公平必须公开地、在毫无疑问地被人们能够看见的情况下实现。这一点至关重要"。可以说，公开性是构成行政程序正当性的重要因素。

2. 顺序原则。顺序原则是指行政程序法律关系主体必须严格依照法律规定的行政程序的顺序进行活动，因为，行政程序是由若干个步骤、阶段在时间上的延续构成，它如同链条，一环紧扣一环，从而保证行政程序法律关系主体的活动顺利进行。顺序原则产生两条规则：①行政程序不得颠倒。即行政程序法律关系主体不能先进行后面的行政程序，再进行前面的行政程序，否则，将会导致行为无效。如行政主体先裁决，后取证的行为应当被严格禁止。②行政程序不得跳跃。即行政程序法律关系主体进行行政程序活动不得遗留、疏忽法律预先设定的行政程序。

3. 参与原则。参与原则是指行政程序应当尽可能为行政相对人提供参与行政活动的机会，从而使行政活动更加符合社会公共利益。参与原则包含如下内容：①行政相对人的听证权利是行政程序参与原则的核心。离开了听证制度，参与原则就失去了存在的基础。②行政相对人的申辩权是行政程序参与原则的集中体现。

（四）及时性、高效性不够缺陷之克服

相对于外部解决争议机制而言，一般说，内部解决争议机制应该更及时、更高效，但这也并不是绝对的，如果不确立效益原则，不采取保障效益的制度和措施，内部解决争议机制可能沦为和稀泥，造成耗时费力、旷日持久却仍无法妥当解决争议的窘况。

效益（efficiency）的基本含义是：从一个给定的投入量中获得最大的产出，即以最少的资源消耗取得同样的效果，或以同样的资源消耗取得最大的效果。在经济学上，效益是指在特定的情况之下，社会总成本与总收益之间的关系，即以最少的资源消耗获取同样多的收益，或以同样多的资源消耗获取最大的收益。当代西方经济分析法学家十分重视研究法的效益价值，其核心思想是：效益——以价值得以极大化的方式分配和使用资源，是法的宗旨。① 事实上，追求效益的最大化同样是现代社会对政府的要求。行政法上的行政效益原则是指在行政法规范的制定和实施过程中，要求以消耗最少的社会资源而获取最多的社会效果。如果说正当程序原则是对行

---

① 吕世伦：《法哲学论》，中国人民大学出版社 1999 年版，第 585 页.

政权力的行使过程给予关注的话，那么行政效益原则无疑体现了对行政权力行使结果的极大关注。

在我国行政法中，引入行政效益原则有着明确的宪法依据。现行《宪法》第 27 条第 1 款规定："一切国家机关实行精简的原则，实行工作责任制，实行工作人员的培训和考核制度，不断提高工作质量和工作效率，反对官僚主义。"这一表述体现了宪法对效益原则的肯定。引入行政效益原则也有助于更新行政法观念，从而更好地回应服务行政、给付行政时代的需要。行政交叉或行政空白的行政裁决活动是行政行为的一种表现，也应遵循行政效益原则。另外，行政交叉或行政空白的解决，是维护与稳定公法秩序的活动，更应该追求行政效益。如果没有行政效益，有权之行政机关就不可能尽快行使自己的行政管理职权，对应该管理的行政事务从事全面管理，也就无法对应该保护或提供服务的行政相对人施以保护或提供服务，进而损害相关行政相对人的合法权益。

为了确保行政机关解决行政交叉或行政空白效益原则的实现，应当确立如下制度：其一，时限制度。时限是行政交叉或行政空白行政机关解决法律关系主体必须在法定期限内进行相应的法律行为，才会产生肯定的法律后果，法定期限届满后即产生不利的法律后果，相关的当事人故意拖延时限的应承担法律责任。其二，代理制度。此处的代理特指在专门行政机关解决行政交叉或行政空白的过程中，所涉争议的双方行政机关不履行或无法履行法定义务时，依法可以由他人代为的一种法律制度，包括可以委托律师或专业的技术人员，代为参与行政交叉或行政空白的解决过程，提供法律方面或技术方面的支持等。其三，行政不服诉讼制度。此处意指在解决行政交叉或行政空白的行政机关不履行或拖延履行解决该争议职责时，或者行政交叉或行政空白案件的行政处理期限届满时，行政交叉或行政空白的当事者，可以提起诉讼，要求有管辖权的人民法院对该案件进行受理并予以审理，人民法院不得以未历经行政先行解决程序为理由进行拒绝。此外，还有紧急处置制度、委任制度、排除行政障碍制度和行政协助制度等。总之，行政交叉或行政空白解决之专门行政机关在解决行政交叉或行政空白的过程中，有权为了维护社会公共利益、国家利益，维护社会秩序的稳定采取一些便宜措施，拥有一定的行政优益权。

（五）自主性不足缺陷之克服

内部纠纷解决机制极容易让人误解为是由内部成员自家解决自家所发生的矛盾及纷争的争议机制，该机制不存在也不应该有任何外在力量的监督，完全是由机制内部成员中的长者个人说了算，不会有正式的程序，甚或是在暗箱之中操作，因而和民主的要求相差甚远，故而是非民主或者反民主的。笔者认为这种看法是由对"民主"内涵和外延的不全面理解所导致的。实际上，行政上的"民主"和作为一种政体的"民主"是两回事，作为一种政体的"民主"，是"统治者与被统治者、治理者与被治理者、施令者与服从者的同一性，亦即意味着统治者与被统治者的同质性"①。奥地利学者米塞斯则认为"民主意味着自决"②，在美国学者熊彼特看来："民主是一种政治方法，即，为达到政治——立法与行政——决定而作出的某种形式的制度安排。"③总之，民主的重要性毋庸置疑。那么，行政机关间权限争议之行政裁决是否可以通过民主的方式来实施？按照卡尔·施密特的理解，"按照民主制的同一性原则实施的行政实际上是不可能的"，将"一切公共事务交给拥有投票权的公民来定夺，这种做法至多在规模适中的地方自治的范围内才是可行的"，因此"行政的民主化"仅仅意味着"符合基本民主观念或各民主政党纲领的一系列个别改革得到了实施"。④行政机

---

① [德]卡尔·施密特：《宪法学说》，刘锋译，世纪出版集团上海人民出版社 2005 年版，第 251 –253 页.

② [奥]路德维希·冯·米塞斯：《官僚体制反资本主义的心态》，冯克利、姚中秋译，新星出版社 2007 年版，第 105 页.

③ [美]熊彼特：《资本主义、社会主义与民主》，吴良健译，商务印书馆 2002 年版，第 359 页.

④ [德]卡尔·施密特：《宪法学说》，刘锋译，世纪出版集团 上海人民出版社 2005 年版，第 292 页.

关间权限争议裁决也难以"自决"而最多实现最大广度和深度的公众参与。实然层面看，我国行政交叉或行政空白行政裁决"民主化"的要求并不构成民主制度。另外，从世界各国行政实践看，民主制行政作为一种行政模式早已被抛弃。①显然行政交叉或行政空白之行政裁决的"民主"并非作为制度的民主，其要求是对民意的适当考虑和尊重，至多是在制度和实践层面增强行政交叉或行政空白之行政裁决过程公众的参与程度与行政裁决主体对民众需求、意愿的回应性。

笔者认为，在行政机关对具体行政交叉或行政空白案件进行解决的过程中，如果行政交叉或行政空白案件影响了第三人的合法权益或者对行政交叉或行政空白案件的解决可能会使第三人的既有权利和义务发生改变或影响，在解决的时候一定要让该第三人参与进来。另外，有的行政交叉或行政空白案件及其解决可能有较大的社会影响，此种情况下，可以让一定范围的群众推选代表来参与该案件的处理，在具体案件的处理过程中要认真听取相关民众的意见、建议，并且在处理时将其共识性的意见、建议作为考虑的因素之一或证据之一。

对于专业性较强的行政交叉或行政空白案件的解决，笔者认为，为了弥补相关解决人员专业知识的不足，为充实解纷主体的专业水平，可以邀请有相应的专业技术知识且为人公道正派的专业学者参与行政机关解决行政交叉或行政空白的机制中来，并将专家咨询论证机制作为必经程序。相反未经专家咨询论证程序，应当追究相关主体的行政责任，该行政交叉或行政空白案件的处理结果是无效的。当然，对于那些专业性要求不高的或者专业性较弱的行政交叉或行政空白案件的解决，专家咨询论证程序则为选择性的程序。

---

①［美］文森特·奥斯特罗姆：《美国公共行政的思想危机》，毛寿龙译，上海三联书店1999年版，第81-102页．

二、行政裁决及其与行政交叉或行政空白的解决

作为一项重要的法律制度的行政裁决制度，在我国涉及行政管理与服务的诸多领域，我国有不少部门行政法规定了行政裁决，比如《中华人民共和国专利法》第 57 条明确规定："取得实施强制许可的单位或者个人应当付给专利权人合理的使用费，或者依照中华人民共和国参加的有关国际条约的规定处理使用费问题。付给使用费的，其数额由双方协商；双方不能达成协议的，由国务院专利行政部门裁决。"再比如《中华人民共和国土地管理法》第 16 条规定："土地所有权和土地使用权争议，由当事人协商解决；协商不成的，由人民政府处理。单位之间的争议，由县级以上人民政府处理；个人之间、个人与单位之间的争议，由乡级人民政府或县级以上人民政府处理。当事人对有关人民政府的处理决定不服的，可以自接到处理决定通知之日起三十日内，向人民法院起诉。在土地所有权和使用权争议解决前，任何一方不得改变土地利用现状。"另外，在《中华人民共和国水法》《中华人民共和国环境保护法》《中华人民共和国商标法》《中华人民共和国渔业法》《中华人民共和国行政区域界线管理条例》等行政法律、法规中均有行政裁决的规定，可以说行政裁决法律制度在我国已经初步建立并有了较大发展。但从我国现行法律、法规关于行政裁决法律制度的规定来看，我国的行政裁决主要有权属纠纷方面的裁决、侵权赔偿方面的行政裁决等两大种类。权属纠纷的裁决主要适用于土地、草原、森林、水面、滩涂、矿产等自然资源方面的纠纷。侵权赔偿方面的行政裁决指行政机关依据法律、法规的规定对平等主体之间发生的与行政管理职权相关的侵权损害赔偿民事纠纷作出的裁决。我国目前的行政裁决制度仅适用于民事纠纷的解决，笔者认为，通过对行政裁决法律制度的完善，扩大行政裁决的适用范围，行政裁决制度作为解决行政交叉或行政空白的一项重要制度，行政裁决方式作为解决行政交叉或行政空白的方式完全可以发挥巨大功效。在本章，笔者将对行政裁决及其价值、我国的现行行政裁决制度的缺陷及

其完善、行政裁决制度解决行政交叉或行政空白的优势等问题加以分析。

（一）行政裁决及其价值

从我国多年行政复议和行政诉讼的实践来看，因对行政裁决行为不服而引发的行政案件一直占行政案件受案总数的很大比例，这也从一个方面说明了行政裁决制度存在的价值。行政裁决制度作为行政法律制度的重要组成部分，在我国行政法学理论的研究上却并未引起足够的关注，相关的理论研究成果也并不丰硕、厚重，当然笔者无意也没有必要对行政裁决制度作全面系统的深入研究，仅仅对与本书立论相及的理论作简单梳理与粗浅分析。

1. 行政裁决的含义。在我国行政法理论和实践中，行政裁决已经是一个比较常见的概念。然而，在不同的场合、不同的论著、不同的法律规范中，行政裁决的内涵和外延并不相同，有时甚至是大相径庭。为了便于研究问题，结合目前理论界能够普遍接受的观点，笔者认为，应当给行政裁决下一个定义：行政裁决是指国家行政机关依据法律、法规的授权，以居间裁决者的身份，对特定范围内的纠纷依法作出处理的具体行政行为。根据这一定义，行政裁决应当包含以下几方面内容：

其一，行政裁决的主体是国家法律、法规特别授权的行政机关。行政裁决是一项行政职权。依据依法行政的基本要求，任何行政权的产生都必须有相应的法律依据。某一特定行政机关是否享有行政裁决权，其行政裁决权的范围多大，行政裁决权的具体内容包括哪些，以及行政裁决权行使的程序如何，等等，都应当有法律、法规的依据，符合法律、法规的要求。法律、法规的授权应当是具体的、明确的，行政机关享有一般管理权不等于就享有相应领域的行政裁决权。

其二，行政裁决的范围是特定纠纷。笔者不主张将行政裁决的对象界定为或限定为与行政管理权密切相关的特定的民事纠纷，这将使行政裁决的范围十分有限。行政裁决应包括所有与行政管理密切相关的民事纠纷①，还应该包括行政交叉或行政空白，一定程度上，行政复议是行政裁决的一种特定表现形式。按照传统的三权分立的观点，民事纠纷应当是司法机关——法院的主管领地，行政机关并不能够参与解决民事纠纷。然而，现代行政对效率的不断追求，逐渐突破旧有的传统框架，行政机关不仅对行政争议进行裁决，也开始对行政管理过程中的民事纠纷作出处理。其次，行政裁决并非涉足所有民事纠纷的处理，仅对与行政管理职权密切相关的民事纠纷依法享有裁决权。行政机关之所以要参与对民事纠纷的处理，其目的主要不是分担或者分享司法权，而是提高行政效率，维护正常的行政管理秩序，因此，行政机关所裁决的民事纠纷必须是和行政机关的行政管理职权密切相联系的那些民事争议，与行政管理职权无关的民事纠纷，不需要也没有必要让行政机关来裁决。

其三，行政裁决主体——行政机关，在行政裁决中的地位是居间裁决者。行政裁决法律关系是三方法律关系，其中，纠纷的双方当事人处于被裁决者的地位，拥有行政裁决权的行政机关则处于依职权对纠纷作出裁判的裁决者地位，这与一般行政行为有着明显的区别。通常行政处罚、行政强制、行政检查、行政许可等行政法律关系中，只有行政机关和行政相对人两方当事人，行政机关处于管理者的地位，依法履行法律赋予的行政管理职责，对相对人实施行政管理；而在行政裁决法律关系中则是三方关系，其中纠纷的双方当事人是实体权利义务的承担者，行政机关则是与该项民事纠纷的实体权利义务无直接关联的第三方，其参加此类法律关系的直接目的是居中裁决纠纷。要对双方纠纷作出裁决，行政机关就必须要有凌驾于纠纷双方当事人之上的权力，在行政裁决中，行政机关必须始终起着主导性的作用。

---

① 当然，行政机关获得对某类民事纠纷的裁决权有两个前提：其一是行政机关解决该类民事纠纷的权力已得到法律、法规的明确授权；其二是民事纠纷的双方当事人自愿向行政机关提出了正式申请。

其四，行政裁决的程序应当充分体现公开、公正、效率的行政司法特色。正是由于行政裁决是行政机关为主导的裁决纠纷的行政司法行为，因此，行政裁决的程序更应当体现司法的特点，而不应当将其等同于一般行政行为，行政裁决程序必须体现公开、公平、公正的原则。从行政裁决的实际效果看，行政机关裁决纠纷要让双方当事人服气，也必须要有公开、公平、公正的处理程序，只有在充分听取双方当事人意见的基础上，依法公正地作出裁决，才能止争息诉。因此，在行政裁决中，采取必要的类似于司法诉讼程序的某些制度是完全必要的。

其五，行政裁决仍然属于具体行政行为范畴。正是因为行政裁决具有具体行政行为的性质，所以，经过行政裁决的特定纠纷，当事人有权向法院提起行政诉讼，由人民法院经由司法程序施以解决。这里有必要说明的是，行政机关对与行政管理密切相关的民事纠纷所做的行政裁决，民事纠纷的当事人不服，提起行政诉讼，法院审理的是行政裁决行政机关的具体行政行为是否合法，同时可以在具备行政附带民事诉讼条件下，一并解决民事纠纷当事人间的民事争议。而行政裁决机关对行政交叉或行政空白的裁决，当事人不服提起行政诉讼后，人民法院所解决的是原发生争议的行政权限的归属，和一般意义的行政诉讼相比，行政交叉或行政空白是特殊类型的行政诉讼，有自己特殊的解决理念和解决程序，下文对此将专门论述，在此不予展开。

2. 行政裁决的价值分析。在我国社会转型、经济转轨的情状下，各类社会矛盾、社会纠纷凸显。但就民事纠纷为例，近年来我国民事纠纷的增长极快，在民事纠纷的解决过程中，人民法院起了至关重要的作用。但也必须客观认识到，法院的审判权也存在自身固有的局限性，诉讼并非是解决任何纠纷案件的最理想选择或最初的选择。不同类型的纠纷案件，应当适用有别的方式进行解决，这也是社会分工精细化的必然要求，也符合具体问题具体对待的辩证法要求。笔者认为，我们应当抛弃裁判权中心主义的法治理念，确立"适合的就是最好的"的解决问题化解纷争的观念。凡是人民法院的审判权不适合或者不能发挥作用的领域，最好由其他权力来处理，凡是人民法院的审判权不甚适合率先解决的问题，最好先交由其他权力来先行处理；同时发挥人民法院的审判权对其他权力的保障和制约作用。另外，自从国家产生以来，行政权就是公权力中最直接作用于社会成员和社会组织的权力。随着国家对社会事务的日益全面的参与，行政权力已经触及社会生活的方方面面，行政权的扩张是应社会的需要，只要对行政权设置了妥当的监督机制，确保行政权在法制的轨道上运行，在日趋复杂的社会环境下，行政机关的积极有为是正面的，是值得提倡的。与人民法院的审判权相比，作为行政权之一的行政裁决权具有以下几个方面价值：

第一，专业性强。现代市场经济的快速发展，必然带来大量的社会分工和高度专业化，导致政府的行政管理工作也日趋专业化，某些特定类型争议的裁决需要借助政府主管部门的行政权力和专家的作用。政府主管部门承担着行政管理职能，具有丰富的专业知识和管理经验，在解决特定争议中既可提高效率和效益，又可以借助专家的力量，因此行政裁决可以得到较审判更为合理的、正确的解决结果。

第二，综合性强。争议产生的原因是多种多样的，行政机关既具有社会管理的职能和经验，又具有专业知识方面的优势，更具有多种解决争议的手段和资源，可以将政府各部门协调起来解决争议，综合运用各种不同的部门所掌握的裁量权，加大争议解决的力度，从而综合地、全方位地解决争议。

第三，简便、高效、成本低廉、易于接近。行政裁决可以向当事人提供简便、高效、成本低廉、易于接近的正义，当事人在行政裁决程序中能够以较低的花费来寻求有效的救济，降低了争议解决的个人成本和社会成本，减轻了人民法院的负担，当事人也乐于接受。在法院诉讼量激增、诉讼费用高昂、诉讼程序迟延以及其他诉讼自身的弊端不断暴露的情况下，行政裁决作为替代人民法院解决争议的方式之一，有其存在的独特意义。

第四，有利于防止同类争议的发生。行政裁决机关可以通过对特定类型的争议的解决过程逐渐积累经验、形成政策和规范，把争议的事后处理与以后的事先预防结合起来；积极防止今后同类问题的发生。"以个别的纠纷处理为起点，通过自己的管理权限进一步发掘问题并谋求更具一般性的根本解决，正是行政性纠纷处理机关的最大优势"[①]。

第五，有利于纠纷的权威性解决。作为具体行政行为，行政裁决的过程即是行政机关履行职务的过程。与行使审判权的法院必须秉承被动消极的行动理念不同，行政机关在行政裁决的过程中不应处于被动的地位，而应该积极主动地调查证据和认定事实，甚至可以在当事人没有申请的情况下依照职权主动施以行政裁决行为。[②] 尽管我国现行民事诉讼证据制度保留了法官依职权可以调查取证的规定，但对其情形却也作了严格的限定，笔者认为这种限定是十分必要的，法官只能是裁判员绝对不可以既是裁判员又充当运动员，身兼二职，将导致法官角色的混淆，对诉讼制度产生毁灭性冲击。在许多新型的民事纠纷和行政交叉或行政空白纠纷的处理中，由当事人承担举证责任，要么是举证不能，要么是成本过高，在这种情况下，行政裁决制度的职权主义色彩显示了其天然的优势。有学者认为，在行政裁决中应当实行"谁主张，谁举证"的原则[③]，从表面上看，该观点有一定的道理，其实忽视了行政裁决权与人民法院的审判权的根本差异，是一种错误的认识。

（二）我国现行行政裁决制度的缺陷及其完善

行政交叉或行政空白之行政裁决机制的建构与实际运行，应该在现有的行政裁决法律制度的基础上予以理性改造，所以笔者将对我国现行的行政裁决法律制度加以分析。

---

① [日] 棚濑孝雄：《纠纷的解决与审判制度》，王亚新译，中国政法大学出版社 1994 年版，第 87 页．

② 吴汉全：《论行政裁决社会公信力的提升》，载《江苏行政学院学报》2005 年第 5 期．

③ 姬亚平：《行政裁决问题研究》，载《理论导刊》2008 年第 10 期．

1. 我国现行行政裁决法律制度的缺陷。我国目前的行政裁决制度并未形成完整意义上的法律制度，行政裁决法律制度建设远远落后于依法行政的现实需要。其制度缺陷主要有以下几点表现：

其一，行政裁决的法律名称不统一。有的法律称之为"裁决"，有的称"处理"，还有的叫"调处""责令"，等等。名称上的不一致，一方面会造成实践中对是否授予行政裁决权产生分歧，另一方面也说明，有关法律、行政法规在广泛地授予相关行政机关行政裁决的权力时，却对行政裁决的称谓表现出极大的随意性。梳理现行有关授权行政机关行政裁决权的法律、行政法规，我们可以发现一个十分有趣的现象，这就是：有关法律、行政法规真正使用"裁决（亦即实际上是行政机关的裁决）"的，推敲起来往往并非是目前行政法学理论上所称谓的和研究的行政裁决；而法律、行政法规在立法术语上使用"处理（亦即行政处理）""决定（亦即行政决定）"等词语表示的，却往往符合目前行政裁决的基本特征，属于行政裁决的范畴。例如《中华人民共和国立法法》第 85 条第 2 款规定："行政法规之间对同一事项的新的一般规定与旧的特别规定不一致，不能确定如何适用时，由国务院裁决。"此一法律条款使用了"裁决"一词，但是受行政裁决的对象却是行政法规，因此绝不是目前行政法学理论界所指称的行政裁决。再如，《中华人民共和国土地管理法》第 14 条规定："土地所有权和使用权争议，由当事人协商解决；协商不成的，由人民政府处理。"该法律条款的"处理"却完全符合行政裁决的基本特征，属于目前行政法学上的行政裁决范畴。

其二，行政裁决的种类不明确。目前行政法学理论界一般认为，受行政机关裁决的纠纷主要是损害赔偿纠纷、权属纠纷和侵权纠纷。但是，综观现行法律、行政法规的明确规定，我们可知行政裁决所针对的纠纷的范围事实上是比较广泛的。比如国务院颁布的《民间纠纷处理办法》授权基层人民政府对民间纠纷的行政裁决权，再比如《国有资产产权界定和产权纠纷处理暂行办法》第 29 条规定："全民所有制单位之间因对国有资产的经营权、使用权等发生争议而产生的纠纷，应在维护国有资产权益的前提下，由当事人协商解决。协商不能解决的，应向同级或共同上一级国有资产管理部门申请调解和裁定，必要时报有权管辖的人民政府裁定，国务院拥有最终裁定权。"这两种授权进行的行政裁决的对象，与目前行政法学理论界所谓的损害赔偿纠纷、权属纠纷和侵权纠纷是有明显差别的。还有，《中华人民共和国行政复议法》第14条规定："对国务院部门或者省、自治区、直辖市人民政府的具体行政行为不服的，向作出该具体行政行为的国务院部门或者省、自治区、直辖市人民政府申请行政复议。对行政复议决定不服的，可以向人民法院提起行政诉讼；也可以向国务院申请裁决，国务院依照本法的规定作出最终裁决。"在此法律条文中，受行政裁决的对象并不再是一般的纠纷而是国务院部门或者省、自治区、直辖市人民政府依法作出的某个行政复议决定。依照《中华人民共和国行政诉讼法》《中华人民共和国立法法》等法律的规定，行政裁决的对象可以为行政法规或行政规章。总之，这些关于行政裁决的法律规定，客观上已经将目前理论界所归纳的行政裁决的适用范围作了有力扩展。因此也就提出了一个问题，那就是：行政裁决是否确实仅仅针对"与行政管理有关的特定的民事争议"？

其三，行政裁决程序制度几乎等于空白。行政裁决的程序是行政机关依据法律、法规的授权裁决特定范围的纠纷所应当采取和遵循的步骤和方式。行政裁决是具体行政行为的一种，为了保障该行为顺利进行也为了规范该行为的实际运行，绝对不可缺失行政裁决的程序性规定。梳理目前有关规定行政裁决行为的法律、法规，我们可知，现行法律、法规对行政裁决程序的规定几乎等于空白，更谈不上有统一的行政裁决程序的规定了。以土地权属纠纷的行政裁决为例，《中华人民共和国土地管理法》第14条只规定"土地所有权和使用权争议，由当事人协商解决；协商不成的，由人民政府处理。……当事人对有关人民政府的处理决定不服的，可以自接到处理决定通知之日起三十日内，向人民法院起诉。"从该条文中我们根本无法得知相关的人民政府到底应该如何来"处理"当事人协商不成的土地权属纠纷案件。在基本法律中对土地权属纠纷行政裁决的程序未作规定，那么在国务院的行政法规中予以明确性规定也是完全可行的，但是国务院的《中华人民共和国土地管理法实施细则》对土地权属纠纷的行政裁决程序也并未作出更细致的规定。行政裁决缺乏严格的程序规范，在现实生活中，不仅仅影响到行政裁决行为的有效展开，同时也不利于充分保护当事人的合法权益。

其四，在近年的行政立法的实践中，由于我国所实行的部门立法体制之原因，过去许多法律、法规规定行政机关有对与行政管理密切相关的民事纠纷裁决权的，而在该法律、法规修改过程中，受行政机关怕当被告、不愿当被告心理作用的影响，修改后的法律、法规都取消了行政裁决的授权，将行政裁决改为行政调解，调解不成，当事人直接向人民法院提起民事诉讼；甚至直接取消行政裁决，并不赋予当事人申请行政机关处理的权利，这种做法显然既不符合当今世界各国强化行政机关裁决特定范围纠纷职权的发展趋势，也不切合我国服务政府践行举措，是一种不妥的做法。

此外，行政裁决还存在诸如几乎没有相对独立的专门机构和专业性人员；缺失行政裁决管辖制度规定；行政裁决时效法律制度几乎没有确立；行政裁决授权过于简单，法律对行政机关的行政裁决授权往往只有一句话，对授权的范围、权限、行使的方式等只有原则性的规定，实践中的操作性极差等弊端。

2. 完善我国行政裁决制度的若干意见。如何完善我国的行政裁决法律制度？笔者认为，在行政裁决制度的设计上，可以从以下几个方面努力：

其一，增强行政裁判权主体的独立性。纠纷解决机构具有必要的独立性是其对所要解决的纠纷施以理性判断的前提条件。行政裁决是解决特定纠纷的法律制度，要让当事人感觉到公正，行政裁决机构就必须要有独立的、不受各种势力干扰而作出行政裁决的地位。在我国，可以借鉴英、美等国行政裁判所、独立管制机构的经验①，设立各种不同专业或者行业的独立行政裁判机构。独立行政裁判机构的职能不是进行行政执法，其全部的功能在于裁决纠纷。行政裁判机构的裁判官员应当比普通行政执法人员有更高的专业和法律知识要求，有更高的福利和待遇。裁决机构应当采取合议制形式作出行政裁判决定。

其二，将行政复议制度纳入行政裁决范畴。行政复议和行政裁决都是行政机关解决纠纷的制度，完全可以将这两种制度统一起来。行政复议制度的核心不是行政机关内部的层级监督，而是当事人寻求法律救济的一条简便途径。现行《行政复议法》过于追求行政复议的行政监督性质，致使行政复议在许多情况下流于形式，很难真正起到保护公民、法人和其他组织合法权益的目的。而将行政复议和行政裁决合并，建立行政裁判所，突出行政裁判所的独立地位和裁判程序的司法性质，会对行政裁决和行政复议制度的发展，全面、公正地解决各种社会矛盾，起到十分重要的作用。

其三，将行政裁决与行政执法行为的职能分离。行政执法目的在于管理与服务，更多地体现在对行政效率的要求上；行政裁决则是解决纠纷，对公平、公正的要求更高。因此，两者本身的性质就决定了它们应当分别由不同的机构和人员来行使。在行政执法中由同一机构和人员行使行政裁决权，执法人员会更多地考虑行政执法问题，而对裁决纠纷仅仅当作一种附属职能，不可能对其投入更多的时间和精力。这样实际不利于发挥行政裁决定纷止争、减轻人民法院审判压力的作用。

其四，建立行政司法程序，规范行政裁决行为。为体现行政裁决解决纠纷的公开、公平、公正性，行政裁决机构必须采用类似于司法行为的行政司法程序，尽可能让争议双方当事人在平等的基础上充分表达意见，裁决机构在听取双方意见的基础上作出客观、公正的裁决。

其五，对所有行政裁决不服的，都应当允许当事人向人民法院提起行

---

① 关于英、美等国行政裁判所和独立管制机构的理论介绍及其运作经验的学理归纳，以及对其成功做法的借鉴，当下学界理论研究成果较丰硕，在此不展开介绍。

政诉讼。这是由法治国家的基本内容所决定的。人民法院是我国社会公正的最后防线，行政裁决公正与否要经得起司法审查的最终考验。

（三）行政交叉或行政空白之行政裁决的优势及可行性

经由行政裁决方式由特定的行政机关依据专门设计的程序解决行政机关之间的行政交叉或行政空白，具有优势，同时在我国也具有现实的可行性。在具体构建我国的行政交叉或行政空白行政裁决解决机制之前，笔者将对这一解决方式的优势及其可行性进行分析。

1. 作为内部机制的行政裁决完全具备了内部机制解决的优势。裁决行政交叉或行政空白的机关是行政机关，其所进行的行为是一种具体的行政行为，这一点笔者已在行政裁决的内涵部分作了分析，所以行政裁决属于行政交叉或行政空白的活动，是内部机制。缘于其内部机制，所以它就应该具有以上笔者所分析的内部机制所具有的权威性、专业性、正确性等优势，行政裁决机制可以及时且高效地解决行政机关间的行政交叉或行政空白，体现了对行政机关的尊重，契合了行政权完整性的诉求，同时行政裁决作为行政内部机制之一，用它来解决行政机关间发生的行政交叉或行政空白是符合中国传统思维模式的，吻合我们的法律文化传统。

2. 行政裁决极大地克服了内部机制的弊端。行政裁决行政交叉或行政空白的机关虽是行政机关，但它本身具有极强的独立性，它不对外行使行政管理职权，不会与其他国家行政机关尤其是行使具体行政管理事项的行政机关发生业务上或职能上的任何联系，行政裁决机制进行行政交叉或行政空白案件的裁决是完全根据查明的事实，基于现行有效法律规定作出决定，不受外界的任何干扰，即使在行政裁决机构内部，具体承办案件的人员也享有充分的独立性和任职保障，可以完全根据自己的职业判断作出决定。对于干扰、妨碍行政裁决机构或行政裁决人员执行行政交叉或行政空白裁决活动的任何机关、组织或个人均必须设定较严格的法律责任，一经查证属实，必将严加惩处。同时，笔者上文谈到让政府的专门进行法制监督的法制部门从事裁决行政交叉或行政空白的工作，作为一直专司法制监督，确保政府及其具体职能部门依法行政的政府法制部门，显然其相对超然、中立、独立于其他国家行政机关。假如再辅之充实充足行政法制部门的法制监督权力，使其具有较高的、完全独立的行政主体法律地位，充实行政法制部门的人员力量，设置行政交叉或行政空白行政裁决人员的入门资格，确保所有的裁决行政机关间行政交叉或行政空白的行政裁决人员都有足够的专业知识和技能经验，如此，行政裁决机制在全部保留行政内部解决机制优势的同时，也将会完全克服内部机制的弊端。

3. 行政交叉或行政空白虽有不同于其他争议的特殊个性，但也是争议的一种，完全具备纠纷所具有的共性或基本属性，比如，它有纠纷双方的当事人，有纠纷产生的原因，有纠纷的具体体现形式和纠纷的内容，行政交叉或行政空白也是具体的案件，对行政交叉或行政空白案件的解决其处理路径也是首先要考察案件的事实，在此基础上援引相对应的法律、政策等的有效规定，进而作出权限归属的判定。所以解决行政交叉或行政空白的过程和行政裁决机制的运行过程、操作路径并无不同。从此视角，笔者认为，行政裁决方式是可以用来解决行政机关间行政交叉或行政空白的。

4. 我国行政裁决的实践及其积累的丰富经验也表征了用其解决行政交叉或行政空白是可行的。行政裁决制度作为行政机关解决与行政管理领域密切相关的民事纠纷的一项重要制度，自新中国成立以来就已经存在，在计划经济时代，我国的行政裁决制度还是比较发达的，在民事纠纷的解决中发挥了重要作用，即使在其后的计划商品经济时代和市场经济确立的初期，行政裁决在解决民事纠纷中仍然扮演着重要角色。20 世纪 90 年代之前，我国多部法律保留了行政裁决，比较有代表性的法律就有《海洋环境保护法》《商标法》《食品卫生法（试行）》《专利法》《药品管理法》《草原法》《土地管理法》《治安管理处罚条例》《大气污染防治法》等 9 部。20世纪 90 年代初期开始，我国不少相关的法律在修订时取消了行政裁决制度，比如《药品管理法》在 2001 年修订时取消了县级以上卫生行政部门的行政裁决权；2006 年修订通过的《中华人民共和国治安处罚法》也取消了《治安管理处罚条例》所有规定公安机关有权裁决当事人之间民事赔偿纠纷这一行政裁决方式，另外修订后的《土地管理法》《大气污染防治法》等也同样取消了其前所规定的行政裁决制度。行政裁决制度衰落的原因主要是观念上的误区造成的，那时将法治错误地理解或等同于司法，审前的法治化高于其他任何纠纷解决方式，所以行政裁决制度被视为不符合现代化法治原则。

随着经济的高速发展，随着人们权利意识的觉醒并逐步张扬，造成了诉讼积案现象较严重，再加上行政裁决制度所具有的天生优越性，20 世纪末 21 世纪初，行政裁决制度在我国又取得了大幅度的发展，行政裁决作为行政机关解决行政争议的一种方式在行政管理实践中发挥了越来越大的重要作用，也积累了丰富的行政裁决经验。行政裁决的实践也推动了学理界对行政裁决制度理论研究的热情。随着行政裁决实践的丰富和理论研究逐渐的成熟，可以预见，我国的行政裁决法律制度必将趋于完善，行政裁决作为一种纠纷解决机制其适用的空间也绝不会仅仅局限于传统的民事领域、裁断与行政管理密切相关的民事争议，行政机关与行政机关之间发生的行政争议，包括行政交叉或行政空白也必将纳入行政裁决的范围。

行政裁决作为解决行政机关间争议的一种方式在我国立法上和实践中也是存在的。体现在立法上，《中华人民共和国行政处罚法》针对行政处罚执法管辖权争议的解决，明文规定了行政裁决这一解决执法管辖权争议的方法。该法第 21 条明文规定，对管辖权发生争议的，报请共同的上一级机关指定管辖。在具体的行政处罚执法部门的规定中也有类似的规定，比如《林业行政处罚程序规定》第 11 条，也依据行政处罚法规定的处理执法管辖权争议的规定作了类似的规定。笔者在对我国行政交叉或行政空白解决现行机制进行剖析时，即在本书第二章第一部分，专门描述了现行行政交叉或行政空白之行政机关解决的行政裁决方式，在此不再重复。总之，在现行立法中，行政裁决作为我国行政交叉或行政空白的一种解决方式是有规定的。

立法上的规定，必然有法制实施的实践。因为现行立法在此方面规定得十分粗陋，极不具有操作性，我国不少地方政府为解决行政执法实践中愈来愈普遍的行政交叉或行政空白现象，在行政立法规定的基础上创新了行政裁决机制的具体运作程序和做法，为我国行政交叉或行政空白解决制度的规范化、制度化完善发展，提供了可贵的实务经验，在此笔者拟作较细致的介绍。

为了解决日益严重的行政交叉或行政空白，有些地方建立了行政执法协调机制，开创了一条解决行政交叉或行政空白的新途径。2004 年 7 月 1日起深圳市政府施行《深圳市人民政府行政执法协调办法（试行）》，规定市行政执法部门之间、市行政执法部门与区行政部门之间、不同区属行政执法部门之间在执行法律、法规和规章过程中发生的争议或者其他问题由市法制部门负责协调。行政执法协调的范围包括行政执法部门履行职责过程中发生的下列情形：

（1）两个或者两个以上行政执法部门对同一事项都认为本部门具有或者不具有法定管理职责而发生争议的；（2）两个或者两个以上行政执法部门对同一种行政违法行为都具有法定管理职责，需要就执法标准等事项进行协调的；（3）两个或者两个以上行政执法部门就同一事项实行联合执法需要进行协调的；（4）两个或者两个以上行政执法部门认为法律、法规或者规章的有关规定不明确或者对其理解不一致，需要报请市人民代表大会常务委员会或者有关上级机关作出解释或者答复的；（5）行政执法部门依法应当协助、配合其他行政执法部门的执法活动而不履行或者未能有效履行协助、配合职责的；（6）行政执法部门依法应当移送行政违法案件而不移送，或者移送后有关行政执法部门应当受理而不受理的；（7）其他需要进行协调的事项。不涉及对法律的理解和适用的一般行政管理事务争议，不属于行政执法协调的范围。

《深圳市人民政府行政执法协调办法（试行）》比较详尽地规定了协调

的程序：第一，发生需要协调的情形的，由发生争议的行政执法部门提请协调；行政执法部门应当提请协调而未提请的，市法制部门可以主动进行协调，市政府可以指示法制部门进行协调。第二，市法制部门收到行政执法部门提请协调的材料后，应当在 5 个工作日内作出是否受理的决定。决定受理的，应当将行政执法部门说明情况及意见的材料发送其他相关的行政执法部门，其他相关的行政执法部门应当自收到市法制部门发送的材料之日起 5 个工作日内向市法制部门提交书面答复，同时报送有关材料。第三，市法制部门应当调查了解协调事项的有关情况，充分听取有关行政执法部门的意见。市法制部门可以召集由有关行政执法部门负责人参加的协调会议。第四，市法制部门经协调，相关行政执法部门就有关事项形成一致意见的，市法制部门应当制作《行政执法协商意见书》，载明相关行政执法部门的意见；经协调，相关行政执法部门未能就有关事项形成一致意见的，市法制部门应当制作《行政执法协调意见书)》确定有关事项。重大、复杂事项经市法制部门协调，行政执法部门仍无法形成一致意见的，市法制部门应当提出书面建议报请市政府决定。第五，行政执法部门对《行政执法协调意见书》有异议的，可以自收到该意见书之日起 5 个工作日内向市政府提出。市法制部门作出《行政执法协调意见书》后，有关行政执法部门应当执行。行政执法部门不执行已生效的《行政执法协调意见书》的，市法制部门应向市政府报告，由市政府给予通报批评，对直接负责的主管人员和其他直接责任人员由行政监察机关追究行政责任。

　　行政执法协调机制确定了政府法制工作机构为行政协调的主体，一方面改变了以前行政协调主体不明确的问题，更重要的是将对行政交叉或行政空白的协调纳入了法制化的轨道。行政协调从性质上说是一种带有司法性质的活动，协调的依据是组织法对各部门职责权限的分工。根据职权法定原则，要求行政机关严格依法定的权限和程序依法行政，不得超越职权范围，否则行为无效。这便是"越权无效原则"。行政协调的内容便是审查各职能部门的行政管理和执法活动是否越权失职，引起争议的行政管理权限是属于哪个行政机关的。因此，行政协调不是"和稀泥"，而必须严格以法律为准绳。政府法制部门熟悉行政管理方面的法律法规，由其负责协调权限争议，是行政协调法制化的要求。从政府法制工作机构的机关性质看，它超越于其他职能部门，是人民政府的办事机构，能代表本级人民政府进行行政协调工作。由政府法制工作机构负责处理权限争议，符合其机构性质和功能，也有利于进一步提高其地位，推进政府法制建设，实现行政法治。

5. 国外类似制度的立法及其实践运作做法也可为我国的行政裁决制度的完善提供经验借鉴。行政裁决作为一种纠纷解决机制在国外不少法治先进国家有规定，比如英国的行政裁判所制度、美国的独立管制和行政法官制度、法国的行政裁决制度等，均是国家解决行政争议的重要机制，均具有较完备的行政裁决制度规定，有长期的实践运作的成功经验积累。虽然行政裁决制度所解决的纠纷并不是行政交叉或行政空白，但笔者认为，在机制运作的程序方面，我们在构建我国的行政裁决机制时，能带来一定的启发与借鉴。下面笔者对英国行政裁判所制度的历史脉络作一介绍。

行政裁判所制度是英国行政法上的一大特色，是一种卓然不群的机制。在解决行政争端、处理行政争议中发挥着重要作用。现代意义上的行政裁判所，在英国出现于 20 世纪之初现代福利国家的兴起以及由自由派执政的政府所推行的社会改革之中，最初英国的行政裁判所奉行一事一所的设立做法。1957 年，英国颁布了《裁判所和调查法》对裁判所制度作了较为整齐划一的规定，在行政裁判所的程序上也作了较统一的的规定。此后在 1968 年、1971 年和 1992 年，英国对《裁判所和调查法》都应时代的发展和社会的需要进行了修正。目前，英国适用的是 1992 年修正后的《裁判所和调查法》。2000 年 5 月 18 日，英国上议院任命以安德鲁·里盖特为首的委员会，对英国的裁判所制度进行了全面的审视和探究，旨在设计出一套公平、及时、合乎比例和有效的制度安排，发展出一个融通无碍的处理行政纠纷的机制，并使该制度完全符合《欧洲人权公约》中对于独立性和无偏私的要求，同时做到在该制度的设计和运行中增进公众对纠纷中所享有的权利和责任的了解，并促使其成为现实，保证行政裁判所的运作的效果，有效率且经济。2001 年 8 月 16 日，里盖特委员会公布了题为《使用者的裁判所：一个体系，一套服务》的裁判所审查报告，对英国行政裁判所制度的改革和完善，提出了全面的建议。目前英国的行政裁判所，以一种更为司法化的姿态来解决行政争议，充分满足了福利国家的热望和现代化行政活动的需求。对英国行政裁判所制度立法及其运作经验的深入研究与细致考察及归纳，于完善和发展中国权力制约和权利救济制度具有不可否认的重要意义，于中国行政交叉或行政空白解决之行政裁决机制的建构也不无裨益。笔者认为，国外行政裁决制度的成功运作及其所产生的实际功效，从一个侧面说明了在我国建立行政裁决制度并借助该制度解决行政机关间权限争议是有可行性的。

三、行政交叉或行政空白之行政裁决机制的建构

皮纯协先生在其《行政程序法比较研究法》一书中认为："用行政裁决的方法解决行政主体的行政权限争议对我们而言并不陌生，关键是如何将其规范化、程序化则是一个崭新的课题。"[①] 笔者将皮纯协先生的论断解读为行政交叉或行政空白解决之行政裁决机制的科学和理性建构是至关重要的，也是必需的。否则，将现实中国发生的行政交叉或行政空白案件交由行政裁决机制施以解决极可能是背离民主和法治原则要求的，同时其解决效果也一定不会理想。行政交叉或行政空白解决行政裁决机制的建构，无疑是一个宏大而系统的工程，同时该机制的良性运行不仅牵扯到该机制自身的协调匹配，还涉及保障该机制运行相关的配套措施的建构或改革完善，笔者在此仅就该机制的构建谈点粗略的见解。

---

① 皮纯协:《行政程序法比较研究》，中国人民公安大学出版社 2000 年版，第 448 页.

（一）行政裁决机制解决应遵守的基本原则

行政交叉或行政空白行政裁决解决的基本原则是贯穿于整个行政交叉或行政空白行政裁决的全过程，指导并规范着行政裁决活动具体运行的基本准则，行政交叉或行政空白的行政裁决活动必须遵循该基本准则，否则其裁决活动及其结果均是无效的，行政裁决机关及其工作人员还将因没有遵守该基本原则的行为承担法定的责任后果。笔者认为行政裁决行政交叉或行政空白活动应遵守以下几项基本原则：

1. 依法裁决原则。行政交叉或行政空白行政裁决应该遵循合法原则是指履行行政交叉或行政空白行政裁决的机关，必须严格地按照宪法、法律和法规规定的职责权限，以事实为根据，以法律为准绳，对权限争议申请人申请的行政交叉或行政空白案件，按照法律程序进行审查。根据审查的不同情况，依法作出不同的决定：对于现行法律对诉争行政权限有较明确规定的，具体作出权限归属的决定；对于自己无权解决的涉及权力重新分配或具体明确界线的，上报本级政府，由政府以法定程序进行处理。具体而言，行政交叉或行政空白行政裁决合法原则包括以下内容：

其一，履行行政交叉或行政空白行政裁决职责的主体应当合法。行政交叉或行政空白行政裁决应当是依法成立并享有法律、法规所赋予的行政权限行政裁决职权的国家行政机关。行政权限行政裁决机关受理并裁决的行政交叉或行政空白案件，必须是其依法有管辖权的行政交叉或行政空白案件，对不属于其管辖权的行政交叉或行政空白案件无权受理与裁决。

其二，裁决行政交叉或行政空白案件的依据应当合法。行政交叉或行政空白行政裁决机关裁决相关案件，必须依照宪法、法律、行政法规、地方性法规等。行政交叉或行政空白行政裁决机关裁决牵涉民族自治地方的行政交叉或行政空白案件，还应以该民族自治地方的自治条例和单行条例的规定为依据。此外，行政交叉或行政空白行政裁决机关所依据的法律、法规对于所裁决的行政交叉或行政空白案件而言应该是现行有效的。

其三，裁决行政交叉或行政空白案件的程序应当合法。行政交叉或行政空白行政裁决机关在对具体的相关案件进行行政裁决时应当严格按照法定程序进行，依据法定的程序进行行政交叉或行政空白案件的行政裁决活动。从现行他国的有关规定来看，相关国家行政机关的设立、组织原则、机构构成和权责内容等方面的规定多由宪法和组织法进行规定；而相关行政机关的管辖权及管辖权的冲突及其如何解决等内容的规定，多由行政程序法加以规定。笔者认为，在我国关于行政交叉或行政空白行政裁决程序解决可考虑在行政程序法中专章规定，当然也可以制定专门的法律（比如可考虑制定行政机关权限争议解决法），甚至还可以单独制定行政交叉或行政空白行政裁决法，在立法上明确行政交叉或行政空白行政裁决应当遵守的方式、方法、顺序和时限，行政裁决行政交叉或行政空白的活动应当遵守既定的程序法律规定。

2. 公正裁决原则。依法办事、合情合理是行政交叉或行政空白裁决机关依法进行行政交叉或行政空白裁决活动时必须达到的最起码要求，也就是说裁决行政交叉或行政空白活动应当既具有合法性，同时还必须确保其公正性。公正是任何纠纷解决机制存在的正当性根据，对内部纠纷解决机制而言，公正尤为重要，否则不然，该内部机制一定会因为无人启用而沦为摆设。要做到公正，行政裁决机关在裁决具体的行政交叉或行政空白案件时就必须充分考虑行政交叉或行政空白的双方当事人两方面的合法权益，不偏袒任何一方，严格依法办事，不拿原则做交易。在解决具体的行政交叉或行政空白案件过程中，行政裁决机关应始终坚持申请人和被申请人在行政裁决面前依法平等参与的原则，任何一方在行政裁决过程中都不应该享有法律、法规所未予规定的特权。公正裁决原则需要相关的确保该原则得以实现的制度来提供保障，比如，在具体的行政交叉或行政空白案件的行政裁决活动中应当认真地遵守并切实贯彻回避制度，确保裁决行政交叉或行政空白案件的工作人员及被邀请从事该案件裁决的专家、代表等人员均与争议双方及其所争议的行政权限及其处理结果等不存在任何利害关系；

比如，规定并实施说明理由和听取陈述制度，保证在作出诉争的行政权限归属判定或者拿出相应处理意见之前，行政裁决人员已经认真听取当事人和第三人及相关人员的意见，对他们的正确意见已经接纳使之成为作出处理结论的依据，同时还必须要求行政裁决人员应当依法认真审查争议双方当事人所提交的与行政交叉或行政空白案件有关的所有事实根据和法律规范性文件材料，对不清楚的和需要核实的问题应在认真调查的基础上再作出处理规定，不得凭主观意愿武断作出或草率作出处理的决定，最后必须要求行政裁决人员在作出处理结果时，明确告知行政交叉或行政空白案件的当事人、第三人和相关人员具体的理由，听取他们的意见。

3. 公开裁决原则。行政交叉或行政空白行政裁决制度设立的宗旨就是为了防止和纠正行政机关间的争权夺利现象，保障和监督行政机关依法行使职权，进而确保各行政机关在自己的职权范围内各尽其职、各负其责，为社会为民众提供高效优质而低廉的行政管理和行政服务，所以千万不得将行政交叉或行政空白之行政裁决机制及其运作看作是行政系统内部的事情而不公开解决。再加上行政裁决机关与行政交叉或行政空白的双方当事行政机关之间存在一定的联系，所以公开原则的贯彻是确保该系统机制存在及其解决结果具有社会公信力和正当性的基本原则。只有行政裁决行政交叉或行政空白活动公开进行，才能便于公民、法人和其他组织依法有效地监督裁决机关的行政交叉或行政空白裁决活动，也只有行政裁决行政交叉或行政空白活动公开进行，才能保障行政裁决机关在处理行政交叉或行政空白案件时依法办事，对所受理的行政交叉或行政空白案件的处理和行政权限归属的判定是不枉不纵的。

4. 及时效率裁决原则。行政裁决行政交叉或行政空白机制是一种行政系统的内部机制。在绝大多数情况下，行政裁决机关所作出的权限归属的判定不是终局的（除非法律另行规定为最终裁定的除外），亦即意味着行政交叉或行政空白行政裁决案件的当事人、第三人等不服行政裁决机关的裁决结果还可以依法诉请法院，由法院经由诉讼机制对诉争的行政权限的归属加以司法解决。所以，行政裁决既要维持公正性，同时又要保证行政裁决的效率性和及时性。这就要求：

其一，受理裁决行政权限的申请应当及时。行政交叉或行政空白裁决机关收到行政交叉或行政空白行政裁决申请书后，应当及时对该申请书进行审查，从而作出是否受理的决定。若果依法审查作出不予受理决定，行政交叉或行政空白裁决机关必须依法及时将该案件移交给相关机关，或依法通知申请人，但不论如何处理，只要是不予受理的决定一经作出，行政裁决机关就必须用书面的形式作出不予受理的原因说明并送交行政交叉或行政空白行政裁决申请人。

其二，裁决行政交叉或行政空白案件的各项工作应当抓紧时间进行。行政裁决机关受理行政争议案件后，应当抓紧时间调查取证和收集材料，不应拖延。对收集到的各种材料、证据要尽快分析，并根据情况及时决定是否采取书面审理之外的其他审理方式。

其三，作出处理决定应当及时。通过了解审理行政交叉或行政空白案件情况后，行政裁决机关应当迅速拟定处理决定。为了确保及时效率原则的实现，笔者认为应当设置相应的配套性规范，首先应当有时限方面的立法规定，明确规定在行政交叉或行政空白行政裁决申请人提出申请要求解决行政交叉或行政空白案件时起，行政裁决机关的审查期限为多少时间；明确规定行政裁决机关自受理权限争议申请时起，应当至多在多长时间内作出处理决定。要明确规定相应主体应履行的法定义务并规定若果对该法定义务拖延履行应承担何种法律后果，相应主体应承担何种法律责任。比如可以规定一旦发生了行政交叉或行政空白时，其所牵涉的双方行政机关除非在紧急情况下，应当暂时停止继续执法工作，在法定期限内将行政交叉或行政空白及时提交有权的行政裁决机关，否则可追究相应行政机关负责人或直接责任人员的法律责任。

5. 一级裁决原则。行政裁决机关裁决行政交叉或行政空白案件实行一级裁决原则，行政裁决决定书下达后，行政交叉或行政空白的双方当事行政机关和其他利害关系主体，不得再向上一级国家行政裁决机关申诉或上诉。行政交叉或行政空白行政裁决遵循一级裁决原则的主要原因是，在通常情况下行政交叉或行政空白行政裁决并不是解决权限争议的最后阶段，当事人或其他利害关系人主体对行政权限归属的判定不服，有权依法提起诉讼，诉请人民法院对诉争的行政权限的归属作出司法裁判。因此笔者认为没有必要在行政系统内部设置两级或多级裁决机制，一级裁决制可以简化行政裁决的程序，提高行政裁决的效率。

6. 调解原则。行政交叉或行政空白案件的发生，在当下中国大多数是因为立法不周全产生的，法律本身对相关行政权限界定得并不十分清楚，所以有时候行政交叉或行政空白案件出现后，并不意味着有哪一方当事行政机关违法行使行政职权，另外，在我国，根据现行宪法和国家机关组织法的相关规定及其精神，对整体行政权力的具体内部划分是由县级以上一级政府做主确定的，这就使得代表政府的行政裁决机关有了调解权力运用的空间和可能。从整体上看行政权是一个完整的集合体，与其他种类的国家公权力和社会权利及公民个体的私权利相对，在行政公权力内部，不同行政权力的分配是可以有一定灵活性的。我国近年来的行政体制改革，所采取的做法是应民主社会发展的诉求，将行政公权力下放，实质上就是在行政权力系统内部，权力内容和权力形式在不同国家行政机关或上下级国家行政机关间的重新布局与调整。再加上协调（调解）处理方式是我国行政交叉或行政空白案件行政处理实践中的一种经常性做法，不可轻易否决。总之，笔者认为行政交叉或行政空白行政裁决机关在受理权限争议案件，作出具体的裁决之前，应当在查明事实，正确、全面把握法律规定、遵循法律原则和国家政策的基础上，对行政交叉或行政空白案件先进行调解，调解不奏效之后再及时施以裁决。

（二）行政交叉或行政空白裁决的主体

行政交叉或行政空白的产生是国家行政权力分工的产物，是不可避免的，因此，在宪法、国家机关组织法、行政机关组织法等宪法性法律对各个行政机关的行政权力作了明确划分之后，解决行政交叉或行政空白之法律制度应该适时跟进。①2000 年《中华人民共和国立法法》的颁布表征了国家高层机关对解决我国法与法的抵触、求得法制的统一和谐已经付诸具体的行动，同时也为我国行政交叉或行政空白的解决提供了一定的依据。在此基础上，笔者认为我们有必要再进一步具体明确我国的行政交叉或行政空白解决机构，使之成为行政交叉或行政空白解决法律关系的主导方，赋予其解决行政交叉或行政空白的充足权力，并为这些权力的实现制定切实可靠的保障措施，确保这些权力的客观落实与全部实现。笔者认为，对于行政交叉或行政空白解决之行政裁决机制的建构而言，其首要的任务是明确行政交叉或行政空白行政裁决的法定机构。根据我国现行宪法和相关法律的原则精神，行政权力整体的授予，这里特指行政权力作为一个集合体和其他国家公权力，以及与社会性权利和公民个体私权利之间的界限的划分应该是国家最高权力机关的职权。而对整体行政权力的内部界分，即政府相互之间以及政府与其职能部门之间和政府各职能部门相互之间权限的划分，应该是县级以上一级人民政府的职权。也就是说基于目前宪法和相关法律之原则精神，对我国行政交叉或行政空白施以行政裁决的行政机关是中央人民政府即国务院和县级以上地方各级人民政府。有学者认为："鉴于行政机关间权限争议的普遍性、复杂性和严峻性，在行政系统内部，有必要由一个专业、独立、超然、权威的机构来负责政府各职能部门权限争议的裁决工作。"② 笔者十分赞成该学者的见解，没有专门的机构行使裁决权，绝对不会使行政交叉或行政空白的裁决工作规范化、常规化及科学化、完善化发展，也绝对无法做到行政交叉或行政空白的高效性权威化解

---

① 组织类法律即使对各个行政机关间的权限边界界分清晰，行政交叉或行政空白的发生也是不可避免的，解决权限争议的法律制度也是不可或缺的，更何况各个行政机关间权限边界的明晰是无法做到的。

② 张忠军：《行政机关间的权限冲突及其解决途径》，载《中国党政干部论坛》2007 年第 3 期．

决，是无助于社会关系的维系和发展的。关键是这个专门裁决行政交叉或行政空白的行政机关是哪个主体？是特设一个专门的代表政府的行政裁决机关，还是在目前行政体系内部寻找一个有权代表政府的机关赋予其专司裁决行政交叉或行政空白的权力？笔者建议，在我国现行体制下，从不增加机构编制的角度考虑，由现今的政府法制部门承担该裁决职责是较为适宜的（当然，对政府法制部门裁决行政交叉或行政空白活动基于充分保障是必需的）。

1. 从政府法制部门的性质和职能职责来看。它独立于政府的其他各个具体事务职能部门，是人民政府的办事机构，有权代表政府从事相关活动。根据现行有关规定，国务院法制部门的主要职责是：第一，统筹考虑、统一规划国务院的立法工作，拟订国务院年度立法工作安排，报经国务院领导批准后，组织实施，督促指导；第二，审查修改各部门报送国务院的法律草案、行政法规草案，从法律角度审查部门报送国务院审核的我国缔结或者参加的国际条约；第三，起草或者组织起草若干重要的法律草案、行政法规草案；第四，承办行政法规的立法解释工作；第五，研究行政诉讼、行政复议、行政赔偿、行政处罚、行政许可、行政收费、行政执行等涉及政府行为共同规范的法律、行政法规实施以及行政执法中带有普遍性的问题，向国务院提出完善制度和解决问题的意见，拟订有关配套的行政法规、文件和答复意见；第六，协调部门之间在有关法律、行政法规实施中的矛盾和争议；第七，办理地方性法规、地方人民政府规章和国务院各部门规章的备案审查工作，审查其同宪法、法律、行政法规是否抵触以及它们之间是否矛盾，根据不同情况提出处理意见；第八，清理、编纂行政法规，编辑国家出版的法律、行政法规汇编正式版本；第九，组织翻译、审定国家出版的行政法规外文文本和民族语言文本；第十，开展政府法制理论、政府法制工作研究和交流，开展对外法制业务交流；第十一，承办国务院交办的其他事项。其他各级政府法制办的职责依此类推。从政府法制部门的性质和其职责上论，政府法制部门实际上在代表着自己的政府行使解决行政交叉或行政空白的活动，至少已经在为行政机关间行政权限的明晰、政府职能部门的依法行政，厉行着法制监督职责。所以，增加赋予政府法制部门对行政交叉或行政空白之行政裁决权，使其成为当下中国的行政交叉或行政空白之行政裁决主体是很自然且十分合情理的。

2. 从行政交叉或行政空白行政裁决的性质来看，政府法制部门完全可以担负此项工作。行政交叉或行政空白的行政裁决工作绝不是"和稀泥"，不是充当"和事佬"，而是应该依照法律的规定确定引起争议的行政权限的归属，是对行政权限归属的判断，因此需要对各争议行政机关的职责权限依法进行界定，作出界定的法律依据是行政机关组织法和其他有关的法律法规中对行政机关权限的规定。我国政府的法制部门作为专司政府法制工作的办事机构，谙熟行政组织方面的法律法规，由其代表政府裁决行政交叉或行政空白，负责处理具体的行政交叉或行政空白案件，笔者认为符合行政裁决法治化诉求。

3. 政府法制部门作为行政交叉或行政空白的行政裁决主体具有实践上的可行性。行政复议是我国化解行政纠纷的一个重要渠道，在行政复议的实践中有时是无法回避对行政机关间行政交叉或行政空白进行解决的。我国县级以上地方各级人民政府设有行政复议机构，人民政府的行政复议机构设在政府法制工作机构，或者与政府法制工作机构合署办公。目前地方各级人民政府的行政复议机构基本上已比较健全，特别是省、市两级已经健全设置了政府法制部门，绝大部分县级政府也设有法制部门。由此可见，政府法制部门具有长期处理行政争议的实际工作经验，积累了一定技巧，摸索出一套行之有效的操作法，况且，行政交叉或行政空白也是一种行政争议，所以相对来说由政府的法制部门处理更具有实践可行性。

4. 近年来我国政府法制部门在我国政府的法治建设中已经发挥出了巨大作用，日益凸显出其重要的地位。

当然赋予政府法制部门裁决行政交叉或行政空白的职责，需要我们一方面在立法上赋予政府法制部门充足的裁决行政交叉或行政空白的权力，制定保障其依法独立行使行政交叉或行政空白裁决权的各项措施，赋予其足够的抵抗干扰能力，对于干涉政府法制部门依法裁决行政交叉或行政空白的行为人加强法律制裁措施；另一方面，我们还必须进一步加强政府法制部门的自身建设。首先，在机构设置上，其机构应具有一定的独立性，笔者不主张行政交叉或行政空白裁决机构和行政复议机构一体化，应该在政府法制部门中设立专门的行政权限裁决机构，专司行政交叉或行政空白裁决职责。因为行政交叉或行政空白裁决工作有别于对具体行政行为的复议工作，再加上，行政复议工作本身随着我国行政复议制度的公开化、公正化发展，我们可以预测未来行政复议极可能成为解决官民纠纷的重要机制，行政复议案件也将会大大增加，混在一起可能造成案件积压现象，同时混在一起绝对无助于行政交叉或行政空白裁决机制的专业化、精英化发展。其次，对于具体从事行政交叉或行政空白行政裁决的人员应该设定较高的准入门槛，应该要求他们具有过硬的政治素质，较强的政治技能，对形势政策有灵敏的、正确的觉悟；在业务方面，不仅对其法律专业知识有专门要求，同时还要要求其具有较高的法学理论水平，对法律原则、法律精神和法学方法等有较好的把握及运用水平；不仅对其行政管理、公共行政方面的专业知识有要求，同时也要求其具有一定的行政事务工作经验、经历；不仅在入门的时候作较高的资格要求，同时还需要明确规定，行政交叉或行政空白行政裁决工作人员必须参加定期与不定期相结合的培训和到行政实务部门从事业务锻炼。总之，我们必须采取切实可行的做法确保从事行政交叉或行政空白裁决的工作人员具有足够的专业知识技能，完全有专业水准解决行政机关间的行政交叉或行政空白。最后，充实行政交叉或行政空白行政裁决机构的人员队伍，前一点是对行政交叉或行政空白裁决人员业务素质和政治素质的要求，可以说是在质的方面着眼的，这一点主要是在量上着眼的，对某个具体的行政交叉或行政空白案件进行行政裁决，应该组成一定的组织形式，其成员的人数，笔者认为应该为 5 人以上的单数。必要时，可以邀请有关专家、学者对争议事项进行论证，也可以从法学专家、律师中聘请兼职工作人员参加裁决工作，增加裁决的专业水平；必要时可以邀请人大代表或者普通民众代表参加。被邀请的专家、学者或人大代表或普通民众代表享有与行政裁决人员一样的职权，具体行使对该行政交叉或行政空白案件的行政裁决权，在具体裁决案件中，以合议制的方式组成行政交叉或行政空白裁决委员会，进行行政裁决活动，最后，以多数人意见为准作出裁决结果。①

（三）行政交叉或行政空白裁决的管辖及当事人

行政交叉或行政空白行政裁决机制的建构，不可缺少管辖制度及当事人制度方面的规定。

1. 行政交叉或行政空白裁决的管辖。管辖制度是纠纷解决法律制度中一项十分重要的具体子法律制度，该制度的目的是明确某具体纠纷的主管机关及其相互之间在受理与处理纠纷上的分工及权限问题。具体到主管机关方面，笔者认为非因为法律空白而出现的行政交叉或行政空白案件，应该由政府法制部门代表政府行使行政交叉或行政空白裁决权，具体理由在上文已展开论证，在此不作重复。各级政府法制部门在受理与裁决具体行政交叉或行政空白案件上的分工如下：第一，同一政府职能部门之间发生的行政交叉或行政空白由该政府的法制部门裁决；第二，不同政府职能部门之间发生的行政交叉或行政空白由其共同的上一级人民政府的法制部门裁决；第三，不同地方政府之间发生的行政交叉或行政空白由其共同的上一级政府法制部门裁决；第四，中央政府与任何地方政府或中央政府与地方政府的职能部门之间发生的行政交叉或行政空白由权力机关解决，行政裁决权限争议机关无权管辖；第五，中央政府垂直领导的部门与地方政府，或与地方政府的职能部门，或与国务院的一般职能部门间发生的行政交叉

---

① 这样设计有两点理由：其一，行政交叉或行政空白解决的影响是巨大而深远的，故而需要借助解决人员上的数与代表性体现民主性与专业性；其二，笔者意图借此为政府架构起一套公众参与、专家论证和政府决定相结合的行政裁决机制。

或行政空白由司法部解决；第六，省级政府垂直领导的职能部门与省政府的一般职能部门或者与省级以下（不包括省级）地方政府或者与省级以下（不包括省级）政府职能部门之间发生的行政交叉或行政空白由省政府法制部门裁决；第七，中央政府与自己的职能部门之间发生的行政交叉或行政空白由权力机关解决，行政裁决权限争议机关无权管辖；第八，地方政府与自己的职能部门之间发生的行政交叉或行政空白由上一级政府的法制部门裁决。行政机关间的行政交叉或行政空白发生在不同的国家行政机关之间，以行政交叉或行政空白主体为标准和依据确定行政交叉或行政空白裁决的政府法制部门应是可行的，也具有较强的操作性。①

2. 行政交叉或行政空白裁决的当事人。行政交叉或行政空白裁决从其最直接目的论是一种客观纠纷解决方式（机制），亦即是为了稳定公法管理秩序、维护国家和社会公共利益的目的而设置的一种纠纷解决方式（机制）。它明显有别于为了解决私人个体主体间的普通纠纷，维护私利合法权益的主观纠纷解决方式。因此，笔者建议，行政交叉或行政空白案件可以实行实质当事人的做法，即不论是因何种情形而引发的行政交叉或行政空白案件，行政交叉或行政空白裁决机关一旦立案而进入行政交叉或行政空白行政裁决程序，可依职权指定发生行政交叉或行政空白的一方行政机关为申请人，而另一方当事行政机关为被申请人。即行政交叉或行政空白裁决机关对行政交叉或行政空白案件进行裁决之初有依职权调整、更换、增加或减少申请人和被申请人的权力，相应的主体必须遵从，而不得违反。实践中，行政交叉或行政空白行政裁决程序也可能因行政交叉或行政空白裁决主体依职权而主动发起，也可能因发生权限争议的行政机关一方或双方向行政交叉或行政空白裁决主体提交书面或口头申请而引起，也可能

---

① 第四种和第七种行政交叉或行政空白的主体一方为中央政府，由司法部裁决可能暂时不太妥当，当然笔者坚持认为，若果行政交叉或行政空白行政裁决机关真正做到独立、中立，该两类行政交叉或行政空白还是应该交由司法部裁决更合适，因为这两类行政交叉或行政空白并非完全是因法律空白引致的，不应该全部交由国家最高权力机关解决。

因与行政交叉或行政空白案件有法律上利害关系的公民、法人或其他组织向行政交叉或行政空白裁决主体书面或口头请求解决而引起，还有可能因社会团体、政协组织或企事业单位等向行政交叉或行政空白裁决机关请求解决相关问题而引发，凡此等等，不一而足。笔者认为，不论因何情况而启动的行政交叉或行政空白或行政争议裁决程序，在受案审查阶段，行政交叉或行政空白裁决机关均有权也有义务将行政交叉或行政空白裁决案件的当事人更换为发生或存在（包括即将存在或已经存在）行政交叉或行政空白的行政机关，并确定其间哪方（或哪几方）行政机关为申请人，哪方（或哪几方）为被申请人。在行政交叉或行政空白案件的行政裁决过程中，其所判定的是诉争行政公权力的归属，申请人和被申请人在行政裁决过程中享有完全一致的权利和义务，这和解决私人纠纷或解决官民纠纷的其他解决机制区别明显。在后者解决机制设置中，主体双方的权利和义务虽是平等的，但在具体内容上并不完全一致，比如在民事诉讼中原告和被告诉讼地位平等，享有平等的诉讼权利，履行平等的诉讼义务，但提起诉讼仅是原告的诉讼权利，而反诉却是仅仅属于被告所享有的诉讼权利。在普通的行政诉讼中，原告与被告的诉讼权利差别更大。由于行政交叉或行政空白行政裁决机制是一种以行政权限清晰界分为目的的纯公益纠纷解决机制，孰为申请人，孰为被申请人，客观说仅是一种法律程序中的称谓区别，并不会对实体权利和程序性权利产生任何影响。另外，只有将行政交叉或行政空白的行政机关确定为申请人和被申请人，才利于激发所牵涉的行政机关厘定各自行政权限的热情与冲动，进而积极地提供证据和依据，协助相关裁决机关对行政交叉或行政空白案件的解决，这显然有利于案件的高效、公正、理性解决。

行政交叉或行政空白案件的当事人，除了发生行政交叉或行政空白的行政机关即申请人和被申请人主体之外，在不少实际出现的行政交叉或行政空白案件中还有第三人，第三人亦即是申请人和被申请人之外且与申请人或被申请人的行政行为有法律利害关系的公民、法人或其他组织。如果行政交叉或行政空白裁决机关，在对行政交叉或行政空白裁决的过程中，认为存在第三人，有权力通知第三人参加行政裁决程序，同时第三人自己也可以主动申请参加到已经进行的行政交叉或行政空白裁决程序，以维护自己的合法权益。

（四）行政交叉或行政空白裁决的证据规则和应急措施

行政交叉或行政空白裁决机制和目前我国既有的处理法律纠纷的其他纠纷解决机制不同，所以在纠纷解决程序及制度的构建上应该着眼于该类争议的特殊性，认真思考该类纠纷及其解决的特殊性对其解决机制有何特殊诉求。笔者认为在证据规则方面，行政交叉或行政空白裁决机制有别于其他纠纷解决机制所奉行的证据规则，另外，在行政交叉或行政空白裁决程序结束出现裁决结果之前，有必要在立法上确定应急措施制度。

1. 行政交叉或行政空白裁决的证据规则。证据是任何纠纷正确解决的基础，在证据法律制度中至关重要的是规定何方承担举证责任的举证责任分配规则。举证责任不仅指提供证据并用所提供的证据加以证明的责任，同时还包含负有举证责任的一方当事人在举证不能或举证不力、不足时必须担负着不利的纠纷解决后果之责任。举证责任分配规则是纠纷解决制度的基石和骨架，它推动着纠纷解决的具体过程，促使纠纷正确地得以解决。行政交叉或行政空白裁决虽也是一种纠纷解决机制，毫无疑问，证据对该机制运作的意义也是十分巨大的，但缘于该机制是为了解决行政权力的归属，是一种典型而纯粹的公益纠纷处理模式，所以无法实行现行法律制度中的举证责任分配及举证责任担负规则。笔者认为，一方面在行政交叉或行政空白解决机制中，当事人包括第三人应该积极地履行举证的行为责任，此种责任应视为一种情理方面的责任，该责任源自当事人或第三人维护己方利益的主观意愿，行政交叉或行政空白裁决机关应该极大地调动和发挥行政交叉或行政空白当事人和第三人收集、提供证据和材料的积极性、能动性、主动性，以减轻行政交叉或行政空白裁决主体的负担，以克服行政交叉或行政空白解决主体收集证据和材料的不便；另一方面，行政交叉或行政空白裁决的属性和价值，决定了其应当采取行政交叉或行政空白裁决主体依职权调查取证的原则，明确赋予行政交叉或行政空白裁决主体有权向有关单位和个人调取证据，有权要求相关部门对所调取的证据进行鉴定，有关单位和公民个人必须配合，同时在立法上应确保行政裁决机关证据收集权的实现。依职权调取证据规则既可以满足保护行政交叉或行政空白当事人和第三人合法权益的需要，更是为了公正、理性、高效解决诉争行政权限归属的需要，同时也符合行政裁决机制运行的基本原理。显然，行政交叉或行政空白裁决的证据规则显然不存在不利后果承担之举证责任内容，当事人或第三人举证不能、不力、不足，而不一定要承担不利于自己的裁决后果。

2. 行政交叉或行政空白裁决的应急措施。在诉争的行政权限归属作出明确裁定之前，一定程度上意味着该权力所指向的相应管理事项、管理地域处于无行政主管部门从事行政管理或提供行政服务的真空状态，而这在大多数情形下对国家、社会乃至第三人合法权益的保护不利，所以有设置应急措施的必要。"为了避免在行政权限争议得以解决之前，由于行政权没有得到及时行使而造成难以挽回的损失，在裁决程序中应有采取紧急措施的规定"①。具体来说，在有的时候，待到诉争的行政权限作出生效的权限归属裁定之前，如果可能出现日后难以恢复或弥补的重大紧急情况，可能会给公民、法人或其他组织的合法权益，或者给国家、社会公共利益造成重大损失，发生此种情况时，行政交叉或行政空白裁决行政机关可以指定争议的一方行政机关或者非行政交叉或行政空白的其他合适国家行政机关或者由行政交叉或行政空白裁决机关自己采取临时性处置措施。当然行政交叉或行政空白行政机关也可以在有证据证明情况紧急的条件下，自行采取临时处置措施，并且将该情况及所采取的紧急临时处置措施的内容等告知行政交叉或行政空白裁决机关和另一方与己方发生行政交叉或行政空白

---

① 金国坤：《行政机关间的权限冲突解决机制研究》，载中国法学会行政法学研究会：《行政管理体制改革的法律问题》，中国政法大学出版社 2007 年版，第 645 页．

的行政机关，若果该行政交叉或行政空白案件存在第三人的，采取临时性应急处置措施的行政机关还应该将该情况告知第三人。应急措施行为体现了行政权力的整体性，体现了行政协助与合作精神，所以笔者认为应急措施行为引起的法律后果归属于最终行使诉争行政权力的行政机关，同时应急性紧急措施行为具有保全性，应被确定为最终行政处理决定的一个组成部分，是有法律效力的行政行为。

（五）行政交叉或行政空白裁决的运作程序

行政交叉或行政空白裁决机制作为解决行政机关间发生的行政交叉或行政空白案件的一种机制，有别于权力机关解决机制，也有别于司法机关解决行政交叉或行政空白机制，其机制的特色或优势更主要的是依靠其具体运作程序来彰显。在行政交叉或行政空白行政裁决程序构建时，主要有两个理论问题要解决，其一就是程序的一体化还是程序的多元化；其二是程序的司法化还是行政效率（简易）化抑或是二者糅合。首先，我们来分析程序的一体化构建还是多元化构建问题。程序的一体化有助于程序使用者利用程序，更好地发挥程序所应该起到的引导作用，同时相对于程序的多元化而言，程序的一体化更契合法规则统一性的属性要求。程序的多元化，针对所解决纠纷案件的性质不同和复杂程度不同而分设与之具体匹配的解决步骤、方式、方法、手段，此设计无疑可有效地防止程序的机械，同时对效益的提高大有助益，对纠纷的解决也具有针对性。程序的一体化和程序的多元化各有利弊，一方的优势恰恰也是对方的劣势，原则上说糅合二者的程序是最完美的程序，亦即最完美的程序应该是针对大多数普通型纠纷案件的解决设计相对统一的程序，而针对特殊类型的各类纠纷设置各不一致的特殊程序。笔者认为在对某事项法制化最初往往倾向于法制一体化，这一措施符合人类法制发展的规律，也吻合人类认识活动的规律，同时在行政裁决机制最初构建时，确立一体化行政交叉或行政空白行政裁决程序，有助于其裁决活动的规律化进行，会极大促进行政交叉或行政空白行政裁决机制的利用，进而为更加科学理性的行政交叉或行政空白裁决程序的重新构建积累实务经验。接着，我们再来分析行政交叉或行政空白裁决程序的司法化还是行政效率（简易）化抑或是二者糅合的问题。行政裁决程序的规范化是必要的、也是必需的，这一点不应该有任何犹豫或怀疑，但行政裁决程序完全司法化或更恰当地说是完全诉讼化建构，笔者认为是不必要的，因为行政交叉或行政空白的行政裁决解决并不是终局的处理方式，对行政裁决不服的可以依法起诉，要求人民法院用诉讼程序解决，所以，两种解决机制均诉讼化建构是没有必要的。同时笔者还认为对行政交叉或行政空白行政裁决程序司法（诉讼）化建构是十分有害的，这样的做法将致使行政裁决失去其存在的根基和正当性根据，使行政裁决机制的优势不复存在，同时缘于行政裁决已经司法化了，那么诉讼机制实际上可能因此而被架空，而违离司法最终解决纠纷之法治原则要求。那么，行政交叉或行政空白行政裁决程序实行书面审查，追求解决的高效，使用简易程序裁决可以吗？笔者认为这种设计也是不可以的，因为行政权限归属的判定意义重大、影响深远，大多数行政交叉或行政空白案件关系错综复杂，有的牵涉当事人众多，不仅牵涉到国家行政机关间的关系，还牵涉到行政机关与普通公民、法人或其他组织间的关系，还有可能牵涉到行政机关与其他公权力机关间的关系，所以笔者坚持行政交叉或行政空白行政裁决程序切不可简易操作，单纯追求效益。因此，将诉讼程序与简易程序相对完美糅合在一起的程序最为妥当。笔者建议，在对行政交叉或行政空白案件进行行政裁决时，在具体操作程序方面可借鉴美国联邦行政程序法规定的审前型听证程序。审前型听证程序也称为正式听证程序，该程序要求行政交叉或行政空白裁决机关在对诉争的行政权限归属进行判定时须举行审判型的口头听证，当事人有权提出证据，进行书面辩论和口头辩论，行政交叉或行政空白裁决机构根据听证记录作出决定。行政交叉或行政空白裁决机关在裁决相关案件的过程中，有权调查了解有关情况，充分听取有关部门的意见；若果裁决的案件较专业或技术性较强，行政交叉或行政空白裁决机构必须吸收专家参与裁决；若果裁决的案件具有较大的社会影响，行政交叉或行政空白裁决机构必须吸收人大代表或者民众代表参与裁决。对行政裁决听证的各个环节规定具体的法定期限，以利于行政裁决效率的提高。行政交叉或行政空白的行政裁决在具体的模式上应当采纳职权主义甚至强职权主体模式，确立行政交叉或行政空白行政裁决机关对整个裁决程序的主导权。行政交叉或行政空白裁决具体可按如下程序进行：

1. 申请。申请是申请人或其他相关主体请求行政交叉或行政空白裁决机关裁决行政交叉或行政空白的意思表示。对申请主体的资格，笔者认为没有必要作限定性要求，以利于行政交叉或行政空白案件的发现与迅速处理，但必须要求申请人申请对某行政交叉或行政空白案件进行裁决时有一定的根据和证据材料。申请人可以书面形式也可以以口头形式提出申请，同时应该按照行政权限行政裁决管辖的规定向有管辖权的行政机关提出申请。

2. 受理。行政交叉或行政空白行政裁决机关在接到申请人的申请后，应当在法定时间内对该申请予以审查并作出相应处理。经审查，若果认为并不是因为法律空白而引发的行政交叉或行政空白案件，并且申请人有证据和材料证明行政交叉或行政空白事实存在，同时自己又依法拥有行政裁决管辖权的话，应当立案受理。对不完全具备上述条件的申请，行政裁决机关不予受理，并书面告知申请人不予受理的具体理由，若果行政裁决机关认为该申请的权限争议案件属于由权力机关解决的权限争议案件，可告知申请人向权力机关提出申请；对申请书或申请材料有瑕疵且可以补正的，行政交叉或行政空白裁决机关可责成申请人限期补正。如果行政交叉或行政空白裁决机关作出不予受理的决定，或者行政裁决机关超期不作出明确答复的，申请人可以在期限届满后的法定期限内向上一级行政交叉或行政空白裁决机关申诉。

行政交叉或行政空白裁决机关在受理申请后，应对案件进一步了解情况，调取、收集有关证据材料，依职权调整妥当行政裁决案件的当事人，同时确定裁决本行政交叉或行政空白案件的具体工作人员及人数，对需要专家、学者参与或需要人大代表或普通公民代表参与的案件，确定好参与人员的名单及情况信息，在法定期限内将相关材料包括申请书，连同裁决人员名单和人员身份的主要信息资料送达申请人、被申请人、第三人等各方主体，并要求他们在规定期限内提交答辩书及有关证据材料。答辩在行政交叉或行政空白的裁决程序中极为重要，它一方面可以帮助当事人了解争议案件的事实和理由，同时更有利于裁决机关全面弄清案件真相，作出正确的裁决。而且在不需正式面对面的听证时，行政裁决机关可以径行根据申请和答辩的相关材料、全部证据资料径行作出权限归属的裁决。同时经过了答辩书及有关证据材料送交行政裁决机关后，行政裁决机关应当在法定时间内，将副本一份再送交其他当事人，经由这样证据材料的交换程序，可能促成行政交叉或行政空白的当事人相互谅解，有助于在行政裁决机关的主持下以调解的方式解决某些行政交叉或行政空白案件。同时，行政交叉或行政空白行政裁决机关应向当事人告知在裁决过程中，他们所享有的权利和应履行的义务，如果要求举行听证，还应当向当事人通知听证的时间、地点、听证主持人选等情况。

3. 听证前的会议。笔者认为行政交叉或行政空白案件裁决听证前的会议是十分必要的程序，不可或缺。一方面，它可以使争议双方当事人有正式的机会通过协商，同时在行政交叉或行政空白裁决机关的主持、见证或监督下，调解解决行政交叉或行政空白案件。另一方面，通过该听证前的会议可以使当事人对对方所提交的有关材料和证据发表认可与否的主张或看法，以利于后面听证程序的高效顺畅进行。

4. 听证程序。听证是贯彻并践行正当程序理念和原则的重要的现代行政法律制度，对行政交叉或行政空白案件的行政裁决机制尤为重要，因此，绝大多数行政交叉或行政空白案件的行政裁决原则上必须历经听证程序。听证由行政交叉或行政空白裁决机关主持，其成员除来自裁决机关之外，根据解决案件的需要，根据其社会影响程度，裁决机关可以决定聘请专家、学者、人民代表大会代表或者普通民众代表参加，被聘请的人员，在对该案件裁决的过程中视为同行政裁决机关的裁决人员，享有同样的权力，履行同样的责任。听证机构的成员为5人以上的单数。听证原则上应当公开举行，以保证公众监督权的实现，从而防止行政权限裁决机关的专横。当然，听证公开举行不是一项绝对的原则，若果所解决的案件涉及国家秘密、个人隐私或者商业秘密等情况时，可以不公开进行。听证所实行的程序从具体特点和模式上看，应当具有对抗性，是对抗式的。当然在双方对抗机制中，听证主持机构拥有绝对的控制程序的权力。

5. 裁决。行政交叉或行政空白裁决机关经过对申请案件的审理，必须在法定期限内，作出不同的处理。这里的法定期限要科学规定，过长不利于公法秩序的稳定，过短又不利于对受理的行政交叉或行政空白案件的正确裁决，笔者建议略短于行政诉讼一审期限，暂定为两个月较为适宜。能够调解结案的，在对调解的内容进行依法确认后，作出权限归属调解书；行政交叉或行政空白行政机关双方无法形成一致意见，应当依据事实、根据法律作出明确的诉争行政权限归属的裁断，无权裁断的，书写出书面原因并阐明处理建议，报本级人民政府依法定程序处理。行政权限归属的调解书、裁决书或处理意见，均必须以书面的形式作出。一般应当包含以下一些内容：（1）申请人与被申请人和第三人的基本情况；（2）行政交叉或行政空白的发生、经过、结果方面的初步描绘；（3）申请人、被申请人、第三人争议的主要事实和理由；（4）裁决机构对事实的认定；（5）裁决、处理或调解的具体内容；（6）裁决、处理或调解的根据和理由；（7）告知当事人起诉的权利、起诉的期限和起诉的法院，并明确告知过期不起诉不得再提出异议、权限归属调解或裁决书生效而必须服从的法律后果；（8）行政交叉或行政空白裁决的机关、裁决人员、裁决日期并加盖公章。

6. 送达。行政权限归属调解书或裁决书，送达后产生相应的法律效力。具体的送达方式，笔者认为和诉讼法律文件的送达方式没什么两样，可参照行政诉讼法或民事诉讼法关于诉讼法律文书送达方式的立法规定确定。

无法及时作出调解或裁决而需要将处理意见报本级政府依法定程序处理的行政交叉或行政空白案件，在期限届满之前，也必须将相关情况书面告知行政交叉或行政空白案件的当事人。

7. 执行。行政权限归属的裁定或者调解决定，过了起诉期发生法律效力后，相应的行政机关必须自觉履行，相应的行政机关不执行或无正当理由拖延执行或消极不全面执行的，行政交叉或行政空白行政裁决机构有权对该行政机关进行通报批评，并对其单位法人代表和直接责任人员给予行政处分，责令他们改正；情节严重涉嫌构成犯罪行为的，可以移交司法机关追究其刑事责任。当然在建构这方面法律责任体系时，应注意与其他法律的衔接，对于责任条款的规定要科学合适，其目的是确保行政交叉或行政空白裁决机关的裁决真正得以完全实现或被严格遵从。

行政交叉或行政空白作为社会纠纷的一种，解决行政交叉或行政空白的活动及其过程实质上就是对其诉争的行政权限进行归属判断的活动及过程。在当今法治社会下，在司法最终被奉行为法治国家应遵循的基本原则之一的前提下，在诉讼被公认为最权威、最正式的解决社会纠纷机制的基础上，行政交叉或行政空白的解决纳入讼诉机制，具体来说经由行政诉讼特别方式加以解决不仅是必需的，而且是可行的。当然，将行政交叉或行政空白纳入行政诉讼渠道解决，需要对现行行政诉讼机制进行一定的创新改革，否则无法保障该类特殊的社会争议得以通畅、理性且权威性地解决。笔者在本章当中主要论述下面三个方面的问题：第一，法治与司法、诉讼。通过对法治和司法及诉讼逻辑联系或勾连的描绘，意图阐明将行政交叉或行政空白纳入讼诉机制解决的必要性；第二，诉讼机制缺陷的克服。针对本书第二章所揭示的诉讼机制解决行政交叉或行政空白所可能出现的弊端及缺陷，逐一分析这些缺陷是完全可以通过行政诉讼机制的创新改革对此予以一一克服，旨在论证将行政交叉或行政空白纳入行政诉讼解决是具有现实可行性的；第三，行政交叉或行政空白解决诉讼机制的具体建构。行政交叉或行政空白纳入诉讼机制解决既具有必要性又具有可行性，但现行的行政诉讼解决机制设置及其程序运作是无法完成这一项特殊任务达至行政交叉或行政空白理性、高效、权威解决目的的，因此必须对行政交叉或行政空白诉讼机制进行较具体的建构，从当事人制度、管辖制度及运作程序等方面对现行的行政诉讼机制加以创新改造。

一、行政交叉或行政空白纳入诉讼机制解决的必要性

法治与司法、诉讼间存在紧密的逻辑联系，法治社会不可或缺司法的保驾护航，而司法与诉讼又存在天然的勾连，诉讼是司法最本质的活动方式，是司法权最规范的运行机制，从它们三者间的勾连中，我们可以从理论上论证行政交叉或行政空白纳入诉讼机制予以解决是必要的，否则就有悖于法治理念，不合法治原则。

（一）法治与依法行政

1. 法治。笔者基于当下中国的时代特点，参考学界多数学者的见解，对法治作如下理解：

首先，法治作为一种治国原则和策略，意味着法律至上，国家的一切权力来源于宪法和法律，而且必须依法行使，亦即权力来自法律且运行受制于法律。

其次，法治意味着一种通过法律管理国家社会事务、解决社会纠纷、化解社会矛盾的理论和方法。在法治社会中，国家社会生活的基本方面和重大主要社会关系纳入法律程序轨道，实体法和程序法成为社会生活的重要组成部分，法治成为人们的一种生活方式。美国学者德沃金对作为一种生活方式的法治作了生动的描绘："我们生活在法律之中，并以法律为准绳。法律确定我们的身份：公民、雇员、医生、配偶以及财产所有人。法律是利剑，是护身盾，是威慑力：我们坚持工资条件，或拒绝交纳房租，或被处以罚款，或被投进监狱，所有这一切都是我们这个抽象而微妙的最高主宰即法律决定的。"[1]

再次，法治包含了人权、民主、自由、公正、平等等价值。李步云、张志铭认为："公民权是人权在一个国家内的法律化，正确地认识和处理国家权力与公民权利的关系，是民主政治建设的一个基本问题，是现代法治的核心作用所在。"[2]"法治与人权、民主之间存在着密切的联系，法制化、宪政化的公民权，是人权的核心和具体实现。在法治社会中，宪法和法律必须体现人民的公意，以尊重和维持民主和人权为基础，促进和保障社会公正。公民在法律面前一律平等。公民的权利、自由和机会非经正当的法律程序和充足的理由不受剥夺，一切非法的侵害，不管是来自个人或是国家，都能得到及时的制止和公正、合理的补偿。"[3]

最后，法治要求在法的制定、实施法律监管的整个环节必须贯彻民主原则，实行立法权、行政权、司法权的相互分离。

2. 法治确立的必然性。针对法治在中国确定的历史必然性，从历史演进来看，法治在中国的确立及践行无疑是一个历史的过程，法治是确保中

---

①［美］德沃金：《法律帝国》，李常青译，中国大百科全书出版社1996年版，第1页．

② 李步云、张志铭：《跨世纪的目标：依法治国，建设社会主义法治国家》，载《中国法治》1997年第6期．

③［德］于尔根·哈贝马斯：《法的合法性——事实与规划要义》，许章润译，载郑永流主编：《法哲学与法社会学论丛》（第三辑），中国政法大学出版社2000年版，第9–10页．

国社会良性发展、民族和谐进步的必然性选择和现实性选择。

3. 依法行政。依法行政不仅是法治在行政领域的要求及践行，同时是法治的核心。英国学者哈耶克认为："法治意味着政府的全部活动应受预先确定并加以宣布的规则的制约——这些规则能使人们明确地预见到在特定情况下当局如何行使强制力，以便根据这种认识规划个人事务。"①我国著名法学理论家张文显教授也指出："法治是一个表征活动的概念。在此意义上，法治的概念就是依法办事……在一定意义上，可以说，现代法治的精髓是官吏依法办事，只有官吏依法办事，接受法律的约束，才有法治可言。"②我国著名行政法教授应松年和袁曙宏更是明确地说明了依法行政是法治的关键，他们指出："行政权既是国家权利中最动态、最有力的一种权利，也是对政治、经济社会和公民民主权利和切身利益影响最直接最关键的一种权利。没有对行政权的规范和制约，就既不可能实现国家法治和社会法治，也不可能建立现代市场经济体制。正因为如此，党中央和国务院在我国从计划经济向市场经济转轨、从依政策治国向依法治国转变之际，适时果断地作出依法行政的重大战略决策，就不仅具有历史和逻辑的必然性，而且具有极其重大的现实意义。"③依法行政又称为行政法治，被奉为贯穿于行政法关系之中，指导行政法的立法与实施的根本原理或基本准则。依法行政首先要求行政行为要合法，亦即所谓的行政合法，它指行政权力的存在、行使必须依据法律，符合法律的规定，不得与法律相抵触。当然，强调行政机关依据法律行政并非一味地限制行政活动，事实上，现代行政可以分为两类：一类是对行政相对人的权利义务产生直接影响的行政行为如行政处罚、行政强制等；另一类是对行政相对人的权利义务不产生直接影响的行政行为如行政指导、行政咨询建议等。行政合法对这两类行政行

---

① [英] 哈耶克：《通向奴役之路》，王明毅译，中国社会科学出版社 1997 年版，第 73 页.

② 张文显：《二十世纪西方哲学思潮研究》，法律出版社 1996 年版，第 629–630 页.

③ 应松年、袁曙宏主编：《走向法治政府：依法行政理论研究与实证调查》，法律出版社 2001 年版，第 2 页.

为的要求是不同的。前一类行政行为，必须严格地受到法律的规制，无法律即无行政，行政法学理论界将此类行政称为消极行政。而后一类行政，则要求行政机关在法定的职权范围内积极作为，法无明文禁止即可作为、可行政，行政法学理论界将此类行政称为积极行政。积极行政是行政行为的重要内容，在现代市场经济条件下，为增进公共利益和社会福利，行政机关的积极行政是十分必要的。当然积极行政也应符合法定的权限，遵循正当法律程序的要求，不得同宪法、法律和法律的基本原则、精神相抵触。

依法行政不仅仅要求行政行为要合法，同时还要求行政行为的内容要客观公正，符合理性，行政行为的内容是适度的。当代行政最大的特点就是行政自由裁量权广泛存在，其根源在于，基于社会政治、经济和文化发展的需要，政府应民众要求而承担起的管理和服务职能数量多、领域广、问题繁杂，且专业性和技术性很强，立法者无法事先给出详细而具体的规则让行政机关按章操作，照图索骥，在很大程度上，立法者不得不授权甚或听任行政机关根据自身判断来作出行政行为。行政机关自己判断的空间十分广阔，这就既给了行政机关灵活、高效应对复杂的行政管理问题的可能性，也潜在地为行政机关在行政时夹杂个人因素或其他不合理因素提供了更多的机会。自由裁量权的承认与保护是必要的，但自由裁量权也有被滥用的可能性，应对其行使加以控制。合理性行政恰恰是控制行政自由裁量权的有效工具，特别是随着行政法学研究的日益深入，行政合理性原则在理论上被细化为相对可操作性的三个更小的子原则：适当性原则、比例性原则、信赖保护原则，此后，行政合理性原则作为控制行政自由裁量重要工具的作用日益凸显。

行政合法与行政合理作为依法行政原则的两项子原则，其地位并不完全等同。毫无疑问，行政合法是尤为重要而基础的子原则，行政行为不合法是绝无合理与否而论的，一般认为合理性是在合法的基础和前提下，对行政行为的进一步要求。

（二）行政权及对其施以司法监督的必要性

1. 行政权及对其监督的必要性。行政权是国家权力格局或体系中不可或缺的重大权力，是任何一个国家社会正常有效运转的助力器。杨海坤、章志远认为："行政权是指国家行政机关或者其它特定的社会公共组织对公共事务进行直接管理或主动为社会成员提供公共服务的权力。"① 孙笑侠教授认为："在现代行政关系中，行政权力具有权利和义务双重特性。行政权的权利特性表现在它具有效能性、管理性、命令性和能动性。行政权的义务特性表现在它具有执行性、公益性、责任性和法律性。"② 从行政权的内涵和其特性中，我们可以延伸出保障充实行政权是必要的，同时对行政权进行监督也是必要的。正如孟德斯鸠所言："一切有权力的人都容易滥用权力，这是万古不易的一条经验。"③ 所以就有对行政权进行监督的必要。当代中国加强对行政权进行监督其必要性还体现在以下方面：其一，监督行政权是保证我国法制统一的需要；其二，监督行政权是保障我国公民个人自由的需要；其三，监督行政权是保护公务员合法权益的需要。学界针对行政权进行监督必要性方面的研究成果相当丰富，毋庸赘述。

2. 司法权监督行政权的必要。对行政权进行监督，确保行政合法且达至行政合理，保障依法行政原则真正而完全实现，需要构筑对行政权进行监督的全方位系统，在这个监督系统中既应该有有权监督（这里指能够发生法律效力，具有法律效果的监督）；又不可缺少新闻媒体的监督和社会民众个人的监督；既应该有来自行政系统的内部的监督，更不该缺少来自于非行政系统的外部的监督；既应该有宏观源头方面的权力机关的外部监督，也绝不可缺少针对具体案件所专门实施的司法机关的监督。只有这样，我们的国家和社会才可以既享受到行政权所产生的积极正面功效，同时又

---

① 杨海坤、章志远：《中国行政法基本理论研究》，北京大学出版社 2004 年版，第 14 页．
② 孙笑侠：《法律对行政的控制——现代行政法的法理解释》，山东人民出版社 1999 年版，第 50 页．
③ ［法］孟德斯鸠：《论法的精神》，张雁深译，商务印书馆 1982 年版，第 154 页．

可以避免其可能引致的专断与无理。在对行政权进行监督制约的机制中，司法机关之法院是十分重要而不可缺少的。具体表现在以下几点：

其一，法院的地位和性质决定了它可以对行政机关行使行政权进行监督。行政机关行使行政权与行政相对人所产生的争议事项，有很多情况下都是对行政法规理解上发生了差异，所以，行政纠纷的解决就依赖于对法律法规的理解，但由于行政机关及行政相对人双方都是具体行政争议中的当事人，社会主体在作出判断时，往往都会从有利于自身的立场出发，难以作出正确的判断，其判断也难以为对方所接受，此时就需要有一个中立的第三者作出判断，在英国、美国，历史传统或成文法要求司法机关保持中立，并为其保持中立、独立提供了制度保障。法官如果没有违法行为则可任职终身，立法机关预先通过法律，设立统一基金，以支付法官的报酬，并且这种报酬不必每年都通过法律加以规定，从而可以避免立法机关以支付法官的报酬为条件对司法机关施加影响，迫使其违背法律行使职权，美国是一个联邦制国家，任期保障及报酬的保障（在法官任职期间其报酬不能减少，但可增加）可以保证司法机关不受联邦政府的影响。同时美国还考虑到联邦法院与各州之间的关系，为保障联邦各级法院不受各州政府的影响，美国法院的设立，不以州界为依据，而是通过国会立法，将全国划分为几个司法区，这些司法区不一定与各州的区域重合，再以司法区为基础，设立联邦法院，从而也使各联邦法院不受各州的影响，这些制度保证了司法机关的中立和独立，确保了司法机关在实际行使司法权的过程中保持其应有的独立性——绝大多数判决不依附于其他国家机关而有所偏倚。

其二，与司法机关的中立地位相联系的是，司法机关能够维护公民的权利，尤其是在民主制度下维护少数人的利益。在当代的民主制度下立法机关的立法工作遵循着"少数服从多数"的原则，而行政机关又执行着立法机关所制定的法律。民主制的一个潜在的假定是多数人的决定就是正确的，但是多数人也有可能剥夺少数人的权利。在立法机关中占多数席位的政党可以通过法律禁止其他政党存在，以剥夺其他人组织政党的权利（组织政党权利只是公民结社权的一种表现形式），这一切都可能是民主带来的专制——多数人的专制（美国出现的一个词即立法专制——Tyranny of Legislature 是对这样一种专制的恰当表述），当公民个人与政府（其直接表现形式为公民与特定的行政机关或行政机关工人员之间的）冲突时，公民个人与政府之间的力量对比是明显不平衡的，政府有足够的强制力量要求公民个人服从，政府也有一定的道义力量要求公民个人放弃自己的权利要求，因为政府行为代表了公共利益，公民个人的权利则只是代表了一己的私利，这一点道义力量就会要求个人放弃其权利以成就公共利益，没有司法机关的参与，就难以保证公民个人的权利。

其三，相较于其他控制行政权的形式而言，法院对行政权进行监督具有优越性。目前世界各国均设置了对行政权进行监督控制的多元化的装置，这无疑是十分必要的，各种监督机制相互配合，确保行政权运行在法制的轨道上。笔者认为，无论哪一种监督机制都不可缺少。在这对行政权予以监督制约的系统中，相较于其他控制行政权的形式而言，法院对行政权进行监督具有优越性。

代议机关的控权机制存在局限性。首先，人们企求通过议会授权严格限制政府权力的范围和限度已变得愈益不可能，因为，在 20 世纪以前，社会、经济事务相对简单，政府管理的领域相对狭窄，法律可以将政府的权力作出非常明确的界定和不赋予或几乎不赋予政府以任何自由裁量权。但是，20 世纪以后，由于社会、经济的迅速发展和市场在"自由"运作过程中不断发生的"失灵"，政府不得不介入人们的社会、经济生活，从而造成其权力作用的领域越来越宽，管理的事务越来越复杂。在这种情况下，法律不可能对政府要处理的各种事务和在处理过程中可能发生的各种情况事前都设想到、预计到，从而对其要实施的每一种行为都确定具体的规则和予以明确的规范，法律不能不给政府行使行政权力留下广泛的自由裁量空间，有时甚至不得不为其开出一张几乎没有任何限制的"空白支票"。因此传统法治所设计的通过授权法（组织法）严格限制政府权力的范围和限度的做法自 20 世纪中叶以后已经不能完全行得通了，这个机制已经出现了很大的缺陷和漏洞，它必须通过新的制度创新 (如果说，传统法治的建立对于人治、专制制度来说是第一次制度创新的话) 弥补其缺陷和漏洞。否则，权力的滥用又将不可避免，人民的权利和自由将重新失去保障。其次，传统法治所确立的"分权"制度和"以权力制约权力"的控权机制在 20 世纪中叶以后也开始部分"失灵"。本来，在国家权力的相互制约机制中，代议机关（人民代表机关）对政府的监督和制约是最重要、最基本的权力制约。但是，20 世纪以后，由于政党政治非民主性一面的发展，导致了由议会控制政府向政府控制议会的"异化"性转变。议会中的多数党政府在取得执政地位以后，其行为往往从其党派利益出发，而不是从其所"代表"的人民利益出发。议会中的多数党议员有人即使想反对政府作出的某些明显损害多数人民利益的决定，由于受到执政党政府对其利益明示或暗示的威胁 (通常是威胁开除其出党或在下次选举中不推荐其为候选人，使之失去议员资格) 和投票时执政党的直接监督 (西方国家的议会中各政党往往设有专门监督议员投票的"党鞭")，也不敢投反对票或发表异议意见。在这种情况下，议会对政府的监督往往会变成形同虚设。因为反对党作为议会的少数党，仅凭自己的力量不足以否决政府的法案、决定，撤销政府滥用权力的行为，或罢免、弹劾滥用权力的政府官员。[①] 事实证明，代议机关无力作为社会发展的全能工具，代议机关的立法或监督措施往往迟缓，且效果不佳。[②] 由此可见，在现代社会，传统法治所确立的"分权"制度和"以权力制约权力"的控权机制已经不能再有效地制约政府权力的滥用，必须构建新的机制来弥补传统机制的不足和缺陷。

由于上述原因，再加上诸多因素的制约，目前，我国人民代表大会对行政权的监督现状也待进一步完善。从理论上讲，我国的行政机关产生于

---

① 姜明安：《公众参与与行政法治》，载《中国法学》2004 年第 2 期．

② See Mauro Cappelletti：*The Judicial Process in Comparative Perspective*，Clarendon Press，1989，p.17.

人大，是人民代表大会这一权力机关的执行机关，应对人大负责并接受其监督，所以人大对行政的监督范围和内容应具有广泛性。人大作为立法机关，监督行政机关具有当然的合法性，作为国家权力机关，其监督应具有终极性，在宪法制定之初，立法者对行政监督只设计了人大监督和自体监督两种形式。这些都决定着人大可在监督行政的领域中发挥最大的作用，然而，现实的情况是，人大对行政的监督与立宪者的期望之间存在较大的差别。

行政机关自身的内部监督存有不足。虽然，对于行政救济，各国通过长期的立法与执法活动已建立起了一套较为统一、具有操作性、能够发挥自身功能的完整体系，但这点与有效且无漏洞的救济体系的建立还有较大的距离。这是因为行政救济具有如下缺陷：

第一，自己做自己的法官。自己做自己案件的法官，与人们长期所信奉的自然正义与正当程序等原则有较大的差异。虽说各国为了使行政救济制度能够发挥更大的功能，对复议机构作了较多的改革，使其具有一定程度的中立性，复议人员也被赋予所谓行政法官之头衔，但仍难以改变其本身所固有的缺陷。

第二，主体多元化。行政救济的途径，由于没有完全统一的机构，因此，复议机构各自为政，在一定程度上造成了法律适用的不统一。再者，复议机构从属于行政机关，其主要从政策与行政的便利角度来考虑问题，这显然不利于行政相对人的权利救济。

第三，裁决不附理由。在行政救济程序中，复议机关的审理权限在很大程度上不受当事人的约束，其裁决一般也无须推理与多大的说理，并且很少受证据规则的约束，因此，复议机关的自由裁量权滥用现象一定会增多，复议程序形式化也在所难免。

第四，救济效果缓不济急。在有些案件中，对事实的认定并没有争议，仅是对所适用的法律存在分歧，比如确认某种法律关系是否存在等问题，这些问题无须复议机关作出裁决，再有，某些权利处于紧急威胁状态，需要司法立即干预，此时还要求寻求行政救济，则无异于缘木求鱼。

行政程序的控权监督方式也存有待克服的不足。姜明安教授在其《行政程序：对传统控权机制的超越》一文中指出，行政程序作为现代法治的控权机制，相较于传统的控权机制，其优势主要表现有四：第一，行政程序可以避免传统实体控权机制的僵硬、死板，用行政程序规范行政权的行使，既可不过于束缚政府行为的手脚，又可防止政府实施行政行为的恣意、滥权；第二，行政程序有利于充分调动行政相对人参与国家管理、参与行政行为的积极性，避免传统法治"以权力制约权力"的局限性；第三，行政程序有利于改进政府内部运作机制，提高行政效率；第四，行政程序有利于事前、事中纠错，尽量避免给行政相对人和社会公众造成不可挽回的损失。①笔者赞同姜明安教授关于行政程序控权优越性的分析，但同时也认为，作为一种控权机制的行政程序，也存有一定的弊端，尤其在中国当前的社会情景下，我国行政程序法制化尚面临着诸多困难。

（三）行政交叉或行政空白的诉讼解决与司法权监督行政权

实践中出现的行政交叉或行政空白案件多是在相应行政机关具体进行行政执法、行使行政权过程中引发的。从现实上看对行政交叉或行政空白的诉讼解决过程就是司法权对行政权及其运行行政行为的监督过程。在被相应的行政管理相对人提起行政诉讼后，人民法院在对具体行政行为的合法性进行审查时，首先必将对被指控的行政机关有无对该行政管理事项或所牵涉事项的行政权力，即有无职权进行审查，在确定了该机关有行政职权的前提下再进一步审查，被诉行政机关有没有依照法律规定的方式、方法、步骤等行使自己的行政职权。因此，在对该类纠纷案件进行现行的行政诉讼审理过程中，是无法避开对行政权限归属判定的或无法避开对行政职权的间接判定的。如此看来，对该类案件的诉讼处理实质上即是对传统

---

① 姜明安:《行政程序：对传统控权机制的超越》，载《行政法学研究》2005 年第 4 期.

（现行）的被诉行政行为的合法性审查过程，也是对行政权限归属的厘定过程，同时也是司法权对行政权进行监督的过程。所以笔者认为，将行政交叉或行政空白案件纳入诉讼机制予以解决是司法权实现对行政权进行监督的一项举措，是司法监督行政制度不可缺少的构成要素。

诉讼机制解决行政交叉或行政空白，不仅是司法监督行政的举措，同时用诉讼方式调查行政机关间的权力界限、范围，还可以避免行政机关之间所可能出现的直接对抗，与权力机关借助立法等方式处理行政权力的界限相比也有一定的优越性。即使将关注局限于一部成文宪法所要解决的问题，那么也要考虑到不能假定制宪会议可以完成不可能完成的任务。正如麦迪逊所说："标出全国政府和州政府的权力的适当界限，必然是一项同样艰巨的任务。每个人会根据他习惯于仔细考察和辨别性质广泛而复杂的事物的程度来体会这种困难。"① 关于美国两级政府间的权力界限划在哪里，根据一位学者对《联邦党人文集》的解读，从《联邦党人文集》作者在不同的地方所说的话可以知道：回答是清楚的，划出任何坚硬稳固的界限是完全不值得讨论的，是完全不可能的。必须寻找的是程序性的解决办法，不是界限问题，而是划界的办法。② "我们是要在混杂的领域里做到精细，但我们如果想直接获得这种精细，却可能得到非常武断和粗糙的结果。在立法和行政经验中所揭示的问题是，你越试图去详细说明，你会发现你实际上顾及得越少。司法过程的性质还保证地方政府合理的权限不容易受到侵犯，相对于中央政府，法院是超然的第三者，而且，判例法容易根据事物的性质而做细致的分类，不会像中央集中立法那样搞一刀切。"③

总之，笔者认为，将行政交叉或行政空白纳入诉讼机制解决不仅是完善司法权监督行政权制度的必要，而且是较好弥补权力机关解决机制和行

①［法］托克维尔：《论美国的民主》，董果良译，商务印书馆1998年版，第181页.

② George W. Carey, *The Federalists: Design for a Constitutional Republic*, University of Illinois Press, 1989, P.109.

③ 刘海波：《中央与地方政府间关系的司法调节》，载《法学研究》2004年第5期.

政机关解决机制缺陷的必要。当然，值得强调的是，诉讼机制不可取代权力机关解决机制和行政机关解决机制。

二、诉讼机制解决行政交叉或行政空白的可行性分析

经由诉讼机制解决行政交叉或行政空白是必要的。在考虑经由何诉讼机制的问题上，笔者认为在当下三大诉讼机制框架内，无疑是应选择行政诉讼机制。刑事诉讼是揭露犯罪、证实犯罪、惩罚犯罪的机制，刑事诉讼活动是围绕着犯罪嫌疑人的行为是否构成犯罪，构成何种犯罪，有无刑事责任，有何具体刑事责任展开的，而行政交叉或行政空白单就权限争议性质论，和犯罪及刑事责任风马牛不相及，所以不可能经由刑事诉讼法机制解决行政交叉或行政空白、判断争议权限的具体归属。民事诉讼是解决平等主体的公民之间、法人之间、公民与法人之间发生的财产权益争议或人身权益争议的一项活动，民事诉讼是一种典型的私益诉讼，其机制构建奉行当事人主义，尊重当事人的处分权，而行政交叉或行政空白，争议的标的是公权力，解决的是行政权的归属，不可能完全适用民事诉讼理念，否则将违背权力的本性，有违权力来源应该具有的正当性的起码要求。所以在我国现行的三大诉讼机制中，行政诉讼机制是最妥当的选择，最现实的选择。针对将行政交叉或行政空白案件纳入行政诉讼解决机制，笔者认为可以通过修改《行政诉讼法》来实现，具体的修改建议如下：

修改行政诉讼受案范围制度，明确将非因法律空白情状下而出现的行政交叉或行政空白案件纳入行政诉讼受案范围，为该类争议的行政诉讼解决提供法律依据。实际上自20世纪90年代中期以来，随发展民主保障人权成为世界性潮流，最高人民法院为代表的司法机关一直致力于智慧性地开拓行政诉讼的受案范围，尤其是2000年《最高人民法院关于执行〈中华人民共和国行政诉讼法〉若干问题的解释》出台以后，除了该解释明确排除的几类行为，只要公民法人或其他组织对具有国家行政职权的机关和组

织及其工作人员的行政行为不服，都可以提起行政诉讼。司法实践中，我国也已出现了官告官的行政诉讼。①笔者认为，基于现行行政诉讼受案范围的司法解释，行政交叉或行政空白，是具有可诉性的，未来修改《行政诉讼法》，将其明确纳入到肯定性受案范围中来是完全行得通的。

修改《行政诉讼法》，增设行政诉讼特别程序，专门对行政交叉或行政空白诉讼构建具体的、可操作性程序机制是完全可行的。行政诉讼程序是人民法院受理并审理行政诉讼案件的操作规程，也是行政诉讼有别于民事诉讼、刑事诉讼最直观最显现的标志。在行政诉讼程序制度中，行政诉讼的审理程序是最核心的程序，从层级性角度，行政诉讼的审理程序可划为一审程序、二审程序和再审程序。毫无疑问，一审审理程序是行政诉讼审理程序的基础程序，占据极为重要的地位，一审程序最完整，最能够全面反映行政诉讼的特质。我国现行的行政诉讼一审程序仅有一套统一的单一的程序制度设计，而且在设计时几乎照搬民事诉讼一审普通程序的步骤，并未能针对行政案件与行政诉讼的特殊性设计行政诉讼的一审普通程序。当下学界对行政诉讼一审程序仅有普通程序一套程序的弊端已有一定认识和研究，构建行政诉讼一审简易程序的必要性已达成学界共识。笔者认为，行政诉讼一审程序除了应该设计有一审普通程序以资审理绝大多数普通的行政纠纷案件之外，的确应该设计一审简易程序，以审理那些权利义务关系明确，对相对人合法权益损害不大、争议金额较小的轻微行政案件或当事人双方同意适用简易程序审理的行政案件。笔者同时也认为，行政诉讼一审程序仅有一审普通程序和一审简易程序两套程序，仍然无法满足对所有行政纠纷案件审理的需要，因为行政纠纷案件也存在特殊的行政纠纷案件，不可依靠普通程序与简易程序审理。民事诉讼一审程序即有特别程序，以资审理选民资格案件、宣告公民失踪或死亡案件、认定财产无主案件、公示催告案件、破产还债案件等特殊民事案件，对这几类特殊的民事案件，

---

① 参见蒋红瑜：《"机关诉讼"的真相与假象之争——评我国首例镇政府状告市政府案》，载《浙江人大》2006年第10期。

现行民事诉讼法规定了专门的审理程序，它们几类特殊案件的审理程序互不相同，同时也不同于一审普通程序和一审简易程序，特别程序的设置适应了对该类案件专门化处理的需要，是民事诉讼法律制度的亮点之一。实际上，针对行政案件的诉讼处理，在西方国家也均对特殊的行政诉讼案件设置有专门的审理程序做法。

在法国，普通行政法院审理一般的行政诉讼法案件，依据普通程序进行审理。之外，法国还设有审计法院、财政和预算纪律法院等专门行政法院；专门行政法院分别有各自的职责范围，对其职责范围内案件的审理有专门的程序性规定，不同于普通行政法院对一般行政诉讼案件的审理程序。

日本是明确规定机关诉讼的国家，日本认为机关诉讼是客观诉讼，有别于维护相对人合法权益的主观诉讼，日本的机关诉讼包括职务执行命令诉讼和因地方议会和地方公共团体首长之间的纠纷而提起的诉讼两种，两种诉讼在审理的程序上存在差别，审理重点和审查内容也不一样。

在美国，源于其普通法的传统，一般的行政纠纷案件适用和民事案件审理一样的民事程序。但因为考虑到某些特殊行政纠纷案件审理的需要，美国也设置了不少专门法院，比如税务法院、国际贸易法院等。美国税务法院的法律地位是联邦政府行政部门的一个独立机构，然而完全按照司法的标准活动，由19名法官组成，其中1名为主任法官。法官由总统提名经参议院同意任命，任期15年。法院受理纳税人反对内地税务机构的欠税通知而提起的诉讼，税务法院的审理有专门的程序规定，不服税务法院的判决，可在90天内向上诉法院上诉。国际贸易法院原本称为美国海关法院，1980年改组成为国际贸易法院，对执行关税法律的诉讼有管辖权，下列如对关税的估价、商品的分类、海关机构的清算命令、财政部长取消海关经纪人执照的决定等不服有管辖权。当事人在向国际贸易法院提起诉讼以前，必须穷尽行政救济手段。国际贸易法院使用专门的程序进行审理。在审理过程中，国际贸易法院具有地区法院的全部权力，可以给予它认为适当的救济手段，包括制止状和确认判决在内。不服国际贸易法院的判决，可向联邦巡回上诉法院上诉。

笔者认为,在《行政诉讼法》修改时增设特殊类型案件和特殊程序是司法精细化、专门化发展的需要。行政机关间行政交叉或行政空白诉讼是不同于一般民告官的行政诉讼,对其处理在程序上应该有特别的要求。针对行政交叉或行政空白诉讼的程序,笔者在下文中有专门设计。如果《行政诉讼法》修改时增设了行政机关间行政交叉或行政空白诉讼这一特殊类型,设计了专门的处理程序,即对该类型案件的诉讼解决是完全可行的。

修改《行政诉讼法》,创新诉讼机制,一定可以解决由现行的行政审判组织审理行政机关间行政交叉或行政空白案件所产生的权威性不够、正当性有限等问题。笔者在下文中将专门讨论如何进行诉讼机制创新的问题,在此不作展开。

三、行政交叉或行政空白解决诉讼机制的建构

行政交叉或行政空白纳入行政诉讼机制施以解决具有十分必要性,同时也具有充足可行性。在具体的解决程序方面,笔者上文坚持认为现行的行政诉讼普通程序是绝无办法通畅公正地解决该类具有重大影响和深远意义纠纷案件的,应该在未来《行政诉讼法》修改时增加行政交叉或行政空白解决特殊行政诉讼程序,针对该特殊案件对其审理运作作专门的安排。下面笔者拟对行政机关间权限争议行政诉讼的特别程序的运作加以初步设计。

(一)行政交叉或行政空白诉讼解决的当事人

行政交叉或行政空白案件在诉讼程序上采取实质当事人的做法,即提起诉讼,诉求人民法院对行政权限归属进行司法解决的只能是发生行政交叉或行政空白的一方行政机关,而被告只能是与原告存在或发生行政交叉或行政空白的另一方行政机关,并不受法院提出解决申请的申请人资格条

件的限制。由于行政交叉或行政空白解决诉讼程序的启动在行政裁决之后，坚持了行政裁决先行处理原则，这两套程序之间存在程序上的先后关系，在行政裁决过程中，行政裁决的申请人和被申请人分别为发生行政交叉或行政空白的行政机关，所以行政裁决案件的申请人和被申请人不服相关行政裁决结果均有起诉权，而成为行政交叉或行政空白诉讼案件的原告，对方即为被告，双方均向法院提出申请的，谁提交起诉状在先谁为原告，如果双方同时递交起诉状或者其他无法清楚哪方提交起诉状在先的情况出现时，由法院依职权确定一方为原告，另一方为被告。在行政裁决案件中，存有第三人，即与行政裁决案件的处理结果或与行政裁决案件有利害关系，而并不是发生行政交叉或行政空白的任何一方国家行政机关，一般而言是受发生行政交叉或行政空白的一方或双方行政机关行政行为影响的公民、法人或其他组织。在行政裁决结果生效以后，在行政交叉或行政空白的申请人和被申请人起诉期限届满而两方均没有提起诉讼的情况下，可以在申请人、被申请人起诉期限届满后的法定期限内，向有管辖权的人民法院申请，要求人民法院对诉争的行政权限的归属作出司法判定，该第三人虽提出申请，但在诉讼程序中依然居于第三人地位，不可以成为行政诉讼的原告。在法院对第三人的申请立案后，由法院指定行政交叉或行政空白的行政机关间一方为原告，而另一方为被告。行政交叉或行政空白诉讼是十分典型的客观诉讼，保护的是合法秩序，孰为原告孰为被告对争议的行政机关而言，从法的角度看并不存在实际意义，所以原告、被告的地位也就不存在差别。

（二）行政交叉或行政空白诉讼解决的管辖

诉讼法上的管辖制度是指人民法院之间在受理第一审诉讼案件上的分工与权限。管辖主要包括级别管辖与地域管辖两类。级别管辖是划分上、下级人民法院之间在受理第一审案件上的分工与权限的制度规定。地域管辖是划分同级不同地区的人民法院之间在受理与审理第一审案件上的分工与权限的制度规定。二者分别从纵向与横向落实对某个具体的诉讼案件由哪个具体的人民法院受理并审理的问题。行政交叉或行政空白案件的诉讼解决也同样存在需要从地域和级别两个方面落实管辖法院的问题。在地域管辖方面笔者认为必须按照行政裁决管辖的规定而确定，即由行政交叉或行政空白裁决的政府法制部门所在地的人民法院管辖该案件。如此设计的目的，一方面有利于行政权限争议的当事人参加诉讼，另一方面也方便人民法院对行政行为包括行政裁决行政交叉或行政空白行为进行司法监督，同时也有助于对相关事实证据和相关材料的调查核实及方便参与人参加诉讼等。

在级别管辖方面，我国现行《行政诉讼法》所规定的级别管辖制度依然存在一审法院法定管辖级别偏低的不足。

1. 提高一审行政交叉或行政空白案件的管辖级别，取消基层法院对行政案件的管辖权。在中国目前的司法环境下，取消基层法院对该类案件的管辖权并不存在体制上的障碍，与我国宪法的规定也无任何冲突。实际上由不同级别的法院管辖行政案件，只是技术考量，它没有涉及诉权的实质。同时，取消基层法院对该类特殊行政纠纷案件的管辖权也不会导致上级法院工作负担的不堪重负，因为行政交叉或行政空白虽在现实中国并不鲜见，但也绝不是很普遍，一般而言，单一制国家，行政机关间整体性较强，发生行政争议经由行政系统内部机制解决的可能性很大，付诸诉讼的不会有多少，故而提高管辖级别是必要的、可行的。

2. 规定一般性行政交叉或行政空白案件的一审由中级人民法院管辖，对中级人民法院管辖的一审案件采取概括规定的方式。这种做法符合国外法治国家的惯常做法，有利于行政审判实现现代化和国际化。在世界经济区域化和一体化的时代潮流下，笔者认为行政审判的国际化是不可回避的。另外，针对中级人民法院可能作出的有利于地方保护主义的判决，高级法院有权提审该案，保留初审管辖权，高级法院有权受理所有本该中级人民法院管辖的一审行政案件，中级人民法院也可以申请高级法院管辖本该自已管辖的一审行政案件。

3. 重构高级法院一审行政案件管辖的范围。针对高级法院的管辖权标准，笔者建议应该放弃目前将不确定概念规定于法律之中的立法技术，具体刻画高级法院管辖的一审行政案件范围。

针对行政交叉或行政空白案件的管辖，可以从涉讼主体的角度确定高级法院的级别管辖。一方面将省部级国家行政机关间发生的或中央政府与一般的地方政府之间发生的行政交叉或行政空白案件交由高级法院管辖，因为这类行政纠纷案件涉诉当事人的行政级别较高，同时也往往涉及政策性问题或专业性、技术性较强的问题，需要提高一审管辖法院的级别；另一方面将一方或双方为多人的集团诉讼案件交由高级法院管辖，同时明确集团诉讼确定的人数标准，因为这类行政纠纷案件涉及多人，社会影响较大，处理起来需要多方面诉讼价值的权衡，对行政审判的技巧有较高的要求，也需要提高一审管辖法院的级别。

4. 最高法院应积极行使对行政交叉或行政空白案件一审的管辖权。我国宪法规定，最高人民法院是国家的最高审判机关，监督地方各级法院和专门法院的审判工作。这是宪法对最高法院审判权的原则性规定。现行《行政诉讼法》对最高法院一审行政案件的管辖权作了规定，但只有一条，即第17条："最高人民法院管辖全国范围内重大、复杂的第一审行政案件。"笔者认为最高法院不能仅仅是行政领导式的法院，即最高法院可以不仅仅行使上诉审管辖权，而且须管辖一审行政案件。针对行政机关间权限争议案件的管辖，笔者建议从涉讼主体的角度设计最高法院的一审行政案件管辖权范围，并且一定要做到明确、穷尽列举。可以考虑将中央政府与特别行政区政府间、中央政府与民族区域自治政府间、民族区域自治政府相互间、民族区域自治政府与特别行政区政府间等发生的行政交叉或行政空白纳入最高人民法院管辖。

（三）行政交叉或行政空白诉讼解决的起诉与受案

这里的起诉特指行政裁决案件的申请人、被申请人或第三人，对行政交叉或行政空白的裁决结果不服，而依法享有管辖权的人民法院提出诉状，要求人民法院对诉争行政权限归属进行司法解决的行为。一般情况下，行政交叉或行政空白解决诉讼是由行政交叉或行政空白裁决程序的申请人或被申请人，亦即发生行政交叉或行政空白一方或双方的行政机关提出的，此时原告、被告地位比较确定。如果在争议行政各机关均不起诉，法定期限届满行政裁决程序的第三人依法提请法院裁决解决行政交叉或行政空白案件，法院在依职权确定原告之后，同时责令原告在法定期限内写出起诉状，提交给法院。

人民法院在接到起诉状之后，对起诉状进行形式的审查，如果依法认为本院对该案件有管辖权，该案已历经了行政裁决程序，同时也是在法定期限内提出的诉讼，那就应该受理。

在不同时具备以上条件的前提下，那么就可以不受理，对人民法院作出的不予受理的裁定，原告或行政裁决程序的第三人可以在法定期限内向上一级人民法院上诉，由上一级人民法院最终裁定。

（四）行政交叉或行政空白诉讼解决的审前程序

审前程序是指人民法院正式开庭审理之前所应该进行的工作以及各工作间的顺序、时限等。审前程序理论在民事诉讼法学理论界已早有研究并出现了丰硕的研究成果。审前程序在民事诉讼机制中建构主要有两大基本目的：其一，是为庭审做好充分的准备工作，以利于一次开庭，审结民事案件，此为民事诉讼审前程序的形式性目的；其二，是通过庭前环节的证据展示、交换等活动，争议双方当事人会对对方有更进一步的了解，从而有可能经过权衡，作出退让而和解，此为民事诉讼审前程序的实质性目的。笔者认为，行政交叉或行政空白诉讼解决机制审前程序的建构更为必要，其目的既有为庭审作准备的形式性目的，更有克服行政诉讼审理的法官、法院资格不足，能力不够的难题，以保证裁断权威性、正当性的实质性目的。为了经由诉讼渠道有效解决现实中出现的行政机关间权限争议，亟须创新行政诉讼机制。笔者建议在行政诉讼审前程序中增设听证程序，采用听证会方式帮助完成此项复杂而艰巨的任务，并对行政交叉或行政空白诉讼预审听证会的组成和运作，作如下构想：

1. 预审听证会的功能定位。行政交叉或行政空白诉讼预审听证会对行政交叉或行政空白的司法解决会产生实质的影响，能为以后的庭审裁判提供证据和依据。具体而言，预审听证会的功能有：

其一，对行政交叉或行政空白的事实问题进行审查，出具关于事实问题的结论意见。行政交叉或行政空白涉及行政职权的行使或怠于履行行政职责的事实等予以审查，由行政审判庭的法官对之进行审查缺乏可行性，对行政行为的事实根据施以事实审，对于法官而言，的确是不堪承受的重负。我国法律对从事行政审判工作的法官并未有行政职业经验和能力的特殊要求，让一个法律专家去审查行政行为的事实问题（况且有些行政行为所牵涉的事实问题具有较强的专业性、技术性，对之进行审查需要具备相应的专业知识），是缺乏理性的。事实上，对行政行为事实方面进行审查，不仅对中国行政审判法官来讲是个不可承受之重，对法国、德国、英国、美国等国家从事行政审判工作的法官而言也是如此，只不过那些国家已设置了相应的机制，采取了一定的应对措施。比如在法国、德国，即使他们设有行政法院，从事行政审判的行政法官须具备行政学院毕业之学识背景，需具有较长期限的行政执业经历，但针对专业性较强的行政纠纷案件，普通行政法院的法官仍是不能审理的，因此，在法国、德国，除普通的行政法院之外，还设置了大量的专门行政法院，"对特殊的行政纠纷由专门行政法院的专门行政法官来审理，普通行政法院无权管理"①。英国、美国对行

---

① 肖金明：《原则与制度——比较行政法的角度》，山东大学出版社 2004 年版，第 54 页.

政纠纷的诉讼处理一般不进行事实审，只进行法律适用的司法审查，事实审工作是在行政救济程序中完成的。英国、美国奉行穷尽行政救济原则，行政争议在诉至普通法院之前，须经过行政部门的专门处理，由行政机关对行政行为所依据的事实和适用的法律进行审查，提供救济。只有在走完了所有的行政救济程序，当事人仍不服的情况下才可以起诉至法院。英国为处理专业性、技术性较强的特殊行政纠纷，设置了众多的行政裁判所，"整个20世纪里，作为福利国家的产物之一，英国的行政裁判所像蘑菇一样地发展，职权范围及受理案件量不断膨胀"①。"美国为行政行为事实认定的司法审查问题，20世纪以来设置大量种类的独立管制机构"②。不论是英国行政裁判所，还是美国的独立管制机构，它们虽隶属于行政系统，但历经数年改革，逐渐趋向司法化，极具有独立性和中立性，它们对事实问题的处理结论不失公正性，同时因更具专业技能，从而保障了对事实问题的审查具有客观性。总之，从上述两大法系四个国家的行政审判实践看，行政诉讼的事实审确是行政审判中的一个难题，可以称得上是一个凭普通行政审判法官能力无法克服的技术障碍，为克服行政审判法官对行政行为事实根据审查能力不足的缺陷，英国、美国、法国、德国等国家均采取了对应性措施，笔者认为在我国可以通过预审听证会机制和程序来完成对行政行为所依据的事实施以司法审查的任务。预审听证会对事实问题审查后所出具的审查结论意见，是未来庭审裁判得以生成的证据和依据，对行政机关间权限争议的诉讼解决具有实质性影响，法院一般不得推翻预审听证会对行政交叉或行政空白案件事实问题出具的结论意见，而必须以之作为裁判的根据，除非法院有足够的理由推翻预审听证会的结论。

其二，对行政交叉或行政空白所涉及的公共利益审查，出具案件所牵

---

①［英］卡罗索·哈洛、理查德·罗林斯：《法律与行政》，杨伟东译，商务印书馆2004年版，第847页．

②［美］杰弗里·吕贝尔斯：《美国管制革新的方法》，鄢超译，载《行政法学研究》2009年第3期．

涉公共利益情况的结论意见。如上文所论，对公共利益施以权衡、取舍和裁断非行政审判的法官所能。如果法院所受理的行政纠纷案件是行政交叉或行政空白引发的，此时则需要对案件所牵涉的公共利益进行权衡考量，这种情形下就需要等待民众代表团体对案件牵涉的各种公共利益进行考量评定，出具结论意见以后，法院才可以正式审理和裁判。由于行政审判法官主导的正式庭审程序无力从事公共利益的考量和选择工作，故而我们建议在行政诉讼预审程序中由预审听证会进行此项工作，即对特殊类型的行政诉讼案件所牵涉的利益予以权衡考量并出具结论意见，该结论意见，应成为法院裁判的根据，对案件的处理产生实质性的影响。同样法院一般不得推翻预审听证会对行政交叉或行政空白所牵涉的公共利益之权衡、认定所出具的结论意见，而必须以之作为裁判的根据，除非法院有足够的且足以说服预审听证会的理由。

2. 预审听证会的召集机构和人员配备。为保障预审听证会顺畅运行，实现预期的目的，必须设置专门的召集机构，配备足以胜任工作的一定数量人员。我们认为，可设置预审庭，预审庭由预审庭庭长1名，副庭长2-3名，预审员和书记员若干名组成，预审庭庭长、副庭长和预审员均由审判人员担任，总称预审法官。预审庭的职责主要有两项：其一是为庭审做充分的准备工作，为开庭审判创造条件，包括诉讼文书和相关证据材料的送达；告知当事人诉讼权利义务；对当事人权利义务有重大影响的问题比如不予受理、驳回起诉、申请撤诉、财产保全和先予执行等作出处理决定；进行证据开示和整理、固定争点。此项工作以一个有效率的审判为追求目标，通过开庭审理前的各项充分准备工作，尽可能做到一次开庭便作出裁判。其二是召集行政交叉或行政空白诉讼预审听证会。由预审庭选取行政交叉或行政空白诉讼预审听证会的组成人员，以主持预审听证会，对行政交叉或行政空白案件所牵涉的各种复杂利益关系予以界分，进行衡量，最后出具权威性之结论意见。预审庭仅实施对听证会主持人员的选取工作，无权对听证会主持人的工作进行任何干扰，不得妨碍听证会主持人员的独立评判。

3. 预审听证会的举行。预审听证会不同于美国民事诉讼审前程序中的审前会议，根据美国《联邦民事诉讼规则》第 16 条的规定，美国的审前会议要在证据展示程序结束后，审判前较短的时间内召开，其是由"法官召集的为案件开庭审理作准备的会议"①。审前会议是否召集取决于法官的自由裁量，会议的参加者包括法官和当事人各方的律师，会议旨在"加速处理诉讼、及早建立连续控制诉讼的管理体制、减少不必要的审理前的活动、通过更全面的准备提高开庭审理的质量，促进案件和解"②。笔者所设计的预审听证会在召开时间上和美国审前会议的召开时间并无不同，但其功能目的却指向对事实问题的司法审查且出具审查结论，对案件所牵涉的不同公共利益进行权衡、考量，出具案件所牵涉的公共利益的结论意见，这两份结论意见报告对未来裁判的作出，起到证据的作用。预审听证会也有别于法国行政诉讼预审程序的报告员小组预审会议，报告员小组预审会议参加的主体不包括行政诉讼当事人，仅由预审组全体成员参加，其运作模式具有十分浓厚的职权主义色彩，报告员小组所出具的结论是对案件处理方案的意见。笔者意下的预审听证会，其参加的主体包括当事人及其诉讼代理人，听证会由预审庭召集，但听证会的主持者并非为预审庭庭长或其他预审法官，听证会结束所出具的结论报告不是对行政纠纷案件的解决方案，而是对案件的处理有实质性影响的证据。基于行政诉讼需要对行政行为的事实问题和法律问题进行全面审查的特殊要求，又缘于事实审、法律审两种不同的审查对审查人员素质、资格诉求的不同，结合行政交叉或行政空白实质上是各行政机关所代表的"公共利益"之争的特殊性，笔者认为行政交叉或行政空白预审听证会必须分事实审听证会和利益衡量听证会两种，

---

① ［美］彼得·G.伦斯特洛姆著：《美国法律辞典》，贺卫方译，中国政法大学出版社 1998 年版，第 261 页.

② Jeffrey A. Parness.Thinking outside the Civil Case Box.Reformulating Pretrial Confrence Laws, *Kansas Law Reviw*.January，p.20.

且需要先后举行①，初步作如下设计：

第一，事实审预审听证会及其举行。该听证会由预审庭庭长召集，在整理并固定争点之后的较短时间内召开。首先产生听证会的组成人员，以所受理的行政纠纷案件牵涉到的事实问题为根据，寻找 3-7 名在该事实问题领域有专门研究的专家、学者担任听证会的组成人员，由其中 1 人作为听证会的主持人。当事人对听证会的主持人及其他组成人员有申请回避的权利，与案件有利害关系而可能影响案件公正结论的听证会组成人员也应该主动申请回避。听证会由当事人及其诉讼代理人和预审合议庭的全体成员参加。听证会正式举行时，先由预审合议庭对案件作概括介绍，对收集固定的证据材料和当事人所提交的证据材料进行出示，对整理并固定的争点加以明确，接着双方当事人展开辩论，辩论结束后，由听证会主持人对事实问题进行审查，作出对事实问题的审查决定，并出具结论意见，若有不同的意见也必须如实记录在结论意见上。

第二，利益衡量预审听证会及其举行。该听证会同样由预审庭庭长召集，在事实审预审听证会召开完毕后的较短时间内召开，利益衡量预审听证会的主持人与其他成员从现任的人大代表中随机抽取产生 3 至 7 名代表组成。当然，案情影响较大的诉讼案件，其听证会的组成人员也可视需要选取更多数量的代表组成，具体人数由预审庭基于案情需要具体决定。人民法院受理的行政交叉或行政空白的案件，利益衡量预审听证会的主持人与其他成员从争议双方行政机关所在地区的县级或县级以上的人大代表中产生，组成成员产生以后，由预审庭将听证会组成人员名单及基本信息包括工作单位、基本简历等书面告知诉讼当事人，当事人对预审听证会的组成人员有申请回避的权利，如果有被申请回避的组成人员，预审庭庭长在审查认为具备法定的回避事由情形下，有权决定被申请的成员回避，这时需要如上选取相当数量的成员补足听证会组成人员。听证会由当事人及其

_____

① 明确事实，是任何法律争议解决的前提，也是任何纠纷解决机制追求的目标，因此笔者坚持认为事实审听证会应先于利益衡量听证会举行。

诉讼代理人和预审合议庭的全体成员参加，先由预审合议庭对案件加以概括介绍，宣读事实审预审听证会对事实问题审查的结论意见，接着由双方当事人各自陈述所争执的行政行为可能牵涉到的利益情况，最后双方展开充分辩论。辩论结束，由听证会主持人进行利益衡量并出具结论报告，若有不同意见，必须将不同的意见记录在结论报告上。在听证会出具结论意见之后，预审合议庭对案卷材料进行整理，连同所有的证据材料，包括结论意见报告，经预审庭庭长同意后，一并移交行政审判庭，利益衡量预审听证程序到此结束。

（五）行政交叉或行政空白诉讼解决的裁决与执行

预审合议庭将预审听证会所出具的事实问题审查意见和利益衡量结论意见移交至行政审判庭后，行政审判庭应当在法定时间内，指定 5 位行政审判人员组成合议庭对该案件进行书面审理。由 5 人组成合议庭以体现出对行政交叉或行政空白案件处理的慎重与程序的正式严格，同时也考虑到目前和未来一段时期内，我国行政审判力量发展的情况及趋势，不可能要求过多的成员组成合议庭，这不太现实。故笔者认为 5 个比较妥当。合议庭成员组成情况应该书面告知案件的当事人和第三人，行政争议诉讼案件的原告、被告和第三人有权基于法定事实和理由要求合议庭成员回避，关于回避的处理可以参照现行行政诉讼法所规定的回避制度办理。合议庭成员在法定期限内，笔者建议该期限不可也没有必要太长，个人觉得以一个月为宜作出裁断，按照少数服从多数的原则形成案件的处理结果。如果无法或无权作出审理结论，应报本法院的审判委员会，由审委会决定案件的处理结果，如果审委会也认为本院或依据司法权的属性无权处理（在立法空白情况下）时，依法报请权力机关解决。在合议庭对行政交叉或行政空白案件进行书面审理时，预审听证会所出具的意见具有强制性法律约束力，必须成为合议庭裁断案件的依据（除非预审听证会所出具的结论性意见含糊不清，没有明确性结论意见）。

　　行政交叉或行政空白诉讼实行一审终审制，诉讼解决结果，以裁决书的形式作出，一经作出立即生效。相关的行政机关及第三人和社会民众等必须服从，藐视裁决、不执行法院裁决的行为将严格追究其法律责任。

　　和谐社会并不是不存在利益差异和矛盾冲突的社会，也绝非意味着政府间、政府职能部门间、政府与政府的职能部门间没有分歧或争议的社会。相反，和谐社会应该是一个有能力解决各种争议（包括行政机关间权限争议）的社会，并由此实现利益关系均衡协调的社会。行政交叉或行政空白的公正、理性解决，对和谐社会的构建和法治政府目标的实现意义重大，这决定了将行政交叉或行政空白纳入诉讼机制解决的必要性。当然，将行政交叉或行政空白纳入诉讼机制解决并不排除在行政系统内部建构解决行政交叉或行政空白机制的必要性，与行政诉讼机制解决行政交叉或行政空白相比，行政系统内部的自我解决机制更简便易行，有利于行政机关行政效能的提高。不过，司法是解决争议的最终途径，且由司法机关通过诉讼程序解决行政交叉或行政空白和由行政机关通过行政程序解决行政机关之间的权限争议要优势互补，建立起有效的衔接关系。为保障行政系统内部机制解决行政交叉或行政空白的公正性，有必要在行政系统内部设置专门的行政交叉或行政空白解决机构，赋予该机构充足的权力，构建行政系统内部解决行政交叉或行政空白的完备程序，并对行政交叉或行政空白解决实行行政先行处理原则，即先由行政系统内部的专门机构处理后，其当事人对该处理结果不服才可以付诸行政诉讼机制解决。同时，为克服法院对该类纠纷解决能力和资格不足的障碍，我们建议设置独立的行政诉讼预审程序，通过增设预审听证会机制，在行政诉讼活动中尤其是行政交叉或行政空白解决的诉讼过程中吸纳更多的社会力量参与，让行政纠纷的解决来自民众。如此一来，既克服了法院和法官能力不足与资格不够的障碍，又吸收了社会公众参与审判，有助于促进民主的发展，增强裁判的公信力与可接受性，这不失为一种求得双赢的策略选择。

参考文献

一、中文著作

［1］陈泰峰：《WTO 与新一轮行政体制改革》，人民出版社 2006 年版。

［2］陈步雷：《法治变迁的经验与逻辑——目标、路径与变迁模型研究》，法律出版社 2009 年版。

［3］蔡志方：《行政救济法新论》，元照出版公司 2000 年版。

［4］范愉：《纠纷解决的理论与实践》，清华大学出版社 2007 年版。

［5］傅思明：《中国司法审查制度》，中国民族法制出版社 2002 年版。

［6］范愉：《ADR 原理与实务》，厦门大学出版社 2002 年版。

［7］管欧：《地方自治》，三民书局 1995 年版。

［8］龚祥瑞：《英国行政机构和文官制度》，人民出版社 1983 年版。

［9］顾培东：《社会冲突与诉讼机制》，四川人民出版社 1991 年版。

［10］胡建淼：《行政行为基本范畴》，中国法制出版社 1997 年版。

［11］胡建淼：《比较行政法——20 国行政法述评》，法律出版社 1998 年版。

［12］胡锦光：《违宪审查比较研究》，中国人民大学出版社 2006 年版。

［13］何海波：《法治的脚步声——中国行政法大事论（1978—2004）》，中国政法大学出版社 2005 年版。

［14］金国坤：《行政权限冲突解决机制研究：部门协调的法制化路径探寻》，北京大学出版社 2010 年版。

［15］江伟：《民事诉讼法专论》，中国人民大学出版社 2005 年版。

［16］江必新、梁凤云：《行政诉讼法理论与实务》（上卷），北京大学出版社 2009 年版。

［17］姜明安主编：《行政法与行政诉讼法》，北京大学出版社、高等教育出版社 1999 年版。

［18］焦洪昌：《宪法制度与法制政府概要》，北京大学出版社 2008 年版。

［19］江必新：《行政诉讼法疑难问题探讨》，北京师范学院出版社 1991 年版。

［20］罗豪才、湛中乐主编：《行政法学》，北京大学出版社 2006 年版。

［21］李军鹏：《建设和完善社会主义公共行政体制》，国家行政学院出版社 2008 年版。

［22］龙宗智：《上帝怎样审判》，中国法制出版社 2005 年版。

［23］刘作翔：《迈向民主与法治的国度》，山东人民出版社 1999 年版。

［24］刘善春：《行政审判实用理论与制度建构》，中国法制出版社 2008 年版。

［25］李鸿禧：《违宪审查论》，台北东陆美术印刷有限公司 1990 年版。

［26］李惠宗：《当代公法新论（下）》，元照出版公司 2002 年版。

［27］李刚主编：《人民调解概论》，中国检察出版社 2004 年版。

［28］吕世伦：《现代西方法学流派》，中国大百科全书出版社 2000 年版。

［29］罗豪才：《行政审判问题研究》，北京大学出版社 1990 年版。

［30］林广华：《违宪审查制度比较研究》，社会科学文献出版社 2004 年版。

［31］刘向文、宋雅芳：《俄罗斯联邦宪政制度》，法律出版社 1999 年版。

［32］马怀德主编：《法制现代化与法治政府》，知识产权出版社 2010

年版。

[33] 马怀德:《行政程序立法研究》,法律出版社 2005 年版。

[34] 马怀德主编:《行政诉讼法学》,中国人民大学出版社 2009 年版。

[35] 马怀德主编:《行政诉讼原理》,法律出版社 2003 年版。

[36] 马怀德:《行政法制度建构与判例研究》,中国政法大学出版社 2000 版。

[37] 莫纪宏:《实践中的宪法学原理》,中国人民大学出版社 2007 年版。

[38] 皮纯协主编:《行政程序法比较研究》,中国人民公安大学出版社 2006 年版。

[39] 石佑启等:《论行政体制改革与行政法治》,北京大学出版社 2009 年版。

[40] 孙笑侠:《法律对行政的控制》,山东人民出版社 2002 年版。

[41] 史庆璞:《美国宪法与政府权力》,三民书局 2001 年版。

[42] 吴庚:《行政法之理论与实用》,中国人民大学出版社 2005 年版。

[43] 王名扬:《英国行政法》,中国政法大学出版社 1987 年版。

[44] 王名扬:《美国行政法(下册)》,中国法制出版社 2005 年出版。

[45] 王名扬:《法国行政法》,北京大学出版社 2008 年版。

[46] 徐国栋:《民法基本原则解释——成文法局限性之克服》,中国政法大学出版社 1992 年版。

[47] 薛刚凌:《外国及港澳台行政诉讼制度》,北京大学出版社 2006 年版。

[48] 徐昕主编:《纠纷解决与社会和谐》,法律出版社 2006 年版。

[49] 夏甄陶:《关于目的哲学》,上海人民出版社 1982 年版。

[50] 严存生:《法的"二体"和"多元"》,商务印书馆 2008 年版。

[51] 肖金明:《原则与制度——比较行政法的角度》,山东大学出版社 2004 年版。

［52］叶必丰：《行政法学》，武汉大学出版社 2003 年版。

［53］应松年主编：《当代中国行政法（上册）》，中国方正出版社 2005 年版。

［54］杨建顺：《日本行政法通论》，中国法制出版社 1998 年版。

［55］应松年、朱维究：《行政法总论》，工人出版社 1985 年版。

［56］应松年主编：《外国行政程序法汇编》，中国法制出版社 1999 年版。

［57］杨海坤、章志远：《行政诉讼法专题研究评述》，中国民主法制出版社 2006 年版。

［58］张树义：《中国社会结构变迁的法学透视》，中国政法大学出版社 2002 年版。

［59］竺乾威主编：《公共行政学》，复旦大学出版社 2008 年版。

［60］湛中乐：《行政调解和解制度研究》，法律出版社 2009 年版。

［61］朱国云：《组织理论：历史与流派》，南京大学出版社 1997 年版。

［62］张文显：《法学基本范畴研究》，中国政法大学出版社 1992 年版。

［63］张越：《英国行政法》，中国政法大学出版社 2004 年版。

［64］张树义：《纠纷的行政解决机制研究》，中国政法大学出版社 2006 年版。

［65］张文显：《二十世纪西方法哲学思潮研究》，法律出版社 1996 年版。

［66］赵宝云：《西方五国宪法通论》，中国人民公安大学出版社 2005 年版。

二、中文论文

［1］杜艳：《银行业两监管部门斗法，小额贷款公司处境尴尬》，《经济观察报》2008 年 1 月 14 日。

〔2〕胡肖华、徐靖:《论行政权限争议的宪法解决》,《行政法学研究》2006年第4期。

〔3〕江必新:《关于执行〈中华人民共和国行政诉讼法若干问题的解释〉基本精神》,《法律适用》2001年第7期。

〔4〕姜明安:《行政程序:对传统控权机制的超越》,《行政法学研究》2005年第4期。

〔5〕蒋红珍:《"机关诉讼"的真相与假象之争——评我国首例镇政府状告市政府案》,《浙江人大》2006年第10期。

〔6〕姬亚平:《行政裁决问题研究》,《理论导刊》2008年第10期。

〔7〕厉尽国:《法治视野下的行政权限争议及其解决——从"魔兽争霸"网游监管权之争谈起》,《西南政法大学学报》2010年第6期。

〔8〕刘海波:《中央与地方政府间关系的司法调节》,《法学研究》2004年第5期。

〔9〕李步云、张志铭:《跨世纪的目标:依法治国,建设社会主义法治国家》,《中国法治》1997年第6期。

〔10〕马岭:《德国和美国违宪审查制度之比较》,《环球法律评论》2005年第2期。

〔11〕聂辉华:《车牌拍卖,上海叫板商务部的背后》,《环球》2004年第13期。

〔12〕潘波等:《我国纵向府际关系法治化调查报告——基于十四个省、直辖市问卷调查数据的分析》,《研究生法学》2010年第4期。

〔13〕裴缪、向琼:《浅论我国机关诉讼的构建》,《公安学刊》2006年第5期。

〔14〕沈福俊:《对行政复议的司法监督:现实问题与解决构想》,《法学》2003年第12期。

〔15〕吴汉全:《论行政裁决社会公信力的提升》,《江苏行政学院学报》2005年第5期。

［16］张显伟：《行政诉讼级别管辖制度之完善——基于行政诉讼目的的角度》，《河北法学》2009 年第 5 期。

［17］张成福：《变革时代的中国政府改革与创新》，《中国人民大学学报》2008 年第 5 期。

［18］张忠军：《行政机关间的权限冲突及其解决途径》，《中国党政干部论坛》2007 年第 3 期。

［19］张显伟：《论行政诉讼预审程序的功能及其实现》，《湖北社会科学》2010 年第 4 期。

［20］张显伟：《行政机关间权限争议现行解决机制剖析》，《法学论坛》2011 年第 6 期。

［21］张显伟：《行政机关间权限争议之行政解决机制剖析》，《行政论坛》2012 年第 2 期。

三、学位论文

［1］陈莹莹：《法治视野下的行政主体权限冲突解决路径研究》，苏州大学 2008 年硕士论文。

［2］金国坤：《行政权限冲突解决机制研究：部门协调的法制化路径探寻》，武汉大学 2008 年博士论文。

［3］刘杰：《WTO 模式下我国行政权限争议解决机制的探索》，中国政法大学 2009 年硕士论文。

［4］王丽雯：《行政执法权限冲突解决途径研究》，中国政法大学 2007 年硕士论文。

［5］邹婷：《论我国中央与地方立法权限争议的法律解决》，湘潭大学 2009 年硕士论文。

［6］周姿：《行政权限争议的裁决机制研究》，天津师范大学 2008 年硕士论文。

［7］张文辉：《行政权限争议的处理机制》，山东大学 2007 年硕士论文。

四、报刊网站

［1］何正权、翁应峰：《信阳一个装饰市场俩管理部门打架，商家作难》，载《大河报》2007 年 12 月 26 日。

［2］胡杰：《争夺检疫权：襄樊市市、区两级检疫部门大打出手》，载《北京青年报》2003 年 12 月 8 日。

［3］焦立坤：《广电总局强调手机电视归属权，必须纳入媒体管理》，载《北京晨报》2007 年 8 月 22 日。

［4］覃爱玲：《环保总局与水利部之争，两大部委针锋相对之谜》，载《瞭望周刊》2005 年 4 月 20 日。

［5］宋华琳：《部门行政职权冲突要理顺》，载《中国青年报》2004 年 1 月 12 日。

［6］王胜俊：《最高人民法院工作报告（第十一届全国人大会第二次会议）》，载《人民日报》2010 年 3 月 19 日。

［7］叶必丰：《国家权力的直接来源：法律》，载《长江日报》1998 年 6 月 8 日。

［8］张国栋：《深圳行政执法协调办法效果好，部门间难以踢皮球》，载《南方都市报》2005 年 3 月 27 日。

［9］张文显：《梁漱溟：否定"文革"第一人》，载《文汇读书周报》2000 年 11 月 18 日。

［10］赵永兵，刘波：《两地政府部门争议未决道路运输证苦了辛集"的哥"》，载《燕赵都市报》2003 年 3 月 3 日。

［11］最高人民法院报：http://rmfyb.chinacourt.org/public/detail.php？id=134184

［12］贵州日报：http://gzrb.gog.com.cn/system/2008/12/02/010419596.shtml

五、外文资料

［1］Cohen J.and S.Peterson, Administractive Decentralization: Strategies for Developing Countries,1999.

［2］［美］德沃金:《法律帝国》，李常青译，中国大百科全书出版社 1996 年版。

［3］［德］弗里德赫尔穆·胡芬:《行政诉讼法》，莫光华译，法律出版社 2003 年版。

［4］［法］古斯塔夫·佩泽尔:《法国行政法》，廖坤明、周洁译，国家行政学院出版社 2002 年版。

［5］George W. Carey，*The Federalists*：*Design for a Constitutional Republic*，University of Illinois Press，1989.

［6］［德］哈特穆特·毛雷尔:《行政法学总论》，高家伟译，法律出版社 2000 年版。

［7］［德］汉斯·丁·沃尔夫、夏托·巴霍夫等著:《行政法》(第一卷)，高家伟译，商务印书馆 2002 年版。

［8］［日］和田英夫:《现代行政法》，倪健民等译，中国广播电视出版社 1993 年版。

［9］［美］杰瑞·L.马肖:《行政国的正当程序》，沈岿译，高等教育出版社 2005 年版。

［10］J.Raz, *The Authority of Law-Essays on Law and Morality*,Oxford University Press,1983.

［11］Jeffrey A. Parness and Matthew R. Walker.Thinking Outside the Civil Case Box: Reformulating Pretrial Confrence Laws, *Kansas Law Review.* January，2002.

［12］［英］卡罗索·哈洛、理查德·罗林斯著:《法律与行政》，杨伟东译，商务印书馆 2004 年版。

［13］［德］卡尔·施密特:《宪法学说》，刘锋译，世纪出版集团上海人民出版社 2005 年版。

［14］［英］罗德·黑格、马丁·哈罗普:《比较政府与政治导读》，张小劲等译，中国人民大学出版社 2007 年版。

［15］［美］路易斯·亨金等:《宪政与权力》，郑戈等译，北京三联书店 1996 年版。

［16］［奥］路德维希·冯·米塞斯:《官僚体制反资本主义的心态》，冯克利、姚中秋译，新星出版社 2007 年版。

［17］［法］孟德斯鸠:《论法的精神》（上），张雁深译，商务印书馆 1987 年版。

［18］［英］密尔:《代议制政府》，沃瑄译，商务印书馆 1982 年版。

［19］［日］美浓部达吉:《日本行政法》（上册），有斐阁 1936 年版。

［20］［法］莫里斯·奥利乌:《行政法与公法精要（上）》，龚觅等译，辽海出版社 1999 年版。

［21］Mauro Cappelletti: *The Judicial Process in Comparative Perspective*, Clarendon Press, 1989.

［22］［美］欧内斯特盖尔霍恩、罗纳德·M.利文,《行政法和行政程序概要》，黄列译，中国社会科学出版社 1996 年版。

［23］［美］彼得·E.博登海默:《法理学——法律哲学与法律方法》，邓正来等译，华夏出版社 1987 年版。

［24］［英］彼得·莱兰、戈登·安东尼:《英国行政法教科书》，杨伟东译，北京大学出版社 2007 年版。

［25］［美］彼得·G.伦斯特洛姆:《美国法律辞典》，贺卫方译，中国政法大学出版社 1998 年版。

［26］［德］平特纳:《德国普通行政法》，朱林译，中国政法大学出版社 1999 年版。

［27］［日］棚濑孝雄:《纠纷解决与审判制度》，王亚新译，中国政法大

学出版社 2004 年版。

　　［28］［日］千叶正士:《法律多元——从日本法律文化迈向一般理论》，强世功等译，中国政法大学出版社 1997 年版。

　　［29］［美］唐·布莱克:《社会学视野中的司法》，郭兴华等译，法律出版社 2002 年版。

　　［30］［法］托克维尔:《论美国的民主》，董果良译，商务印书馆 1998 年版。

　　［31］［英］韦德:《行政法》，徐炳等译，中国大百科全书出版社 1997 年版。

　　［32］［美］熊彼特:《资本主义、社会主义与民主》，吴良剑译，商务印书馆 2002 年版。

　　［33］［日］盐野宏:《行政法》，杨建顺译，法律出版社 1999 年版。

致　谢

　　本书是在本人的博士论文的基础上修改而成的。当然应该感谢的是我的博士生导师广东外语外贸大学石佑启教授。我是石教授在中南财经政法大学指导的博士生。石老师治学严谨，总能让我在喧嚣中可能迷失自我时，指点迷津。很多时候，面临当今学术时代的艰苦与浮躁，石老师总能葆有一种似乎是超凡脱俗的学术矜持和谨慎，这种境界深深地烙印在我的脑海深处。在工作与生活方面，石老师的关心可以说是细致入微，无微不至。谈及本书的写作，从主题思想的确立到篇章结构的谋划安排，从资料的取舍选择到措辞用语的辨析推敲，我这个愚笨的学生都要向他请教。平时无论多忙，他都拨冗指点，经由面谈、电话或电子邮件等多种方式的教诲、开导，使我的写作能够缓慢却一直持续下去。有了导师的精心指导、启发、鼓励及督促，本书才得以顺利完成。如果说本书的某些方面对中国行政法治的完善还有点参考价值的话，定与导师石佑启教授的精心指导和严格要求是分不开的。

　　本书出版得到广东海洋大学第六轮重点学科法学建设经费、广东海洋大学创新强校工程科研项目（GDOU2017052617）、广东海洋大学科研启动项目（121502-R17053）及广东海洋大学科技处、广东海洋大学发展规划处的经费资助！在此一并致谢！

张显伟

二〇二一年二月二十三日